초등학생을 위한
친절한 한국사 ④

조선 후기부터 일제 강점기까지

친절한 한국사 4
조선 후기부터 일제 강점기까지

초판 1쇄 발행	2023년 2월 10일
초판 2쇄 발행	2023년 11월 15일

지은이	노하선
감　수	윤병훈 황재연
펴낸이	한승수
펴낸곳	하늘을나는교실

편　집	박일귀
마케팅	박건원
디자인	디자인우디, 박소윤

등록번호	제395-2009-000086호
주　소	서울특별시 마포구 동교로 27길 53 지남빌딩 309호
전　화	02 338 0084
팩　스	02 338 0087
E-mail	hvline@naver.com

ISBN	978-89-94757-58-2 (74900)
	978-89-94757-54-4 (세트)

* 이 책에 대한 번역·출판·판매 등의 모든 권한은 하늘을나는교실에 있습니다.
간단한 서평을 제외하고는 하늘을나는교실의 서면 허락 없이 이 책의 내용을
인용·촬영·녹음·재편집하거나 전자문서 등으로 변환할 수 없습니다.

* 책값은 뒤표지에 있습니다.
* 잘못된 책은 구입처에서 교환해 드립니다.

어린이제품안전특별법에 의한 제품 표시
제조자명 하늘을나는교실 | **제조년월** 2022년 6월 | **제조국** 대한민국 | **사용연령** 6세 이상 어린이 |
제품 주소 및 연락처 서울시 마포구 동교로 27길 53 지남빌딩 309호 (02)338-0084

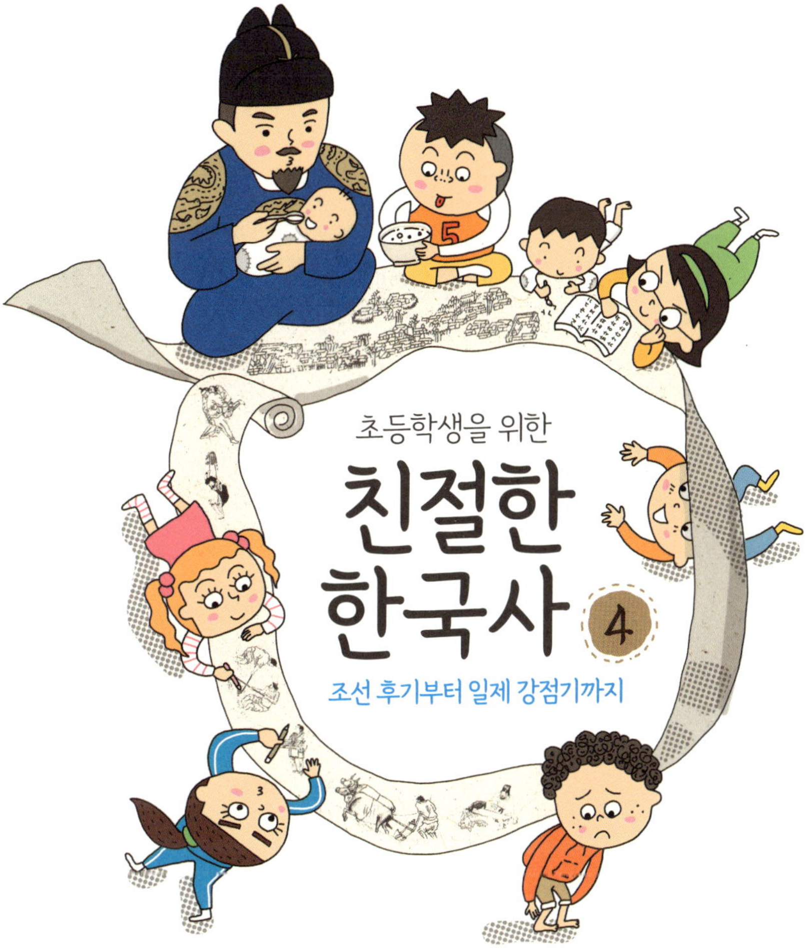

초등학생을 위한
친절한 한국사 ④

조선 후기부터 일제 강점기까지

글 노하선 | 감수 윤병훈·황재연 | 그림 우디크리에이티브스

냉장고에 붙여 놓은 한국사

지금은 잘 안 쓰지만 암기 과목이란 말이 있습니다. 교과목 가운데 외워야 하는 과목을 이르는 말이죠. 시험을 위해 달달 외워야 하니, 억지로 먹는 음식처럼 느꼈을 사람 많았을 거예요. 그 대표적 과목이 한국사였어요.

그렇게 한 공부니 머리에 잘 들어오지도 않고 용케 외웠다 하더라도 얼마 안 가 기억이 가물가물. 연대며 인물들, 사건들이 얽히고설킨 걸 외워서 익히려 하니 그럴 밖에요.

21세기, 아이들에게 한국사는 지금도 그런 과목입니다. 그렇다고 한국사를 제쳐 놓자니 성적보다 중요한 의미가 있어 마음이 놓이질 않죠.

역사는 사회의 기록이고 개인에게 있어 기억과도 같잖아요. 기억을 잃으면 자신에게 일어난 일을 모르니 자신이 누구인지도, 자신과 세상의 관계도 알 수 없죠. 따라서 자기 눈앞에서 벌어지는 일을 이해하지 못할 테고 갑자기 시력을 잃은 사람처럼 한 발자국도 나아가지 못할 거예요.

역사 역시 마찬가지입니다. 자신이 발 딛고 있는 지금의 우리 사회가 지나온 시간들을 모르니, 지금 나타나고 있는 사회 현상을 이해하지 못하고, 앞으로 어떻게 사회가 변할지 도통 알 수가 없겠죠.

대충 남들 따라 사는 게 아니라, 미래를 보고 앞서 나가는 아이로 키우려면 한국사 공부는 꼭 필요합니다.

그래서 고민했습니다. 무작정 외우기말고, 이해하고 느끼고 상상할 수 있는 한국사 공부, 어떻게 가능할까?

그러다 문득 생각했어요. 아이가 어릴 적 한글을 익히려 집안 사물에 이름 적힌 스티커를 붙여 놓잖아요? 냉장고 문엔 '냉장고', 의자 위엔 '의자', 텔레비전 옆엔 '텔레비전' 이렇게 말이에요. 생활하면서 자연스럽게 한글을 익히게 한 거죠.

그래서 한국사도 그렇게 해 보았습니다. 일상생활 곳곳에 한국사를 붙여 놓는 식이죠. 경주 김씨 파래가 랩을 하면서 김유신을 소환하고, 아이들이 둘러앉아 만두를 빚다 말고 고려의 왕들을 줄줄이 불러냈죠. 또 점심 간식으로 떡볶이, 어묵, 라면 가운데 무얼 먹을까 실랑이하다 후삼국 통일의 장면을 떠올렸어요.

태권소녀 시루를 아내로 맞겠다는 까불이 파래의 엉뚱한 사랑 고백에서는 공민왕과 노국대장공주가 등장하고요. 정조대왕과 마주앉아 소갈비를 구워먹었다는 마토의 얼토당토않은 지난 주말 이야기에서는 정약용이 거중기로 수원화성을 쌓아올립니다.

이렇듯 역사적 인물과 사건이 일상생활을 통해 현실로 친근하게 다가옵니다. 당연히 역사적 상황에 대한 이해가 쉬워지고 이걸 바탕으로 '지금 나라면?', '만약 이렇게 바꾸어 본다면?' 하며 이런저런 상상도 해볼 수 있게 되죠. 암기라는 공부 방식에서는 엄두도 못 내던, 역사적 상상력이 가능해집니다.

이 책을 통해 역사를 공부가 아닌 여행이나 놀이처럼 즐거운 일로 만들어 보세요. 책 속 등장인물들처럼 음식도 함께 만들어 보고 학교 앞 분식집도 가보면 어떨까요? 역사 속 인물들을 떠올리면서 말이죠. 날씨가 좋으면 전철이나 버스를 타고, 살고 있는 지역의 유적지나 박물관을 가보는 것도 좋겠어요. 물론 맛있는 도시락은 기본이겠죠. '역시기 이렇게 재미있는 거였어!' 하고 새삼 놀라실 거예요.

봄날을 만들어준 사람들의 모든 노고에 감사드리며
우더크리에이티브스 노하선

1부
희망과 좌절의 화성

장용영을 통해 힘을 키운 정조   12
조선 시대 여성들의 삶   36

2부
부패한 정치로 농민들이 고통 받다

세도 정치가 시작되다   46
새로운 종교가 생겨나고 농민들이 일어서다   54

3부

근대 국가 수립을 위한 노력과 민족 운동

조선의 개항　　70

자주독립 국가를 선포하다　　106

나라를 지키기 위한 노력　　136

4부

3·1 운동으로 세워진 대한민국 임시 정부

3·1 운동 이후의 민족 운동　　188

대한민국 임시 정부가 서다　　210

식민지의 어둠을 뚫고 독립을 향해 나아가다　　228

등장인물

주방 대장 꿈셰프
아이들에게 맛있는 점심, 간식, 저녁을 요리해 주는 주방의 대장. 꿈셰프는 꿈틀의 첫 글자인 꿈에 요리사의 영어명 셰프를 붙인 말이다. 꿈은 꿀 수도 있지만 음식처럼 맛있게 먹어야 더 커질 수 있다고 말한다. 아이들에게 우리 조상들이 먹던 음식을 요리해 줌으로써 한국사 수업을 돕는다.

예쁜이 김마리
패션 디자이너가 꿈으로 예쁘게 꾸미는 걸 좋아한다. 그래서 한국사에서 등장하는 옛사람들의 옷에 관심이 많다. 꿈틀 동무들의 옷매무새를 고쳐 주기도 하고 헤어스타일을 만져 주기도 하는데, 이따금 괴상한 모양으로 만들어 센터 안을 웃음바다로 만들기도 한다.

정의의 사도 홍시루
태권도 유단자로 불의를 보면 참지 못하는 열혈 소녀. 나쁜 놈 때려잡는 형사가 꿈인데 꿈틀에서도 다른 아이를 괴롭히는 아이를 보면 바로 응징한다. 언제나 트레이닝복 차림에 털털한 성격이지만 한국사를 공부하며 뛰어난 집중력을 보인다.

까불이 김파래
개그맨이 꿈으로 꿈틀의 분위기 메이커이다. 잠시도 가만히 있지 못하고 꿈틀 안을 휘젓고 다닌다. 장난도 심해서 공부할 분위기를 엉망으로 만들기도 하는데 그때마다 시루의 강편치를 맞는다.

지역아동센터 꿈틀

서울시 강북구 희망동 산173번지에 낡은 단독주택을 개조해 만든 지역아동센터로 아이들의 공부방이자 놀이터이다. 자원봉사 선생님들은 아이들의 부족한 공부나 숙제를 도와주고, 어울려 뛰어놀기도 한다. 꿈틀이란 이름은 아이들의 꿈이 구체적인 모양새를 갖도록 만들어준다는 뜻이기도 하고, 희망이 꿈틀꿈틀댄다는 의미도 가지고 있다.

센터장 민주식

정의감에 불타는 열혈 노총각으로 강도를 맨손으로 때려잡아 경찰서에서 상을 받기도 하였다. 스스로 돈을 마련해 지역아동센터를 열어 어른들의 보살핌이 필요한 아이들을 돌본다. 아이들과 노는 것을 지나치게 좋아해서 종종 면학 분위기를 해치는데 그때마다 빡쌤에게 핀잔을 듣는다. 하지만 그때뿐이다.

똑똑이 목은지

아이큐 150의 천재 소녀로 하나를 가르치면 열을 안다. 초등학교 선생님이 꿈이어서 저학년 아이들을 모아서 가르치기도 한다. 두루두루 아는 게 많은데 특히 한문학자인 할아버지의 영향으로 한자에 도통하다.

빡쌤 고아람

한국대학교 역사학 시간 강사로 우리 역사를 바로 잡겠다는 사명감에 불타는 역사학자이다. 대학 선배인 민주식 센터장의 권유로 지역아동센터 꿈틀에서 아이들에게 한국사를 가르친다. 민주식을 몰래 좋아하지만 그저 잔소리로 관심을 나타낼 뿐이다. 자신의 짝사랑을 들키지 않으려 노력하지만 아이들의 의심을 받고 허둥댄다.

먹보 도마토

삼겹살집 주인이 꿈으로 언제나 무언가를 우물거린다. 먹을 게 없을 땐 음식 먹는 걸 상상하며 시간을 보낼 정도로 먹보이다. 한국사를 공부할 때도 식문화에 특히 관심을 보인다. 많이 먹는 만큼 힘도 세서 센터장 민주식 선생님과 팔씨름을 해서 이길 때가 있을 정도.

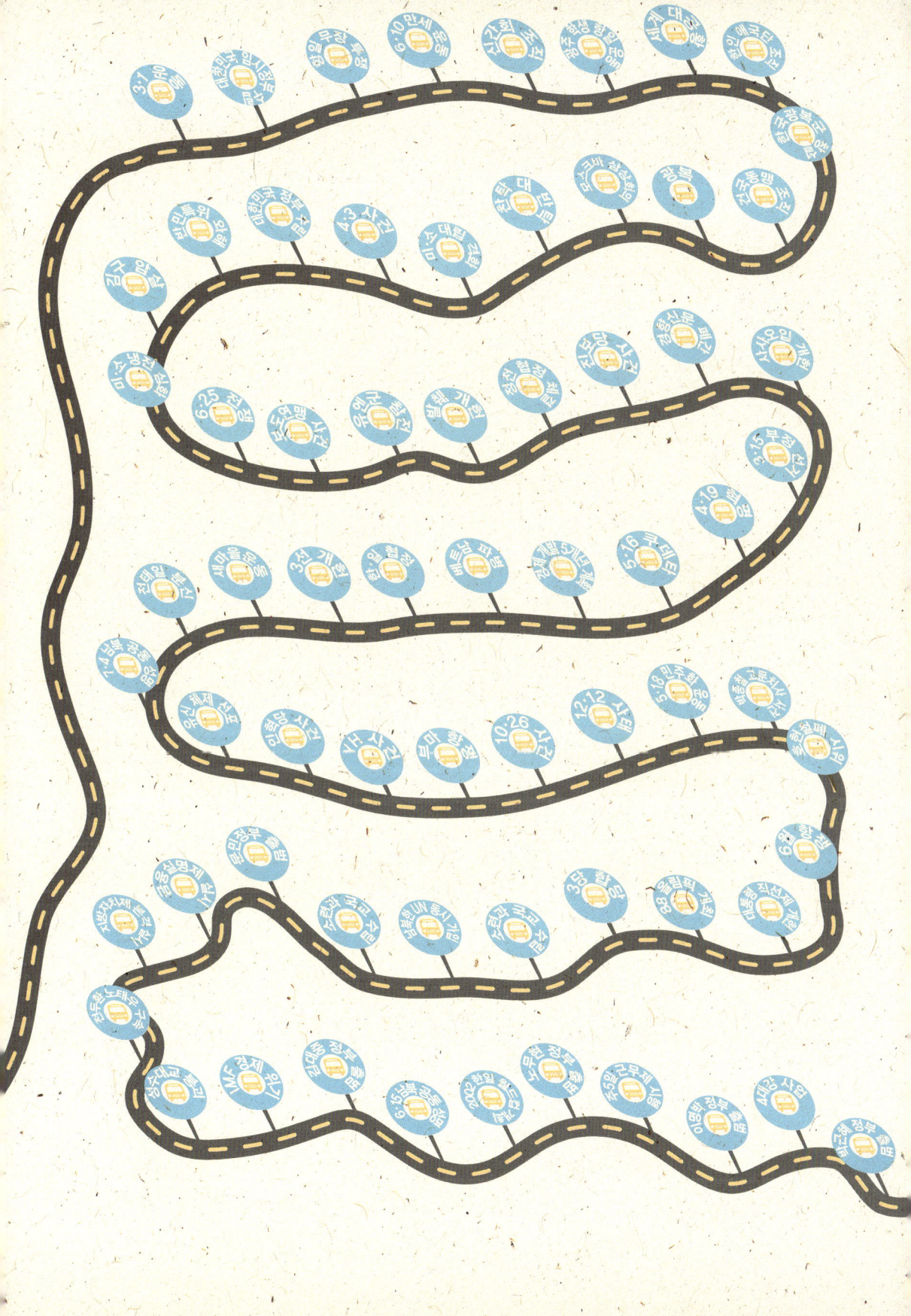

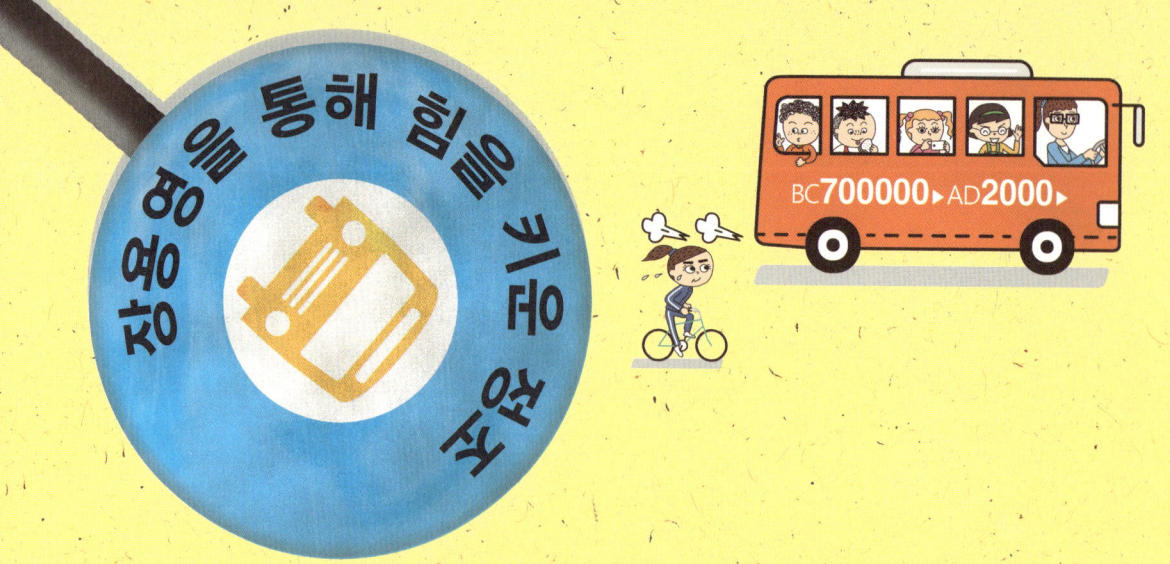

장용영을 통해 힘을 키운 정조

BC700000▶AD2000▶

정조의 개혁은 권력을 쥐고 있는 세력의 특권을 빼앗아 많은 백성에게 권리가 돌아가게 하는 것이었어. 정조는 군사적인 힘, 즉 병권을 확보하기 위해 새로운 왕궁 화성을 세우고 장용영이라는 군사 조직을 만들었어. 장용영의 내영은 한성에서 왕을 경호하고 수도를 방어하는 역할을 맡았어. 외영은 화성에 주둔해 남쪽으로부터 침투하는 외

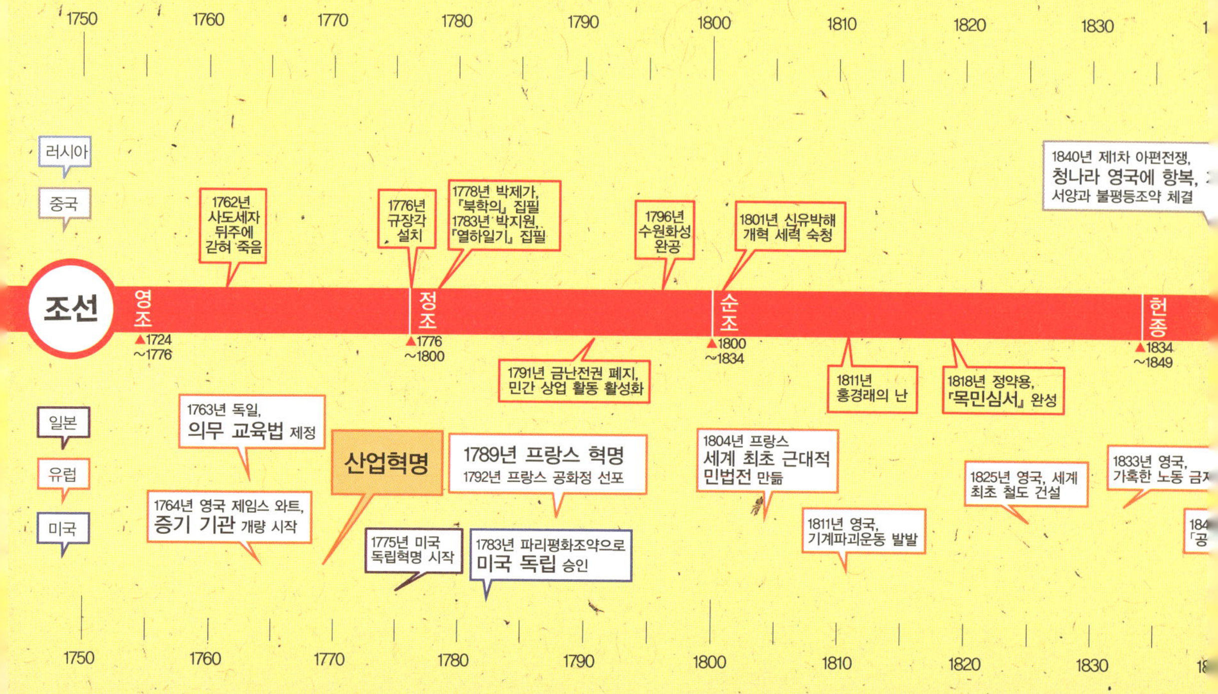
1750
1760
1770
1780
1790
1800
1810
1820
1830
러시아
중국
1762년 사도세자 뒤주에 갇혀 죽음
1776년 규장각 설치
1778년 박제가, 『북학의』 집필 1783년 박지원, 『열하일기』 집필
1796년 수원화성 완공
1801년 신유박해 개혁 세력 숙청
1840년 제1차 아편전쟁, 청나라 영국에 항복, 서양과 불평등조약 체결
조선
영조 ▲1724 ~1776
정조 ▲1776 ~1800
순조 ▲1800 ~1834
헌종 ▲1834 ~1849
1791년 금난전권 폐지, 민간 상업 활동 활성화
1811년 홍경래의 난
1818년 정약용, 『목민심서』 완성
일본
유럽
미국
1763년 독일, 의무 교육법 제정
산업혁명
1789년 프랑스 혁명 1792년 프랑스 공화정 선포
1804년 프랑스 세계 최초 근대적 민법전 만듦
1764년 영국 제임스 와트, 증기 기관 개량 시작
1775년 미국 독립혁명 시작
1783년 파리평화조약으로 미국 독립 승인
1811년 영국, 기계파괴운동 발발
1825년 영국, 세계 최초 철도 건설
1833년 영국, 가혹한 노동 금
1750
1760
1770
1780
1790
1800
1810
1820
1830

적을 막아 냈지. 장용영은 왕과 수도를 지키는 정예 군대였던 거야.
그래서 장용영 군사들은 무예에 뛰어난 사람들고 구성되었고 훈련도 엄격하게
받았단다.

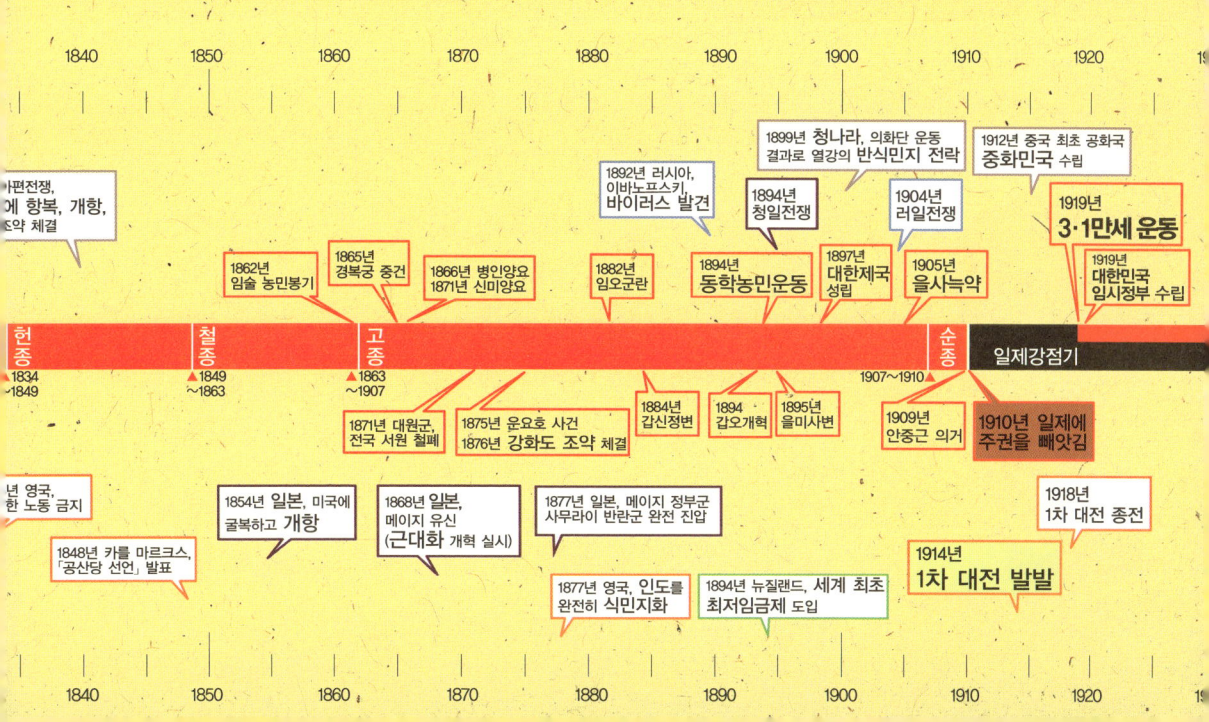

조선 후기 최정예 군대 장용영

실학자 이야기를 하다 보니 어느새 전철 안내 방송에서 수원역에 도착한다는 방송이 흘러나왔다. 일행은 수원역에서 내렸다. 그리고 시내버스를 타고 장안공원 정류장에 도착했다. 일행 앞에는 웅장한 화성 장안문이 우뚝 서 있었다.

"우아, 드디어 화성에 왔다!"

아이들은 일제히 만세를 불렀다.

"쌤, 그런데 실학자들의 뜻은 이루어졌나요?"

실학자 부분에서 이야기가 끊어져 궁금해하던 은지가 물었다.

"음, 이제부터 그 이야기를 할 거야. 일단 정조의 행렬이 화성으로 들어오는 대목부터 시작하자. 자, 이 문은 장안문이라고 하는데 화성의 북쪽에 있는 정문이야. 바로 이 문을 통해 화성으로 정조가 들어왔어. 우리는 숭례문에서 출발해 여기까지 오는 데 한 시간 30분 정도가 걸렸지. 그런데 200여 년 전인 1795년 정조 행렬은 꼬박 이틀이 걸렸어. 화성으로 들어오기 전 정조는 황금 갑옷으로 갈아입었어. 군사적으로 자신의 위엄을 드러내려 한 거야."

"왕이면 나라의 모든 군사가 자기 손아귀에 있는 것 아니에요?"

"그게 그렇게 간단하지 않아. 왕권이 약하면 병권*도 권력을 쥔 세력의 손에 들어가게 돼. 정조는 영조 때부터 권력을 잡고 있던 노론 세력의 견제 아래 언제나 위협을 당해 왔어. 정조를 암살하려고 정조의 거처인 존현각 지붕으로 침입하는 등 목숨을 노리는 일이 벌어져서, 정조는 밤에도 옷을 그대로 입고 옆에 칼을 두고 잠에 들 정도였어.

*병권
군대를 움직일 수 있는 권력을 말해.

그야말로 왕권이 약했던 거지. 그래서 나라의 군사도 노론의 입김 아래 있었어. 정조는 암살 사건 이후 자신을 지킬 부대를 만드는데 이 부대가 바로 장용위야. 이 장용위의 규모가 커져서 장용영이라는 군대가 되었지. 한성에서 화성까지 정조를 호위한 부대도 바로 장용위야. 정조가 황금 갑옷을 입고 군사적인 힘을 드러내는 것은 바로 자신을 노리는 노론 세력에 대한 경고라 할 수 있어."

"쌤, 군사적인 위엄을 드러내는 것과 실학자들의 개혁이 무슨 상관이 있어요?"

"개혁을 한다는 것은 이미 권력을 쥐고 있는 세력의 특권을 빼앗고 많은 백성에게 권리가 돌아가게 하는 거야. 이를테면 농민에게 땅을 주려면 지주들에게서 어느 정도의 땅을 받아 내야 가능하지. 그런데 가진 자들이 순순히 땅을 내놓겠니? 그들은 정치적인 힘에다 군사적인 힘까지 갖고 있는데 말이야. 우선 병권을 확보해야만 가진 자들의 양보를 이끌어 낼 수 있지. 바로 이것이 수원 화성이 가지는 첫 번째 의미야."

"아, 그러니까 화성은 정조의 군사적 힘을 보여 주는 것이군요?"

"맞아. 장용영은 내영과 외영으로 나뉘는데, 내영은 한성에서 왕을 경호하고 수도를 방어하는 역할을 맡았어. 외영은 이곳 화성에 주둔해 남쪽으로부터 침투하는 외적을 막아 내지. 장용영 군사들은 무예에 뛰어난 사람들로 뽑았고 훈련도 엄격하게 받은 최고의 정예군이야. 그래서 나라에서 월급도 받으면서 오직 무예 연마에만 집중할 수 있었어."

꿈틀 일행은 장안문을 뒤로하고 화성 행궁으로 갔다.
"화성 행궁은 정조가 화성으로 행차해 머물던 곳이야. 전날 화성으로 들어

온 혜경궁 홍씨와 정조는 화성 행궁에서 머물렀어. 이튿날 정조는 화성 행궁에서 과거 시험을 실시했어. 우화관에서는 문과 시험을, 낙남헌에서는 무과 시험을 치렀지. 문과 합격자들은 화성의 행정 관리로 일하고, 무과 합격자들은 화성의 장용영에서 장교로 일했어. 그럼 이제 화성 전체를 볼 수 있는 곳으로 가자."

빡쌤과 아이들은 팔달산 위에 있는 화성 장대(서장대)로 향했다. 화성 장대로 가는 길은 계단도 많고 가팔라서 빡쌤의 단짝은 거의 기어서 올라갔다. 하지만 아이들은 다람쥐처럼 재빨리 언덕길을 올랐다.

화성 장대에 오르자 화성의 전체 모습이 보였고 수원의 전경이 넓게 펼쳐졌다.

왕과 백성이 힘을 모으다

"화성 행차 넷째 날, 정조는 어머니 혜경궁 홍씨를 모시고 사도 세자의 무덤인 현륭원으로 갔어. 그런 다음 갑옷을 입고 말을 타고 화성 장대에 올랐지. 거기서 군사 훈련을 지휘했어. 이 훈련의 하이라이트는 밤에 볼 수 있었어. 캄캄한 밤이 되자 화성의 모든 백성이 저마다 횃불을 들고 군사 훈련에 참여했지. 수많은 횃불이 어두운 밤에 일렁이는 모습을 상상해 봐. 어때, 굉장했겠지?"

"정조의 반대파가 봤으면 간이 콩알만 해졌을 것 같아요."

"그랬겠지. 정조는 개혁을 통해 왕권을 바로 세우려고 했어. 또 군과 민이 함께 힘을 모아 조선을 침략하는 외적을 물리치겠다는 결의를 다지는 계기도

되었지. 화성의 백성들은 갑옷을 입고 훈련에 앞장서는 왕을 보면서 예전에 백성을 버리고 달아났던 왕들과는 다르다고 생각했겠지. 그래서 왕을 믿고 새로운 도시 화성을 훌륭하게 만들어야겠다는 마음도 먹었을 거야.

정조는 장용영 장교 백동수와 규장각 관리 박제가 등에게 『무예도보통지』라는 훈련 교범을 만들도록 했어. 이 책에는 무예 동작 하나하나를 글과 함께 그림으로 그려 넣어 군사들이 무예를 연마하기 좋게 만들었어. 정조는 외적의 침입으로 나라가 위기에 처하고 백성들이 목숨을 잃는 일이 없도록 하려고 국방 강화에 힘쓴 거야. 화성은 외적의 침입으로부터 수도 한성을 지키려는 목적으로 만든 도시라 할 수 있지. 아무리 백성을 위한 정책을 실행하더라도 외적의 침입을 막아 내지 못한다면 아무 소용이 없을 테니까."

은지가 지나왔던 장안문을 내려다보며 말했다.

"쌤, 장안문의 모양이 우리가 보았던 다른 성문과는 달라요."

"맞아. 성문이 이중으로 되어 있지. 성문 밖에 둥글게 둘러싼 성을 옹성이라고 해. 성문을 보호하기 위한 목적으로 만든 것인데 '옹성'은 도자기를 잘라 놓은 것처럼 둥글다고 해서 붙여진 이름이야. 화성은 바로 실학의 모든 역량이 집약된 건축물이지. 이 옹성도 바로 그 결과물이고."

조선 실학 사상의 진수, 수원 화성

"화성은 정조의 명령으로 실학자 정약용이 설계했어. 정약용은 정조 때 대표적인 학자였지. 성리학뿐만 아니라 건축, 수학, 지리, 과학 전 분야에 두루 뛰어났어. 그는 정조와 뜻을 함께해 개혁을 이끈 실학자야. 화성을 건축하기

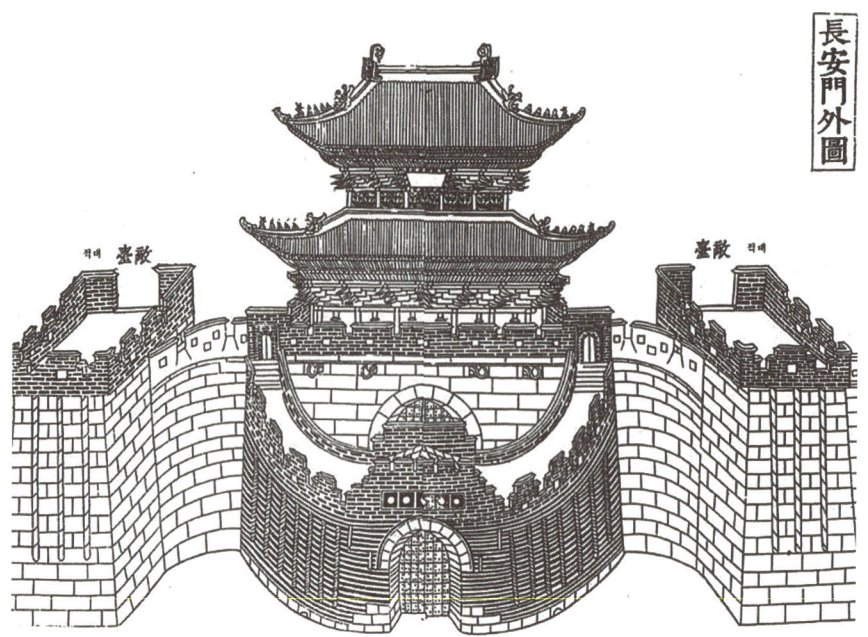

『화성성역의궤』에 실린 팔달문의 모습
『화성성역의궤』에는 수원 화성을 짓는 과정과 설계도 등이 아주 상세히 기록되어 있어. 이것을 보고 훼손된 수원 화성을 당시와 똑같이 복원할 수 있었지. 이 외에도 조선 시대에는 왕실의 여러 행사를 기록해 놓은 의궤들이 있는데, 『화성성역의궤』를 포함한 많은 의궤가 유네스코 세계 기록 유산으로 등재되었단다.

위해 정약용은 우리나라와 외국의 성곽에 대한 각종 자료를 꼼꼼히 검토해 쉽게 무너지지 않으면서도 실용적인 성을 설계했어. 또 필요한 인력과 물자 등도 하나하나 철저히 계산했지.

정약용은 기존의 우리나라 성곽들이 외적의 공격에 쉽게 무너진 것은 성문이 공격에 취약했기 때문이라는 사실을 깨달았어. 현실에서 쓸모 있는 것을 연구하고자 하는 실학적 정신에서 나온 결론인 거야.

옹성은 또 다른 면에서도 실학적 태도를 엿볼 수 있어. 옹성이 둥글게 만들

수원 화성 팔달문
화성의 남대문인 팔달문은 반원 모양의 옹성인데, 성문을 부수러 달려드는 적군을 사방에서 방어할 수 있게 만들었어. 팔달문은 이런 군사적 목적뿐만 아니라 물자나 사람이 원활하게 드나들 수 있도록 하여 화성을 유통의 중심으로 삼으려던 정조의 뜻이 담겨 있지. 팔달문은 사통팔달 통하는 문이라는 뜻이야.

어졌잖아? 기존의 성이 직선으로 구성된 것과는 다르지. 기존의 성곽은 대부분 돌로만 만들었어. 그러다 보니 곡선 같은 유연한 구조를 만들기가 아주 어려웠지. 그런데 정약용은 화성을 설계하면서 돌과 벽돌을 함께 사용하도록 했어. 즉, 아래는 주춧돌 역할을 하는 돌을 쌓고 위로는 벽돌을 올려 다양한 형태로 변형이 가능하도록 만든 거야.

수원 화성을 구성하고 있는 건물과 성곽, 성문 등은 각각 모양이 개성 있으면서도 아름답고 튼튼해. 이 모든 것은 돌과 벽돌을 함께 써서 가능했던 거

야. 실학적 입장에서 다양한 학문을 연구하고 받아들지 않았다면 가능하지 않은 일이었지. 정약용은 이뿐만 아니라 돌을 옮기는 데 수레를 적극 활용하고 수레가 다니기에 좋도록 길도 닦았단다."

"어? 수레는 아까 박제가가 상공업을 발달시키기 위해 필요하다고 주장했잖아요?"

"박제가가 누구더라? 규장각에서 학문을 연구하던 실학자 아니야? 같은 실학자로서 마음이 통한 거겠지. 그냥 주먹구구식으로 백성을 데려다 일만 시키면 된다는 식이 아니라, 실제로 어떤 학문을 활용해야 좀 더 효과적인 결과를 얻을 수 있을지 고민한 거야. 정약용의 수원 화성 건축에서 가장 빛나는 업적은 바로 이거거든."

빡쌤은 태블릿을 꺼내 사진 한 장을 띄웠다.

"이 장치의 이름은 거중기라고 해. 거중기는 정약용이 예부터 사용하던 녹로를 발전시켜서 만든 거야. 거중기는 도르래의 원리를 이용해 무거운 물체를 작은 힘으로 들어 올리는 도구야. 정약용은 『기기도설』이라는 책에서 도르래의 원리를 연구해 거중기를 만들었어. 성곽을 쌓는 데 가장 힘든 일은 돌처럼 무거운 물체를 들어 올리는 것이었지. 거중기를 이용해 5~6톤이나 되는 바위를 20~30명의 힘으로 옮길 수 있었어. 또 유형거라는 수레를 만들어 무거운 자재를 운반했고, 소 40여 마리가 끄는 대거라는 커다란 수레도 만들어서 큰 돌을 옮기는 데 사용했지.

김홍도를 비롯한 도화서의 화원들이 참여해 정확하고 세밀한 설계도를 그렸어. 머릿속에 있거나 글로 표현된 것을 눈으로 직접 볼 수 있게 만들어 진행 과정에서 생길 수 있는 오류나 오차를 없앨 수 있었던 거야.

화성 성벽에는 당시 성을 쌓는 데 참여한 기술자들의 이름이 새겨져 있어.

거중기
정약용이 도르래의 원리를 이용해 만든 건설 기구야. 작은 힘으로도 무거운 물건을 들어 올릴 수 있지. 수원 화성을 건설할 때 활용했다고 해. 이 사진은 수원 화성 박물관에 있는 거중기 복원 모형이야.

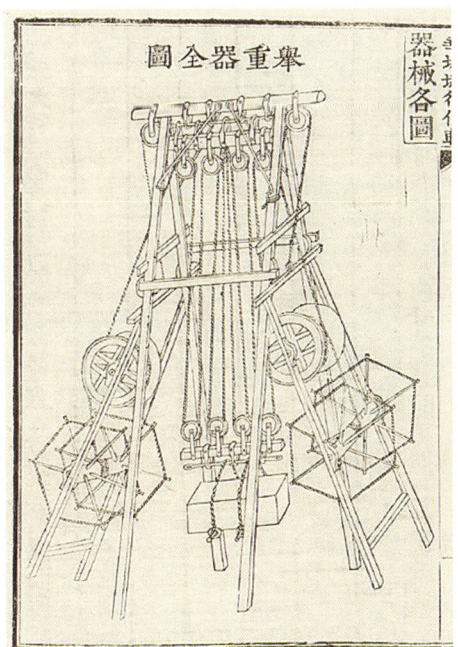

『화성성역의궤』에 실린 거중기 모습
『화성성역의궤』은 화성에 성을 쌓고 새로운 도시를 건설한 일을 정리한 책이야. 이 책에는 화성 건설 당시 사용한 거중기의 모습도 그려져 있단다.

전국에서 모여든 각 분야의 전문가들은 자신의 이름을 걸고 일에 참여했지. 공사 지휘도 관리가 아니라 현장 경험이 많은 목수와 석수가 맡아 절차나 형식에 구애 받지 않고 실무 중심으로 일이 진행되었어. 이 역시 실학의 정신이라고 할 수 있지.

철저한 준비와 과학 기술의 이용, 현장 중심의 일 처리 등으로 10년을 예상한 공사 기간을 단 2년 9개월로 앞당길 수 있었어."

"우와, 한마디로 실학의 위대한 승리네요!"

백성을 생각하는 정책을 만들다

"그래. 실제 현실에 필요한 학문이라는 실학 정신의 구현이 화성의 두 번째 의미야. 그리고 백성들의 삶을 나아지게 만들고자 하는 정신을 통해 성공적으로 화성을 완성할 수 있었어."

"백성들의 삶을 나아지게 만들고자 하는 정신이요?"

"정조는 화성을 건설하는 데 아무나 함부로 데려다가 부리지 않았어. 살기 힘들어 떠도는 농민들에게 일을 시키고 일한 대가도 제대로 주었지. 어려운 백성에게 일자리를 만들어 준 거야. 혹시 몸이 상할까 봐 약을 지어 주기도 했고 추운 겨울철에는 솜옷과 털모자도 나눠 주었어. 나라의 근본이 백성이라고 한 말이 그저 말뿐인 게 아니었다는 걸 알겠지? 정조와 실학자들의 인간 중심적인 생각을 구현한 것이 화성의 세 번째 의미라 할 수 있어.

정조는 화성을 만들고 그 안에 큰 길을 닦아 상인들이 자유롭게 장사를 할 수 있도록 했어. 다시 말해, 상공업을 발달시켜 백성들이 소득을 얻을 통로를

수원 화성
의궤뿐만 아니라 수원 화성 자체도 유네스코 세계 문화유산으로 등재되었어. 수원 화성에 적용된 뛰어난 과학 기술과 건축물이 지닌 조형미를 대를 이어 보전하고 널리 알릴 만한 가치가 있다고 인정한 거야.

열어 주고 나라를 부강하게 만들려 했지.

 상업과 관련해 정조가 한 일이 있어. 1791년 정조는 금난전권을 폐지했어. 금난전권이 뭘까? 특정 상인이 상권을 독점하고 허가받지 않은 가게인 난전을 금지시킬 수 있는 권리를 말해. 이전에는 시전 상인들이 장사를 독점하고 다른 사람이 장사를 하지 못하도록 불량배들을 시켜 행패를 부렸지. 그런데 정조가 이것을 금지함으로써 많은 상인이 장사를 할 수 있었어. 상공업을 발전시켜 백성과 나라를 부유하게 만들자는 실학자들의 주장과 맞아떨어지는 대목이야.

수원 화성 서북공심돈
성벽의 일부가 성밖으로 툭 튀어나오게 만들고 3층 높이의 망루를 세운 뒤 크고 작은 구멍을 뚫어 놓았어. 병사들은 작은 구멍으로는 총을, 큰 구멍으로는 포를 쏘아 성을 향해 공격하는 적을 여러 방향에서 방어할 수 있게 만들었단다.

신도시 화성이 품은 꿈

"마토가 수원 갈비 이야기를 할 때 말했듯이, 화성 성곽 주변에 저수지와 농사지을 땅을 만들어 농민에게 소와 함께 나누어 주었어. 정조는 농업과 수공업이 발달한 잘사는 신도시 화성을 만들려고 했던 거야.

그리고 성공적인 개혁 정책을 주변 지역으로 넓혀 가려고 했지. 화성을 일종의 거점 도시로 삼은 거야. 거점이란 어떤 일을 하는 데 근거로 삼는 핵심 지점을 말해. 화성을 개혁의 시작으로 삼아 다른 지역도 발전시켜 나가면서 마침내 조선 전체를 개혁하려 했지. 따라서 화성은 정조와 실학자들의 꿈이

담긴 도시였단다."

화성은 세계인들도 인정하는 가치 있는 문화유산이야. 유네스코 세계 문화 유산으로 등재되어 있거든. 세계인들은 화성의 뛰어난 건축 기술과 조형미, 왕궁과 백성의 삶의 터전, 그리고 성곽과 자연의 조화, 높은 과학 기술의 활용 등에 높은 점수를 주었어.

무엇보다 과거 전 세계 어떤 건축 과정에서도 볼 수 없었던 것이 있었지. 바로 화성의 건축 과정과 공사 내용이 완벽하게 기록된 『화성성역의궤』라는 기록물이야. 여기에는 공사 일정, 방법, 경비, 자재와 단가, 도구, 업무 담당자, 논의 내용, 동원된 기술자의 명단과 직종, 기술자들이 일한 장소와 날짜와 지불 임금 등 화성을 만드는 전 과정이 세세하게 적혀 있어. 일제 강점기

수원 화성방화수류정
평지보다 높은 곳에 세운 화성의 네 개 각루 가운데 하나로 주변을 감시하는 전망대야. 화성에서 가장 아름다운 곳으로 루에 올라 내려다보는 풍경이 정말 멋지단다.

수원 화성 화홍문
수원 화성을 가로지르는 수원천의 남쪽과 북쪽에는 돌로 수문을 쌓았어. 화홍문은 북쪽에 있는 수문인데 무지개 문이라는 이름처럼 아주 아름답지. 이 수문은 하천이 범람하지 않도록 조절하는 역할도 했어.

와 6·25 전쟁으로 화성이 많이 파괴되었지만, 이 의궤가 남아 있어서 옛 모습과 똑같이 복원할 수 있었어. 이처럼 자세한 공사 보고서는 전 세계 어디에도 유례가 없는 인류 기록 문화의 꽃이라 할 수 있지."

빡쌤이 의궤의 몇 쪽을 태블릿 화면으로 보여 주자 아이들은 눈을 크게 뜨고 바라보며 말을 잇지 못했다.

"화성을 만든 사람들이 얼마나 대단했는지, 또 화성에 대한 기대와 자부심이 얼마나 컸는지 실감이 나니?"

"네, 화성이 정조와 실학자들의 꿈이 담긴 도시라는 말씀이 이해돼요."

"쌤, 정조가 백성의 삶이 나아지길 바랐다면 당시 어린이들은 어떻게 생각했나요?"

마리가 정조 시대에 어린이들이 어떻게 살았는지 궁금해 물었다.

"저도 그게 궁금했어요. 사실 옛날에는 어린이들이 제대로 대접받지 못했다고 들었거든요. 일하는 데 부려 먹고 말 안 들으면 때리고 막 그랬다던데. 그래서 방정환 선생님이 어린이를 함부로 대하지 말고 미래의 주인으로 대하자고 어린이날을 만들었다고 했어요."

은지가 마리의 말을 이었다.

굶주린 아이를 먹이고 천대받는 노비를 해방하라

"옛날에 어린이들의 삶은 아주 좋지 않았어. 가난으로 살기 힘들어진 어른들은 고향을 떠날 때 자식을 버리기도 했단다. 또 병이나 가난으로 부모가 죽으면 의지할 데 없이 구걸하며 길바닥을 떠돌았지.

정조는 부모를 잃은 열 살 미만의 아이들을 고을의 수령이 거두어 먹여 주고 재워 주고 공부도 시키게 했지. 버려진 갓난아이는 유모를 찾아 젖을 먹이도록 했고 젖을 준 유모에게는 곡식을 주어 보상했어. 또 이러한 제도를 훈민정음으로 적어 백성들이 알 수 있도록 했어. 백성들이 제도를 몰라 혜택을 받지 못하는 일이 없도록 한 거야."

"정조는 백성들이 어떤 어려움을 겪는지 세심하게 생각한 것 같아요."

"아까 정조가 행차할 때 백성들의 소리에 귀를 기울였다고 했지? 더불어 나라를 바로잡으려던 실학자들의 의견도 들었을 거야.

 정조는 사회적으로 가장 고통 받는 사람이 누구인지 생각했어. 바로 노비 였지. 정조는 인간을 귀한 존재와 천한 존재로 나누어서는 안 된다고 생각해 노비 제도는 없어져야 한다고 생각했어. 실제로 노비들은 물건 취급 받았고 대를 이어 노비로 비참한 삶을 살아야 했어. 정조는 우선 노비 제도부터 없애야겠다고 결심했지. 그래서 도망간 노비를 추적해 잡아들이는 노비 추쇄관 제도를 폐지했단다. 그리고 이어서 노비 제도 자체를 없애려 했어."

 "한국사를 공부하면서 가슴 속을 답답하게 했던 것이 쑥 내려가는 느낌이 에요."

 시루가 역사 속에서 계급이 생기면서 이어져 온 노비들의 비참한 삶을 떠올리며 가슴을 쓸어내렸다.

 "1795년 정조의 화성 행차가 어머니 회갑 잔치를 위한 행사라고 하셨잖아요? 그럼 잔치 음식으로는 무엇이 나왔나요?"

 슬슬 배가 고파진 마토가 자기다운 질문을 하자 아이들이 피식 웃었다.

 "온갖 맛있는 음식이 다 올라왔겠지. 조선 시대 평균 수명이 마흔 살 정도였으니 예순이 된다는 건 흔치 않은 일이었어. 그래서 일반 백성들도 부모의 회갑에는 빚을 내서라도 잔치 음식을 잘 차리려고 했어. 그러니 왕의 어머니 회갑은 어땠겠니? 그중 눈에 띄는 음식이 있었는데 두텁떡이야. 두텁떡은 고려 시대에 만들었던 떡으로 재료가 비싸고 만드는 법도 어려워 귀족들만 먹을 수 있었던 음식이라고 하더구나.

 회갑 잔치 다음 날 정조는 가난하고 소외된 화성 주민들에게는 쌀을 나누어 주었어. 또 백성들에게 죽을 끓여 나누어 주었는데, 정조가 직접 죽의 맛을 보았다고 해. 노인 수백 명을 초청해 양로 잔치도 열어 주었지. 정조는 어머니의 회갑을 왕과 벼슬아치들만의 잔치가 아니라 화성 백성 전체와 함께하

는 잔치로 만들었어."

 화성에서 모든 행사를 마친 정조는 한성으로 돌아가며 매우 아쉬워했다고 해. 그만큼 화성을 아끼고 사랑했던 거야. 심지어 고개를 넘으면 화성이 보이지 않는 곳에 지지대라는 표석을 세우게 했지. 여기서 지지(遲遲)란 말은 아주 더디고 잘 나아가지 못한다는 걸 뜻해. 화성에 더 머물고 싶은 마음에 발걸음이 떨어지지 않는다는 말이니, 정조가 화성을 얼마나 좋아했는지 그 마음을 알 수 있겠지?"

조선, 나라를 구할 마지막 기회를 놓치다

"쌤, 그러면 정조는 화성에서 자신이 꿈꾸던 것을 이루었나요?"
시루의 질문에 은지가 먼저 고개를 가로저었다.
"그랬다면 조선이 망하지 않았겠지. 그렇죠, 쌤?"
"일단 아래로 내려가 보자."
일행은 뭔가 불안한 마음을 품고 화성 행궁으로 돌아와 그 옆에 있는 건물로 갔다.
"이 건물은 화령전이라고 해. 이곳에 정조가 있어. 들어가자."
일행은 주변을 두리번거리며 건물 안으로 들어갔다. 그리고 조금 걸어 운한각이라는 건물 앞에 섰다. 문은 열려 있었지만 출입은 할 수 없었다. 일행은 멀리서 건물 안을 들여다보았다.
"저기 정조의 어진이 있어. 화령전은 정조의 어진을 모시기 위해 지은 건물이야. 인사드리자."

일행은 공손히 머리를 숙여 정조에게 인사했다.

"화성이 완성되고 정조와 개혁 세력이 꿈을 펼쳐 가던 1800년 6월 28일, 정조가 갑자기 죽음을 맞게 돼."

"네? 갑자기 왜……?"

"죽음의 원인은 분명치 않아. 반대파인 노론에 의해 암살되었다는 설, 약을 잘못 써서 의료 사고로 죽었다는 설, 일을 너무 많이 해서 과로로 죽었다는 설 등 의견이 분분하지."

"아, 너무 허무해!"

"정조의 죽음으로 모든 개혁 정책은 수포로 돌아가 버려. 개혁을 추진하던 사람들은 모두 노론에 의해 제거되고. 정약용은 유배를 당하고, 박제가 등 규장각 관리들도 쫓겨나지. 정조의 개혁을 뒷받침하고 외적으로부터 나라를 지키려고 만든 최고의 정예 부대 장용영도 해체돼. 노비제 폐지 계획도 관청의 공노비만 해방시키는 것으로 끝나고."

아이들은 너무도 갑작스러운 정조의 죽음에 할 말을 잊었다.

"정조 당시 세계는 커다란 변화의 소용돌이 속에 있었어. 프랑스에서는 혁명으로 왕정이 폐지되고 공화정이 세워졌고, 일본은 개혁을 추진해 빠르게 발전해 갔지. 영국에서는 와트가 증기 기관을 개량해 산업혁명으로 대량 생산 시대로 접어들었어. 과학적으로도 비약적인 발전을 이뤄 볼타는 전지를 발명하고 제너는 종두법을 개발해 천연두를 예방할 수 있게 되었지. 아메리카는 영국으로부터 독립해 미국이라는 나라를 만들었어. 미국에서는 증기선이라는 새로운 문물이 물 위를 떠다녔고.

정조의 개혁은 바로 이런 세계사의 흐름에 어느 정도 발맞춘 거라 볼 수 있단다. 하지만 정조가 죽자 모든 권력은 노론의 손으로 들어가고 말아. 노론은

왕실의 외척으로 자리잡고 온갖 방법으로 백성들을 착취해 자기 곳간을 불려 나가지.

역사에서 '만약에' 란 말처럼 무의미한 건 없지만, 만약에 정조의 개혁이 성공했다면 조선은 어떻게 되었을까? 하지만 정조와 정약용의 말처럼 병들어 망하게 생긴 조선이 마지막으로 일어설 기회는 이미 사라졌어. 실제로 조선은 정조가 죽은 뒤 100년도 채 되지 않아 망국의 길로 들어서지."

'마지막 기회' 라는 말이 아이들의 가슴속을 아프게 훑고 지나갔다. 아이들은 위안부 할머니와 강제 노동자 할아버지들을 생각했다. 망한 나라에서 태어나 죄 없이 고통당한 백성들, 그들이 그런 고통을 당하지 않아도 될 마지막 기회가 허무하게 사라져 버린 것이 못내 아쉽고 속상했다.

"너무 속상해하지 마. 정조의 개혁이 성공했다고 해도 역사가 어떻게 흘러갔을지는 아무도 모르니까. 다만, 화성을 보면서 정조와 실학자들이 무엇을 꿈꾸었는지 돌아보고 그것이 현재 우리에게 어떤 교훈을 주는지 생각해 보면 좋겠구나."

정조가 죽은 이후에도 개혁을 위해 노력한 정약용

정약용은 정조와 함께 개혁을 이루기 위해 노력했어. 그러나 정조가 죽자 정약용을 시기한 사람들이 그를 전라도로 유배를 보냈고 그의 개혁 의지는 꺾이는 듯싶었지. 하지만 유배지에서 백성들의 어려운 삶을 목격하게 된 정약용은 개혁의 필요성을 절실히 느꼈어. 그래서 끊임없이 학문을 연구했고 500권이 넘는 책을 썼단다.

정약용이 쓴 책 중에서 『경세유표』는 토지 제도를 바꾸고 인재를 고르게 활용해야 나라를 바로잡을 수 있다는 내용이 담겨 있어. 또 『목민심서』에는 지방의 관리가 지켜야 할 도리가 담겨 있지. 『목민심서』에서 정약용은 "수령이 백성을 위해 있는 것이지, 백성이 수령을 위해 있는 것은 아니다."라고 말했단다.

정약용
정약용은 전라도로 유배된 이후에도 조선의 개혁을 위해 끊임없이 노력했어. 그래서 유배지에서 개혁과 관련된 500여 권의 책을 집필했단다.

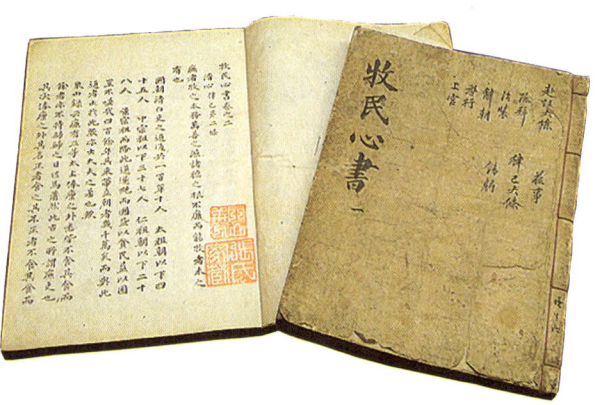

『목민심서』
정약용의 대표적인 저서 중 하나야. 지방 관리가 지켜야 할 도리와 지침을 다루고 있어.

우리의 문화를 연구한 학자들도 있었다고요?

실학을 통해 중국이 아닌 조선의 입장에서 실용적인 학문을 생각하게 된 학자 가운데는 우리의 문화와 역사를 우리 눈으로 보려고 노력한 사람들이 있었어. 유희는 『언문지』를 써서 잘못된 한자음을 한글로 바르게 적으려 했고 한글의 우수성을 설명했지. 유득공은 『발해고』라는 책을 통해 발해가 중국의 나라가 아니라 고구려를 계승한 우리 민족의 나라임을 밝혔단다.

정약용의 형이자 실학자인 정약전은 유배지인 흑산도에서 『자산어보』라는 책을 썼어. 이 책에는 흑산도 주변 바다에 사는 다양한 생물들에 관해 자세히 기록되어 있지.

김정호는 우리나라 지도인 대동여지도를 만들었어. 대동여지도에는 우리나라의 산이나 강, 길 등이 자세하게 표시되어 있을 뿐만 아니라 다양한 정보를 기호로 표시했는데, 얼마나 정확한지 오늘날의 지도와 비교해도 손색이 없을 정도야. 또 목판으로 만들어 지도를 여러 장 찍어 낼 수 있게 했고 휴대하기도 간편하단다.

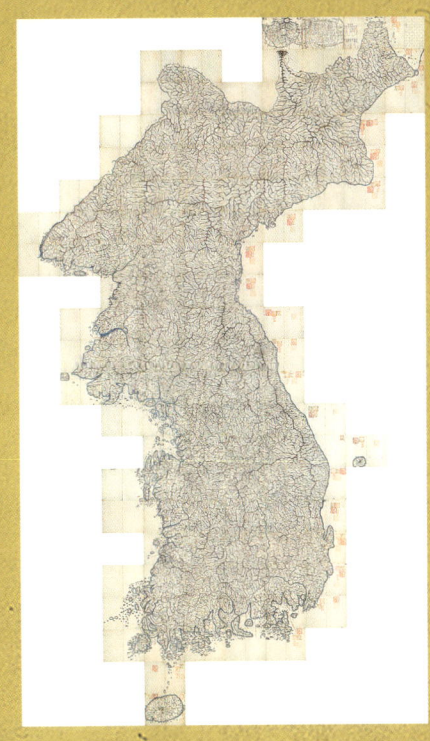

대동여지도
대동여지도는 22권의 책으로 되어 있는데 모두를 펼쳐서 이으면 가로 약 3m, 세로 약 7m의 커다란 우리나라 전도가 된단다.

밑줄 쫙! 은지의 한국사 노트

1. 정조는 정예 군대인 ☐☐☐을 조직해 반대 세력과 외적으로부터 왕과 수도를 지키게 했다.
   용영장

2. 수원 화성의 정문인 ☐☐☐은 성문이 이중으로 되어 있는데, 성문 밖에 둥글게 둘러싼 성을 옹성이라고 한다. 성문을 보호하기 위한 목적으로 만든 '옹성'은 도자기를 잘라 놓은 것처럼 둥글다고 해서 붙여진 이름이다.
   문장안팔

3. 화성은 정조의 명령으로 실학자 ☐☐☐이 설계했다. 이 사람은 성리학뿐만 아니라 건축, 수학, 지리, 과학 전 분야에서 두루 뛰어났다. 이 사람은 정조와 뜻을 같이해 개혁을 이끌었다.
   용약정

4. ☐☐☐는 도르래의 원리를 이용해 무거운 물체를 작은 힘으로 들어 올리는 도구이다. 성곽을 쌓는 데 가장 힘든 일은 돌처럼 무거운 물체를 들어 올리는 것이었다. 이 도구를 비롯해 다양한 첨단 도구와 치밀한 계획으로 일을 진행해 수원 화성은 애초 예상한 10년이라는 공사 기간을 2년 9개월이나 앞당겨 완성할 수 있었다.
   기중기

5. 특정 상인이 상권을 독점하고 허가받지 않은 가게인 난전을 금지할 수 있는 권리를 ☐☐☐☐이라고 한다. 정조는 많은 상인이 장사를 할 수 있도록 ☐☐☐☐을 폐지했다.
   금난전권

6. 유득공은 ☐☐☐라는 책을 통해 발해가 중국의 나라가 아니라 고구려를 계승한 우리 민족의 나라임을 밝혔다.
   고발해류

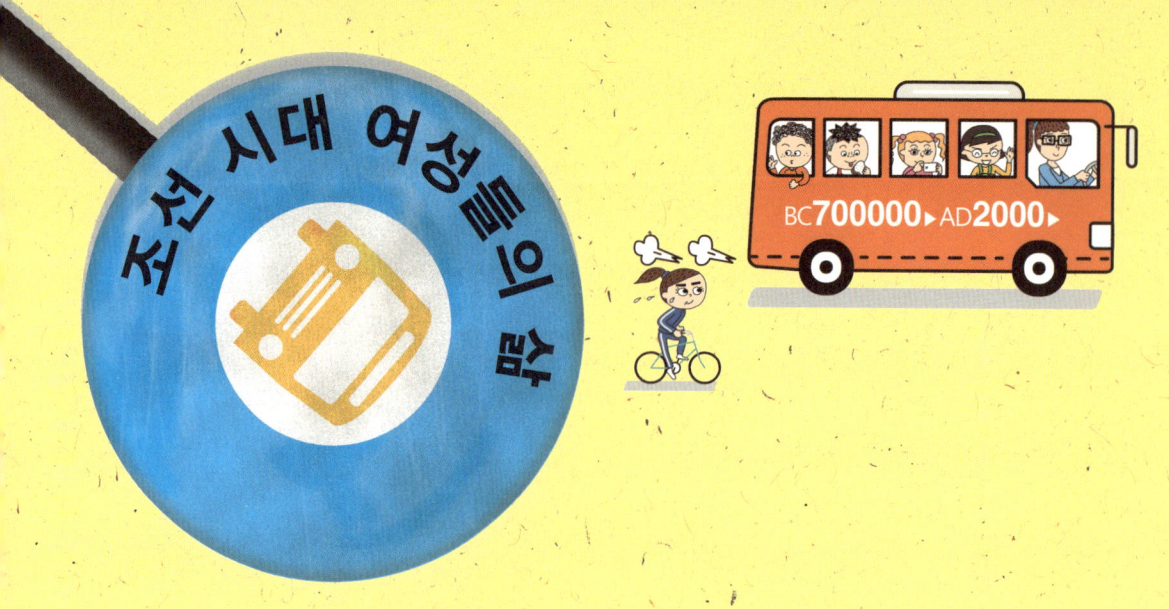

조선 시대 여성들의 삶

BC700000▸AD2000▸

조선 중기 이후 유교 질서가 강화되면서 남녀가 다르다는 것이 강조되었어. 이로써 여성들은 남성보다 신분이 낮은 존재가 되었지. 여성들은 친정살이가 아닌 시집살이를 해야 했단다. 또 유학 교육을 받던 남성에 비해 일상생활에 필요한 수준의 교육만 받았어. 여성은 남편이 죽으면 재혼도 할 수 없어

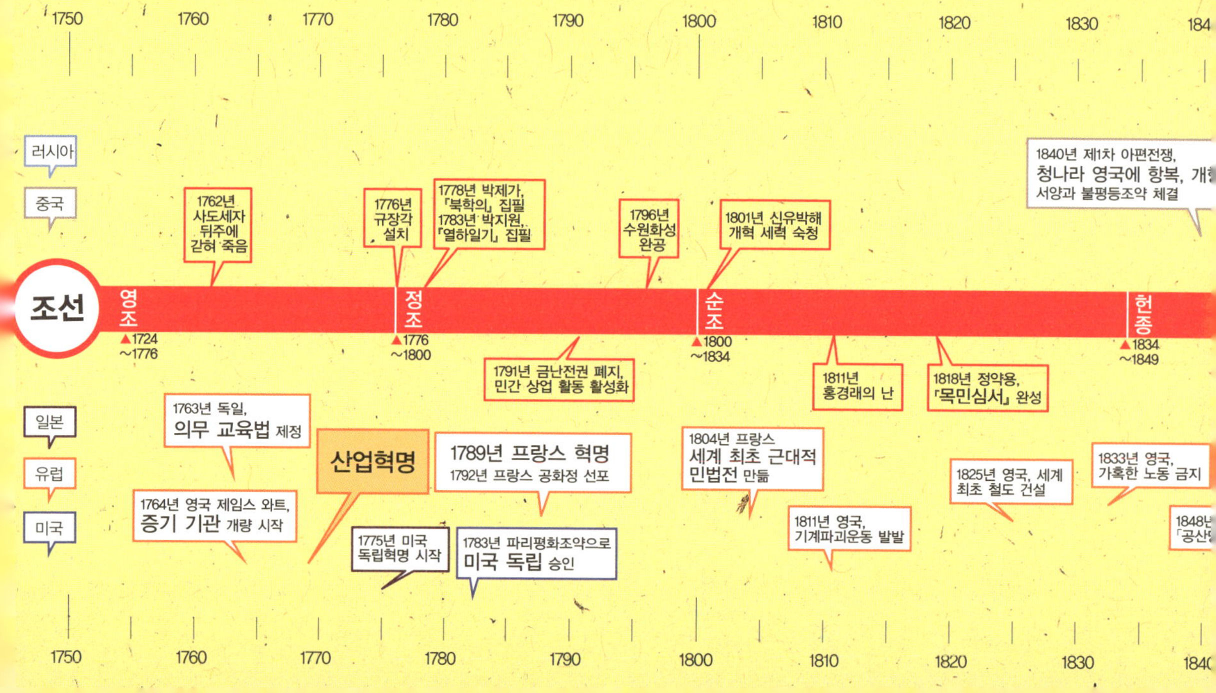
1750
1760
1770
1780
1790
1800
1810
1820
1830
184
러시아
중국
조선
일본
유럽
미국
1762년 사도세자 뒤주에 갇혀 죽음
1776년 규장각 설치
1778년 박제가, 「북학의」 집필 1783년 박지원, 「열하일기」 집필
1796년 수원화성 완공
1801년 신유박해 개혁 세력 숙청
1840년 제1차 아편전쟁, 청나라 영국에 항복, 개항 서양과 불평등조약 체결
영조 ▲1724 ~1776
정조 ▲1776 ~1800
순조 ▲1800 ~1834
헌종 ▲1834 ~1849
1791년 금난전권 폐지, 민간 상업 활동 활성화
1811년 홍경래의 난
1818년 정약용, 「목민심서」 완성
1763년 독일, 의무 교육법 제정
산업혁명
1789년 프랑스 혁명 1792년 프랑스 공화정 선포
1804년 프랑스 세계 최초 근대적 민법전 만듦
1825년 영국, 세계 최초 철도 건설
1833년 영국, 가혹한 노동 금지
1764년 영국 제임스 와트, 증기 기관 개량 시작
1775년 미국 독립혁명 시작
1783년 파리평화조약으로 미국 독립 승인
1811년 영국, 기계파괴운동 발발
1848년 「공산

평생을 혼자 살아야 했지.
그러나 이런 상황에도 신사임당, 허난설헌, 김만덕 등의 여성은 훌륭한 업적을 남겼단다.

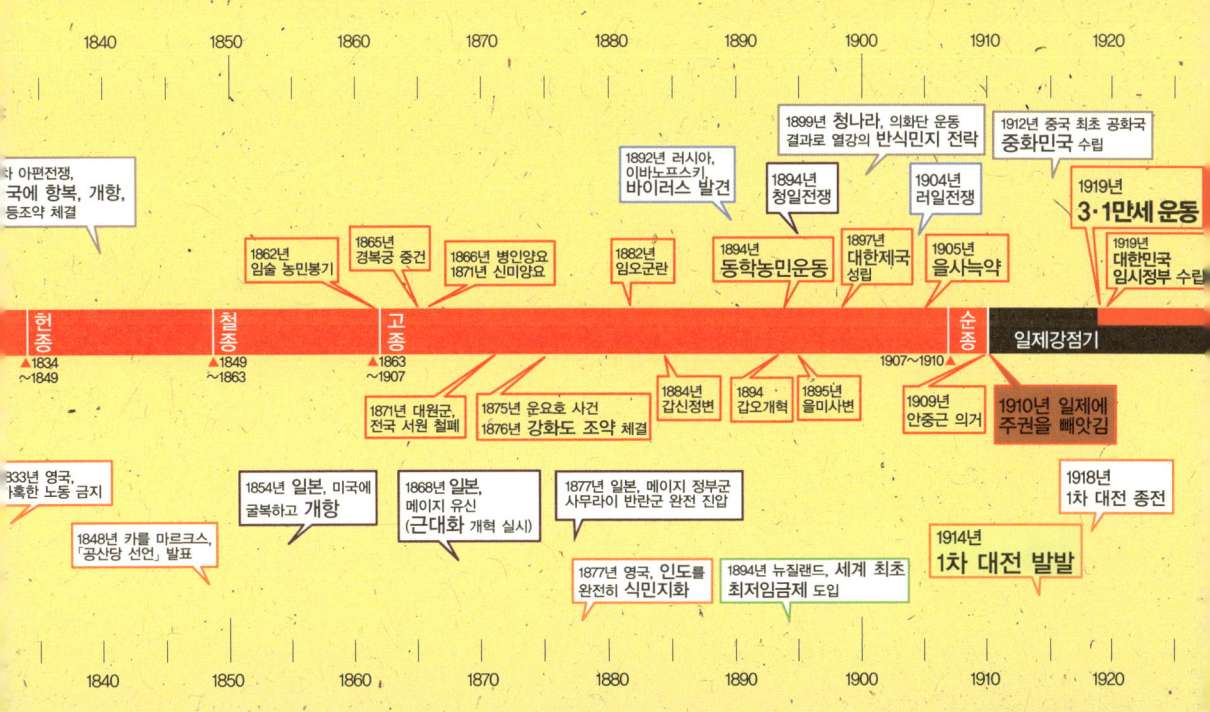

1부 희망과 좌절의 화성

정조의 갑작스러운 죽음에 아이들은 허탈했다. 다행히 아이들은 빡쌤과 오랫동안 역사를 공부해 오면서 슬프고 아쉬운 감정을 교훈으로 받아들일 줄 알게 되었다.

"쌤, 아까 정조 때 어린이들에 대해 말씀해 주셨잖아요? 그럼 여자들은 어땠나요? 저처럼 무술 실력이 뛰어난 여자들도 있었나요?"

평소 씩씩한 시루가 가라앉은 분위기를 바꾸려고 주먹으로 허공을 때리며 물었다.

"조선 시대에 시루처럼 용감한 여자들이 있었는지는 모르지만 뛰어난 재능을 가진 여자들은 있었어. 그럼 우리 화성의 아름다운 건물들을 보면서 그 이야기를 해 보자. 세계가 인정하는 멋진 건축물을 우울한 기분 때문에 못 보고 가면 너무 억울하잖아? 화성을 건설한 정조나 정약용에 대한 예의도 아닐 테고 말이야."

빡쌤의 말에 아이들과 단짝은 다시 힘을 내서 '네!'라고 대답했다.

결혼 후에도 친정에서 살았던 신사임당

"조선 시대 중기까지 여성의 지위는 고려 시대의 여성의 지위와 크게 다르지 않았어. 족보에 이름을 올릴 때 아들딸 상관없이 태어난 순서대로 올렸고, 아들딸 차별 없이 재산을 똑같이 상속했지. 제사도 아들과 딸이 함께 지냈고 여자는 재혼도 할 수 있었어. 여자가 결혼하면 곧바로 시집으로 가는 것이 아니라 친정집에서 자식을 낳아 어느 정도 키운 다음에 가는 전통도 그대로 남아 있었어. 다시 말해 조선 중기까지 여성의 지위는 고려의 전통을 그대로 이

어 받은 거야.

신사임당은 1504년 강원도 강릉에서 태어나고 자라 19세에 이원수와 결혼했어. 결혼한 뒤에도 시집에 가서 살지 않고 친정에서 오랜 시간을 지냈고, 이후 시집으로 간 뒤에도 친정인 강릉에서 많은 시간을 보냈어. 셋째 아들인 율곡 이이도 강릉에서 낳았지. 신사임당은 자식을 훌륭하게 키웠을 뿐 아니라 시부모님을 극진히 모셨고, 남편에게는 과거 공부에 전념할 수 있도록 충고와 격려를 아끼지 않았어. 그런 와중에도 자신은 시를 쓰고 그림을 그리면서 예술적 재능을 맘껏 발휘했어. 이처럼 신사임당이 완벽에 가까운 삶을 살 수 있었던 것은 성리학적 질서가 자리잡지 않아 남녀 차별이 덜했던 조선 중기에 살았기 때문이야."

조선 후기 여성의 삶

"여성의 지위가 급격히 낮아진 것은 17세기에 접어들면서부터야. 결혼식은 신부 집에서 올렸지만 결혼식을 올린 뒤에는 시집으

신사임당
신사임당이 예술적 재능을 맘껏 발휘하며 스스로 빛날 수 있었던 것은 아직 남녀의 성리학적 위계질서가 자리 잡지 않은 조선 중기에 살았기 때문이야.

로 가서 살게 되었어. 결혼 후 얼마간 친정살이를 하던 전통이 깨진 거야. 제사는 딸을 빼고 아들만 모셨고 재산 상속도 딸보다 아들에게 더 많이 주었어. 여성은 재혼도 할 수 없었지. 무엇보다도 여성을 옭아맨 것은 성리학의 윤리였어. 예를 들면 '삼종지도'라는 것이 있었어."

"삼종지도가 뭐예요?"

"여자는 어려서는 아버지를 섬겨야 하고, 결혼해서는 남편을 섬겨야 하고, 늙어서는 아들을 섬겨야 한다는 거야. 또 '출가외인'이라는 것도 있어."

"출가외인은 또 뭐죠?"

"여자는 결혼하면 남이나 다름없다는 말이야. 고려나 조선 전기까지만 해도 여자는 친정 부모가 물려준 재산을 자기 몫으로 받을 수 있었지만 이런 전통이 조선 후기에 와서는 완전히 사라졌어."

유교적 가치관에 희생된 천재 시인 허난설헌

"허난설헌은 1563년 강원도 강릉에서 허엽의 딸로 태어났어. 아버지 허엽은 성리학자이자 문신이었고, 남동생 허균은 『홍길동전』을 지은 소설가였어. 또 오빠인 허성과 허봉도 글을 잘 쓰기로 이름난 사람들이었지. 이렇게 문장가 집안에서 태어나고 성장한 허난설헌도 글을 무척 잘 썼는데 특히 시를 쓰는 솜씨가 뛰어났다고 해.

남동생 허균이 성균관에 있을 때 명나라에서 온 사신에게 네 권의 시집을 건네주면서 이렇게 말했어. "이 시집 네 권이 조선을 대표하는 시인들의 시집입니다." 그런데 그 네 권 중에는 허균의 누나 허난설헌이 쓴 시집도 들어

있었던 거야. 덕분에 허난설헌의 시집은 명나라에서 출판되어 중국과 일본에서 높은 평가를 받았단다.

허난설헌은 15세에 김성립과 혼인했지만 결혼 생활은 행복하지 못했어. 남편은 아내의 재능을 질투해 집을 비우고 기생과 놀기에 바빴고, 시어머니는 시를 쓰는 며느리가 못마땅해 학대했지. 아들과 딸은 어려서 죽고 뱃속의 아이마저 유산되고 말았어. 그 후 시를 쓰며 쓰디쓴 시집살이를 견디며 살다가 스물일곱의 젊은 나이로 죽고 말았단다.

허난설헌의 시는 213수가 전하고 시집으로 『난설헌집』이 있어. 가사로는 「규원가」와 「봉선화가」도 있지.

규원

달 밝은 누각에 가을은 다 가는데 방은 텅 비었고
서리 내린 갈대 섬에 밤 기러기 찾아든다.
거문고 타 보아도 임은 보이지 않고
연꽃은 연못으로 한 잎 두 잎 떨어지네.

이 시의 제목 '규원'은 여자의 원한이라는 뜻이야. 시는 방 안에 함께 있어야 할 사람은 없고 홀로 거문고만 타면서 한숨짓는 어느 여인의 모습을 묘사하고 있어. 아마도 그 여인은 '달빛이 아름다운들 뭐하나, 기러기가 찾아온들 뭐하나, 연꽃이 화려한들 뭐하나, 보는 이는 아무도 없고 지고 말뿐인데.' 하는 심정이었겠지. 시 속 여인의 심정과 허난설헌의 마음은 크게 다르지 않았을 거야.

　"허난설헌과 신사임당은 태어난 시기는 불과 60년밖에 차이가 나지 않아. 허난설헌이 반백 년 정도 늦게 태어난 거지. 그런데도 예술적 재능을 가지고 태어난 두 여성이 살아간 모습은 참 다르지? 두 여성의 삶을 보면서 유교적 가치관이 여성의 삶을 어떻게 바꾸어 놓았는지 잘 생각해 보렴."

　꿈틀 일행이 화성을 거의 다 돌아보았을 때는 이미 해가 뉘엿뉘엿 지고 있었다. 일행은 정약용이 설계하고 수많은 전문가가 자신의 경력과 이름을 내걸고 세운 화성을 다시 한번 바라보았다. 화성을 뒤로하고 서울로 돌아가려니 왠지 아쉽고 서운했다.

　"쌤, 정조가 고개를 넘으며 지지대라는 표석을 세운 마음을 알겠어요. 저도 걸음이 잘 떨어지지 않아요."

　은지가 화성의 건축물들을 하나하나 눈에 새기며 말했다.

　"쌤, 저도 발이 안 떨어져요."

　마토도 은지의 말을 이었다. 다들 마토가 하는 말의 뜻을 알 수 있었다.

　"쌤, 마토가 배가 고파 걷지 못할 지경인가 본데 어쩌죠?"

　파래가 힘이 빠진 목소리로 말하자 모두 같은 심정이 되었다.

　"금강산도 식후경이라는데 이거 너무 강행군 아니니? 뭐라도 먹자. 아, 배고파. 이럴 때 정조가 있었으면 죽 한 사발이라도 내렸을 텐데."

　빡쌤의 단짝이 앓는 소리를 했다.

　"알았다, 알았어. 내가 아는 수원의 유명한 맛집으로 가자."

　빡쌤의 말에 일행은 갑자기 힘이 나서 빡쌤보다 앞서 걸었다.

　"아무렴, 먹고사는 게 제일 중요하지. 야, 너희들 내가 가려는 데가 어딘지 알고 먼저 가는 거야?"

　빡쌤도 웃으며 일행의 뒤를 서둘러 쫓아갔다.

밑줄 쫙! 은지의 한국사 노트

1. 조선 시대 □□까지는 여성의 지위가 고려 시대의 여성의 지위와 크게 다르지 않았다. 족보에 이름을 올릴 때 아들딸 상관없이 태어난 순서대로 올렸고, 아들딸 차별없이 재산을 똑같이 상속했다. 제사도 아들과 딸이 함께 지냈고 여자는 재혼도 할 수 있었다. 여성에 대한 차별이 본격적으로 나타난 것은 조선 시대 후기로 □□ 질서가 강화되면서 남녀가 다르다는 것이 강조되면서부터이다.
   중기, 유교

2. □□□□은 성리학의 대가가 된 율곡 이이의 어머니로, 시를 쓰고 그림을 그리면서 예술적 재능을 맘껏 발휘했다.
   신사임당

3. 허균의 누나 □□□□은 시집이 명나라에서 출판되어 중국과 일본에서 높은 평가를 받았다.
   허난설헌

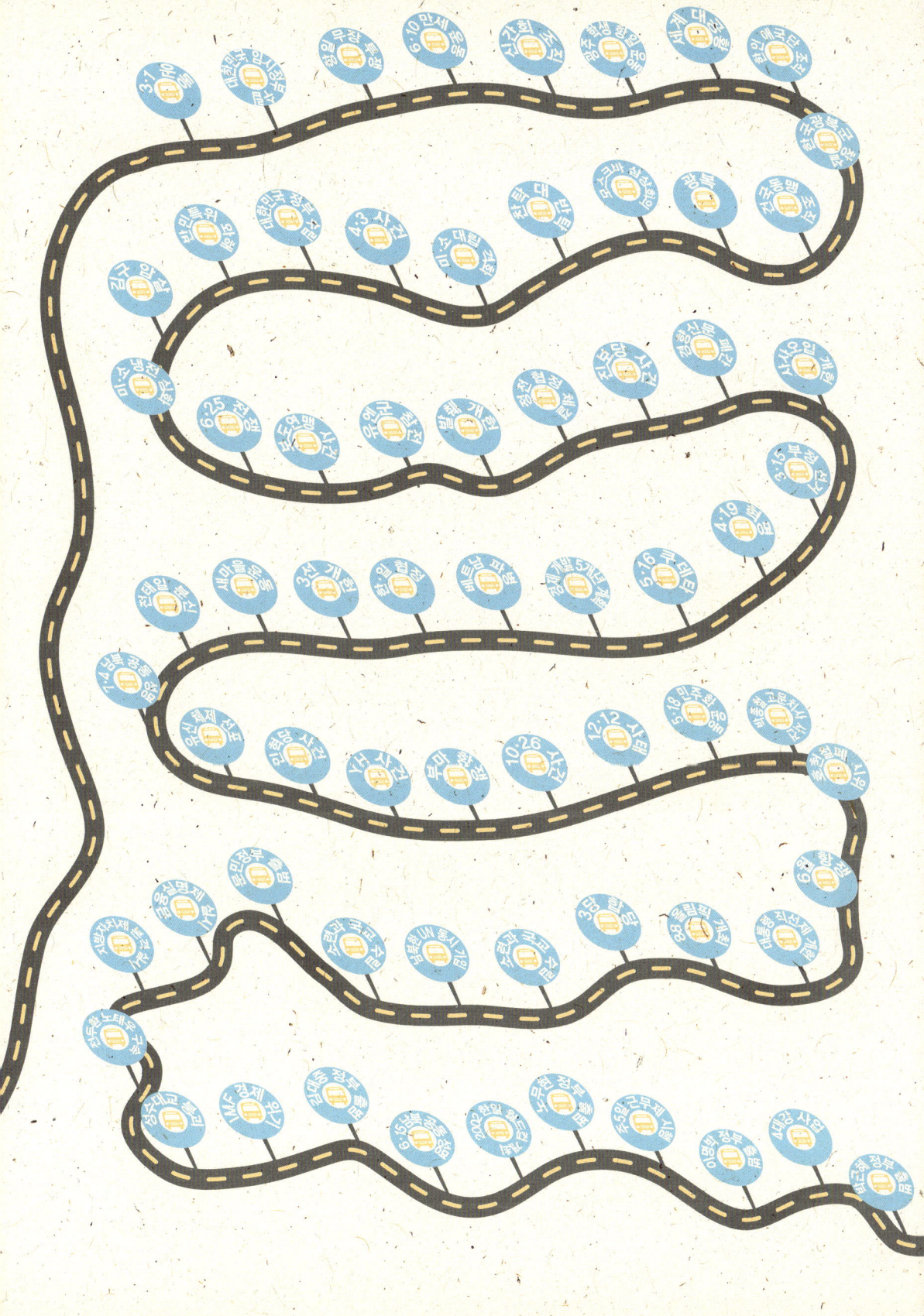

세도 정치가 시작되다

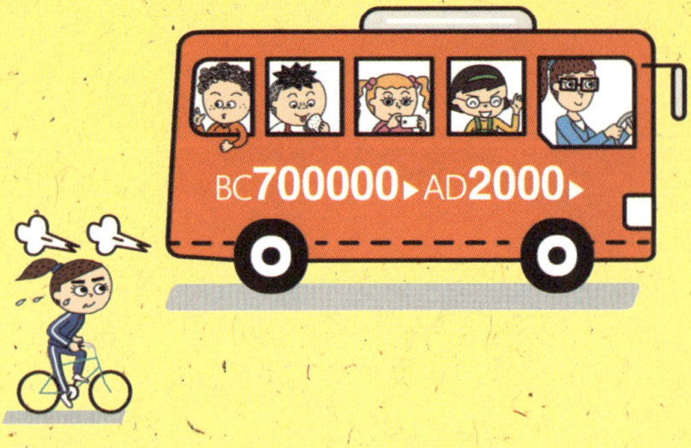

정조가 죽고 어린 세자가 왕이 되자 왕의 할머니인 정순왕후가 왕을 대신해 정사를 이끌었어. 정순왕후의 배후는 정조의 정치적 경쟁자였단다. 그들은 정조와 함께 개혁을 이끌었던 사람들을 천주교도라는 이유로 죽이고 유배 보냈지. 왕의 외척들은 어린 왕을 등에 업고 권력을 자신들의 사적인 이익을 추구하는 데 이용했어. 온갖 부정부패가 난무하고 백성들은 외척들의 곳간을 채울 재물로 자신의 모든

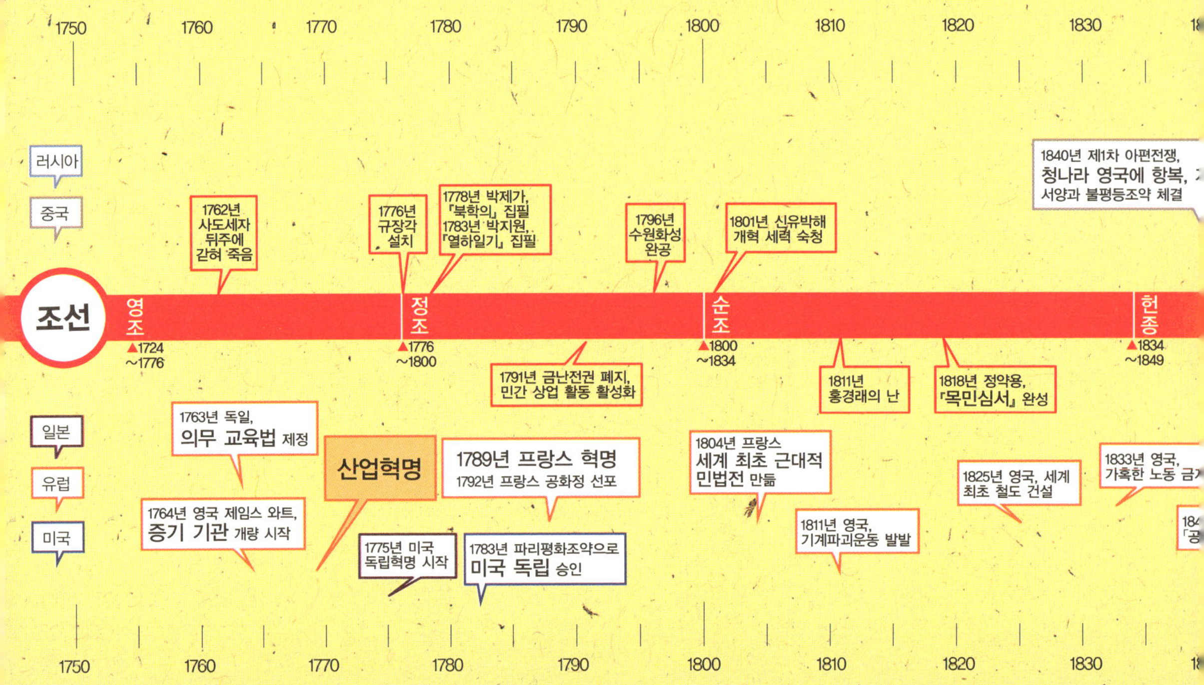

러시아

중국
- 1840년 제1차 아편전쟁, 청나라 영국에 항복, 서양과 불평등조약 체결

조선
- 영조 ▲1724~1776
  - 1762년 사도세자 뒤주에 갇혀 죽음
- 정조 ▲1776~1800
  - 1776년 규장각 설치
  - 1778년 박제가, 『북학의』 집필
  - 1783년 박지원, 『열하일기』 집필
  - 1791년 금난전권 폐지, 민간 상업 활동 활성화
  - 1796년 수원화성 완공
- 순조 ▲1800~1834
  - 1801년 신유박해 개혁 세력 숙청
  - 1811년 홍경래의 난
  - 1818년 정약용, 『목민심서』 완성
- 헌종 ▲1834~1849

일본

유럽
- 1763년 독일, 의무 교육법 제정
- **산업혁명**
- 1789년 프랑스 혁명
- 1792년 프랑스 공화정 선포
- 1804년 프랑스 세계 최초 근대적 민법전 만듦
- 1811년 영국, 기계파괴운동 발발
- 1825년 영국, 세계 최초 철도 건설
- 1833년 영국, 가혹한 노동 금지

미국
- 1764년 영국 제임스 와트, 증기 기관 개량 시작
- 1775년 미국 독립혁명 시작
- 1783년 파리평화조약으로 미국 독립 승인

재산을 빼앗겼어. 참지 못한 백성들은 여기저기서 봉기했어. 나라 안에서 이런 혼란이 이어지는 가운데 조선을 노리는 외국 배들이 조선의 바다를 기웃거리기 시작했단다.

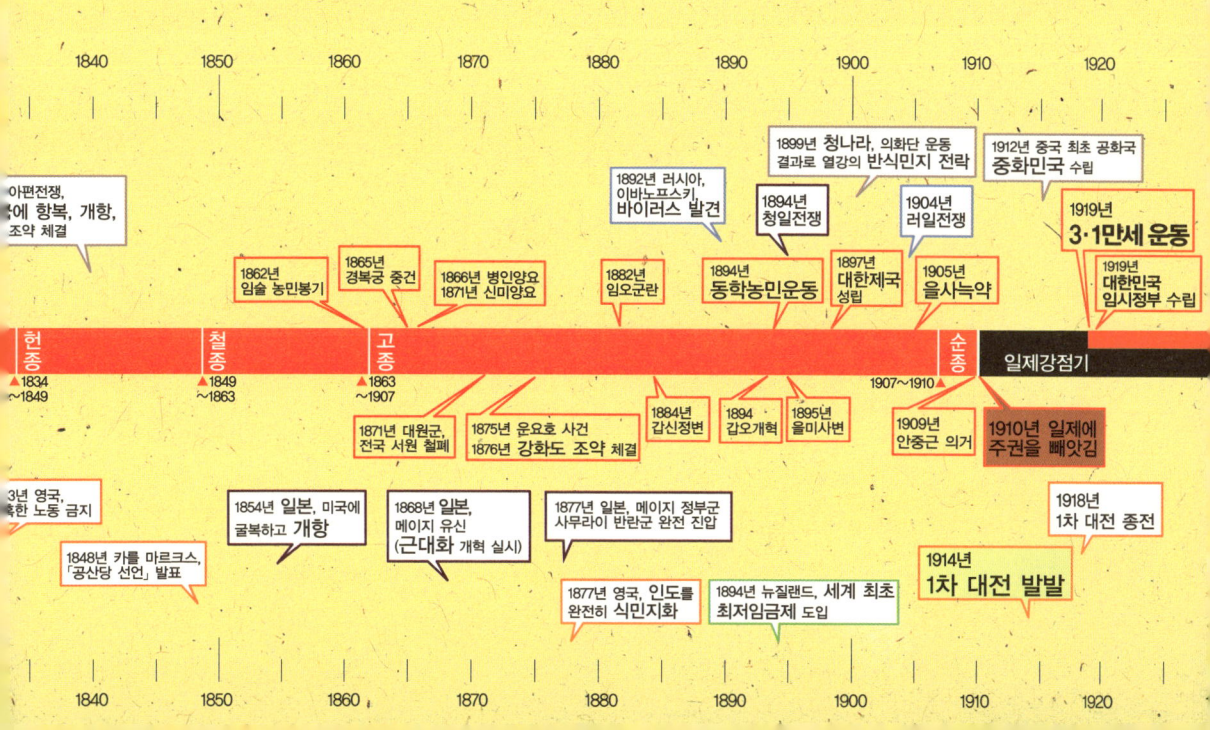

빡쌤이 꿈틀에 도착했을 때 아이들은 조용히 앉아 쌤을 기다리고 있었다. 오늘 수업 내용이 정조가 죽은 뒤 벌어지는 조선의 혼란한 상황이라는 것을 알고 있었기 때문이다. 나라가 망하는데 철없이 뛰놀 수는 없는 노릇이었다. 빡쌤은 사뭇 진지한 아이들의 얼굴을 보고 속으로 피식 웃고 말았다. 그동안의 역사 공부가 헛되지 않았다는 생각이 들어서였다. 빡쌤은 바로 이야기를 시작했다.

남인을 없애려 천주교 신자를 학대하다, 신유박해

"정조가 갑작스럽게 죽자 순조가 11세의 어린 나이로 왕위에 올랐어. 그러자 영조의 계비이자 대왕대비인 정순왕후가 수렴청정을 시작했지. 정순왕후가 수렴청정을 한다는 것은 노론 벽파 세력이 정권을 잡았다는 걸 뜻해. 정순왕후는 정치를 시작하자마자 노론 벽파 위주로 관리를 등용하고 남인 세력을 제거할 계획을 세웠어. 정순왕후는 남인 세력 중에 천주교 신자가 많다는 점에 주목했단다. 그래서 천주교도를 모두 잡아들이라는 명령을 내렸지.

"신해박해 때랑 똑같네요? 어머니의 제사를 지내지 않은 윤지충과 천주교 신자들을 잡아들여 처형한 것이 종교적인 이유가 아니라 정치적인 이유 때문이었잖아요?"

"그래, 맞아. 전국에 있는 수만 명의 천주교도가 잡혀 들어왔고 모두 죽임을 당하거나 유배를 당했어. 이 사건을 1801년 신유년에 일어났다고 해서 '신유박해'라고 불러. 이때 정조 시대에 활발히 활동하던 이가환, 이승훈, 정약종, 정약전 등의 인재들이 죽임을 당했어.

왕권이 몰락하고 세도 정치가 시작되다

　벽파 말고 시파 중에 김조순이라는 사람이 있었어. 김조순은 자신의 딸을 순조의 왕비 자리에 앉혔지. 그런데 김조순의 딸이 왕비가 되는 과정은 그리 순탄치 않았어. 왕비가 될 사람의 아버지가 벽파가 아닌 시파라는 이유로 수많은 사람이 반대했거든. 정순왕후도 처음에는 김조순의 딸이 왕비에 책봉되는 걸 반대했어. 그러자 김조순이 정순왕후에게 '나는 당파에는 전혀 관심이 없으니 저를 한번 믿어 주십시오.' 하고 간청할 때까지 말이지. 결국 정순왕후는 김조순을 믿기로 했어. 이렇게 해서 김조순의 딸이 무사히 왕비 자리에 오른 거야.

　"왠지 불안해요. 김조순은 딸이 왕비가 된 다음에도 똑같은 말을 할 수 있었을까요?"

　"불안한 예감은 틀리는 법이 없지. 1804년 정순왕후가 수렴청정을 거두자 기다렸다는 듯 김조순은 조정을 장악하기 시작했어."

　"이런! 믿는 도끼에 발등 찍혔네요?"

　김조순은 순조를 부추겨 벽파 세력을 몽땅 내쫓은 다음 관리들을 안동 김씨 위주로 등용한 거야. 이때부터 안동 김씨의 세도 정치가 시작되었어.

　"세도 정치가 뭐예요?"

　세도 정치란 안동 김씨 같은 왕의 외척이나 왕의 신임을 받은 신하 등 권세를 가진 세력이 권력을 독차지하는 것을 말해.

　"세도 정치가 그런 뜻이라면 안동 김씨가 정권을 독차지하고 있는 동안 왕권은 땅에 떨어졌겠네요."

　"안타깝게도 그렇지. 세도 정치는 순조에서 끝나지 않고 헌종, 철종 때까지

이어졌어."

안동 김씨를 몰아내고 새 세상을 만들자, 홍경래의 난

"안동 김씨의 세도 정치로 조정은 부정부패가 넘쳐나기 시작했어. 안동 김씨가 조정의 높은 관직을 모두 차지하고 있어서 정작 실력 있는 인재들은 발붙일 곳이 없어졌지. 또 안동 김씨가 나라 살림에는 전혀 관심이 없고 오로지 자기 가문이 부자로 잘 먹고 잘사는 것만 중요하게 생각했어. 가문의 부를 위해 돈을 받고 관직을 사고팔았을 정도였으니까. 그러니 돈 있는 사람들은 벼슬을 하려고 굳이 과거 시험을 볼 필요도 없었던 거야.

이렇듯 나라가 부정부패로 썩어 들어가자 전국에서는 탐관오리가 우후죽순처럼 생겨났어. 탐관오리는 가난한 백성의 재산을 알뜰히도 빼앗아 갔지. 이를 보다 못한 농민들은 전국 각지에서 봉기를 일으켰어. 그중 하나가 1811년에 일어난 홍경래의 난이야. 평안도 양반 출신인 홍경래는 세도 정치와 탐관오리의 부정부패를 더 이상 참지 못하고 "안동 김씨의 씨를 말리고 새로운 세상을 만들자"고 하면서 반란을 일으켰어. 그는 광산 노동자, 가난한 농민, 부랑자를 모아 부대를 만들고 봉기한 지 열흘 만에 청천강 이북 10개 지역을 장악했어. 하지만 그것도 잠시, 관군이 보낸 토벌대에 번번이 패하고 마지막 보루인 정주성마저 무너지고 말았지.

순조는 홍경래의 난과 백성의 봉기가 안동 김씨의 세도 정치 때문이라고 생각하고 한 가지 묘안을 짜냈어. 세자에게 왕권을 넘겨주고 세자빈의 아버지 조만영과 풍양 조씨를 통해 안동 김씨를 견제하도록 한 거야. 하지만 이

방법도 실패로 돌아가고 말았어. 풍양 조씨도 세도 정치를 했거든."

풍양 조씨가 세도 정치의 바톤을 잇다

"1834년 순조가 죽은 뒤 어린 세손이 왕위에 올랐는데, 그가 바로 헌종이야. 헌종은 왕위에 올랐을 때 나이가 너무 어렸어. 불과 여덟 살밖에 되지 않았지."

"초등학교 1학년 나이네요."

"그래서 순조의 왕비이자 대왕대비인 순원왕후가 수렴청정을 했어. 1840년 순원왕후의 수렴청정이 끝나자 이번에는 헌종의 어머니인 신정왕후 조씨가 왕권을 휘두르기 시작했어. 이에 풍양 조씨가 세력을 얻어 세도 정치의 바톤을 이은 거야. 이제는 권력을 안동 김씨가 아닌 풍양 조씨가 거머쥐게 된 거지."

바다에 이양선이 출몰하다

"나라 안에서 풍양 조씨와 안동 김씨가 엎치락뒤치락하며 권력을 다투고 있을 때 나라 바깥에서는 커다란 변화가 일어나고 있었어. 영국, 프랑스 등 서구 세력이 중국 땅을 노리고 있었고, 일본에는 바다를 통해 미국 군함이 들어와 국교를 맺자고 강요하고 있었어.

1848년에는 서양 배들이 조선에도 나타나기 시작했어. 경상도, 전라도, 황

해도, 강원도, 함경도, 제주도 등에 이양선이 나타나 백성들은 알 수 없는 불안에 떨어야 했어."

"이양선이 뭐예요? 서양 배를 그렇게 불렀나요?"

"맞아. 이양선이란 '이상하게 생긴 배'라는 뜻으로, 조선 백성들이 서양의 배를 보고 느낀 대로 표현한 말이야.

하지만 조선 중앙에서는 이런 와중에도 두 세도 가문이 권력을 차지하기 위해 싸우고 있었어. 헌종은 두 세력 사이에서 중심을 잡지 못하고 이리저리 휩쓸려 다니다가 스물 셋의 젊은 나이에 요절하고 말았지.

밑줄 쫙! 은지의 한국사 노트

1. 정조가 갑작스럽게 죽고 권력을 잡은 노론 벽파 세력은 정치적 경쟁자인 남인 세력을 제거할 목적으로 전국에 있는 수만 명의 ▢▢▢를 믿는 사람들을 잡아들여 죽이거나 유배 보냈다. 이 사건을 1801년 신유년에 일어났다고 해서 '▢▢박해'라고 불렀다. 이때 정조 시대에 활동하던 인재들이 죽임을 당했다.
정답: '신유박해'

2. 왕의 외척이나 왕의 신임을 받은 신하 등 권세를 가진 세력이 권력을 독차지하는 것을 ▢▢ ▢▢라고 한다.
정답: 세도 정치

3. 나라가 부정부패로 썩어 들어가고 전국에서는 탐관오리가 가난한 백성의 재산을 가혹하게 빼앗아 갔다. 이에 농민들은 전국 각지에서 봉기를 일으켰다. 그 중 하나가 1811년에 일어난 ▢▢▢의 난이다.
정답: 홍경래

4. 한 집안의 이익을 위해 나라가 엉망이 되어 가던 때, 조선을 노리는 서양의 배들이 바다에서 출현했다. 조선 백성들은 이전에 보지 못했던 서양의 배를 보고 ▢▢▢이라고 불렀다.
정답: 이양선

새로운 종교가 생겨나고 농민들이 사이 일어나다

세도 정치가 이어지면서 백성들의 삶은 피폐해졌어. 권력을 잡은 자들과 이들에게 줄을 대려는 자들은 각종 세금 제도를 이용해 백성의 피와 땀을 짜내 자신들의 곳간을 채웠지.

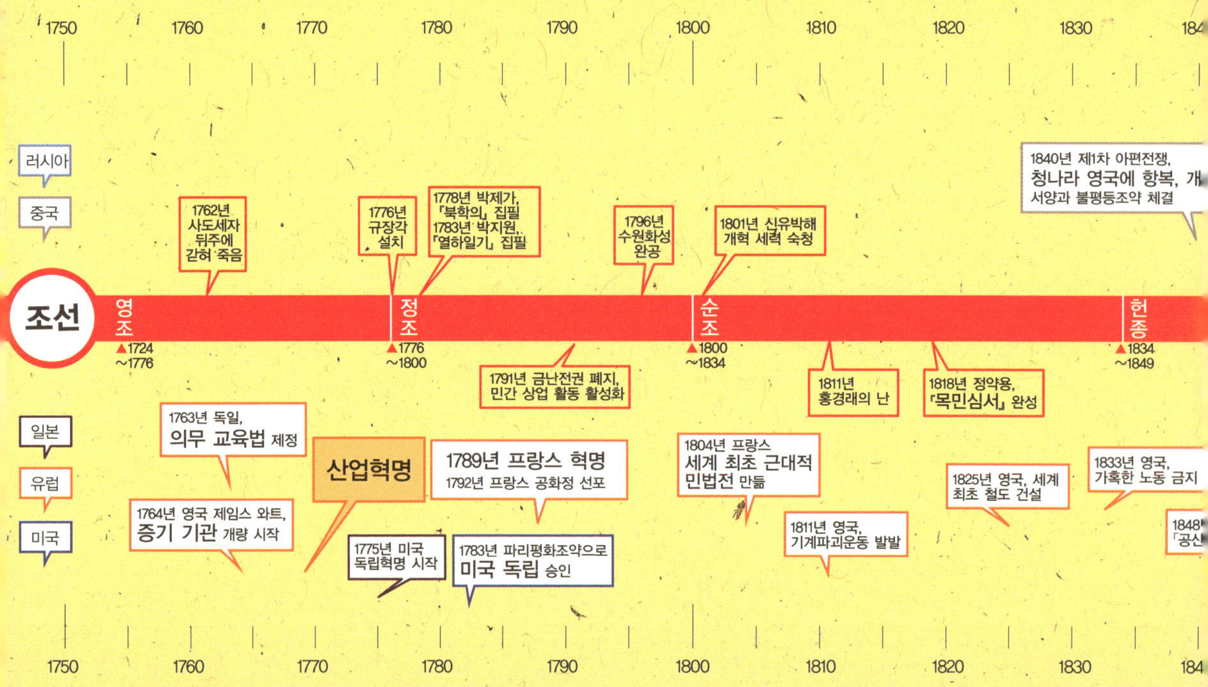

	1750	1760	1770	1780	1790	1800	1810	1820	1830	1840
러시아										
중국										1840년 제1차 아편전쟁, 청나라 영국에 항복, 개 서양과 불평등조약 체결
		1762년 사도세자 뒤주에 갇혀 죽음		1776년 규장각 설치	1778년 박제가, 『북학의』 집필 1783년 박지원, 『열하일기』 집필	1796년 수원화성 완공	1801년 신유박해 개혁 세력 숙청			
조선	영조 ▲1724~1776			정조 ▲1776~1800	1791년 금난전권 폐지, 민간 상업 활동 활성화	순조 ▲1800~1834	1811년 홍경래의 난	1818년 정약용, 『목민심서』 완성	헌종 ▲1834~1849	
일본		1763년 독일, 의무 교육법 제정				1804년 프랑스 세계 최초 근대적 민법전 만듦		1825년 영국, 세계 최초 철도 건설	1833년 영국, 가혹한 노동 금지	
유럽			산업혁명		1789년 프랑스 혁명 1792년 프랑스 공화정 선포					1848「공산
미국		1764년 영국 제임스 와트, 증기 기관 개량 시작		1775년 미국 독립혁명 시작	1783년 파리평화조약으로 미국 독립 승인		1811년 영국, 기계파괴운동 발발			
	1750	1760	1770	1780	1790	1800	1810	1820	1830	

생산과 연관된 전정, 병역과 연관된 군정, 일종의 복지 제도인 환정까지, 거의 모든 세금 제도가 백성들을 궁지로 내몰았어. 이에 새로운 종교를 통해 백성들의 어려움을 극복하려는 사람들이 나타났단다.

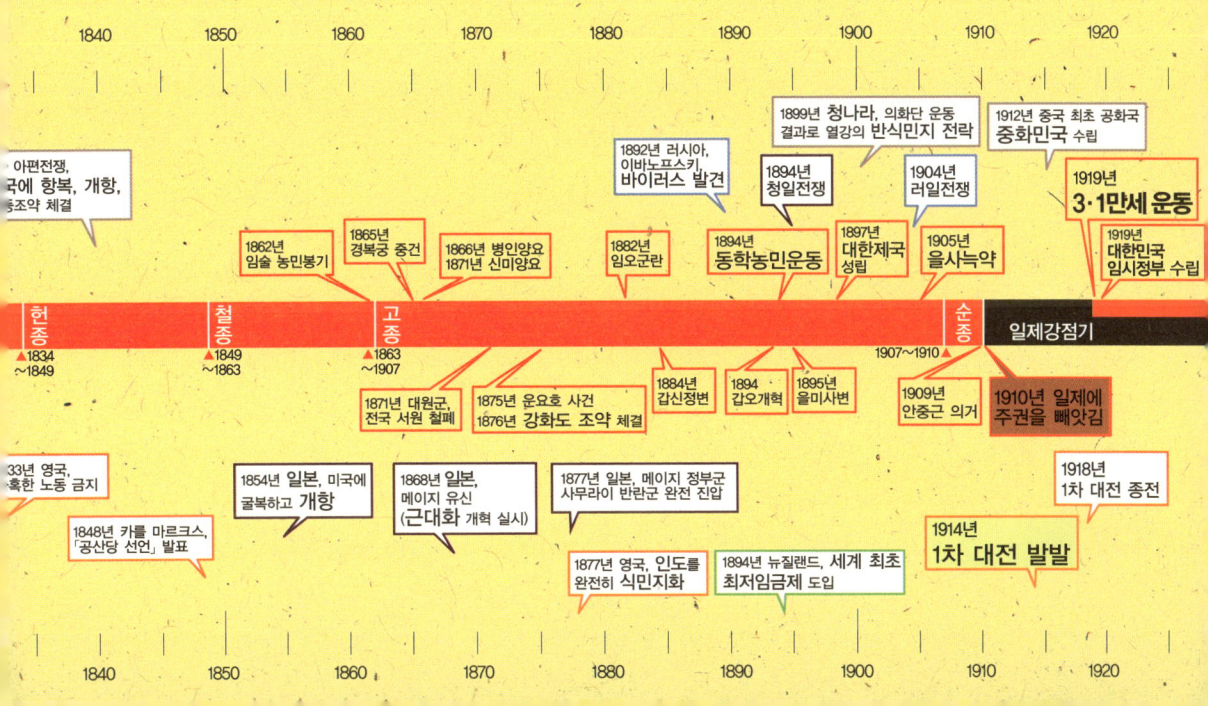

무지렁이 강화도령이 왕위에 오르다

"헌종이 아들도 없이 일찍 죽자 왕위에 오를 사람이 없었어. 이때 안동 김씨인 김수근은 진계군의 셋째 아들인 이원범을 떠올렸어. 이원범은 영조의 하나밖에 남지 않은 혈손이었거든. 그런데 이원범은 낫 놓고 기역자도 모르는 무지렁이 농부였어."

"아무리 하나밖에 남지 않은 왕의 혈손이라도 그렇지 어떻게 아무것도 모르는 무지렁이 농부를 왕의 후보로 떠올릴 수 있어요?"

"김수근은 무지렁이 농부인 이원범을 허수아비처럼 왕위에 앉혀 놓아야 안동 김씨가 조정을 장악할 수 있다고 생각한 거야. 그래서 이원범을 돌아가신 순조의 양자로 삼아 왕위를 계승하게 했는데, 그가 바로 철종이지.

"왕족인 이원범은 어쩌다가 무지렁이 농부가 된 걸까요?"

"이원범의 형이 역모 죄로 죽었고 가족들이 모두 강화도에 유배되어 살았어. 그런데 아버지마저 강화노에서 죽자 학문을 배울 기회조차 없이 살았으니 무지렁이 농부가 될 수밖에!

궁에서 온 행렬이 강화도에 들어왔을 때 이원범은 두려움에 떨었어. 형이나 아버지처럼 자기도 영락없이 죽을 거라고 생각한 거야. '왕위를 계승하기 위해 궁으로 들어오라.' 하는 대왕대비의 명령서를 들고 온 행렬인 줄은 꿈에도 몰랐던 거지."

"허수아비 왕으로 모시러 온 줄도 몰랐겠죠."

"그랬겠지. 철종을 강제로 왕위에 올려놓고 순원왕후가 수렴청정을 했어. 왕비도 철종의 의사를 묻지 않은 채 안동 김씨인 김문근의 딸을 철인왕후로 책봉해 버렸지. 철종은 순원왕후가 수렴청정을 그만둔 뒤에도 조정에 관한 모든 일을 안동 김씨 일파에게 결정하게 했어. 철종은 자신이 허수아비 왕으로 지내는 게 부끄러울 때도 있었겠지. 드디어 그런 날이 다가왔어."

삼정이 문란해져 백성들이 고통에 시달리다

"철종이 왕이 된 뒤에 안동 김씨의 세도 정치는 날로 심해졌고, 안동 김씨 세력이 부정부패를 일삼아 백성들은 점점 더 살기 어려워졌어. 특히 삼정이 문란해져 백성들의 고통은 이루 헤아릴 수 없을 정도로 커졌지.

"쌤, 삼정이 뭐예요?"

"아, 삼정을 설명해야겠구나. 삼정이란 전정, 군정, 환정 세 가지의 세금을 합쳐서 부르는 말이야. 전정은 땅의 품질과 생산량에 따라 매기는 세금인 '전세'를 말하고, 군정은 군대에 들어가야 하는 사람이 군인이 되지 않는 대신 내는 옷감인 '군포'를 말해. 그리고 환정은 나라에서 백성들에게 봄에 식량을 빌려주었다가 가을에 추수한 뒤 곡식을 되돌려 받는 '환곡'을 말하지. 삼정이 문란해졌다는 말은 세금을 걷는다는 명목으로 백성을 착취하는 것을 가리켜.

전정의 문란은 이랬어. 고을의 아전과 수령이 백성들이 가진 토지의 양을 제멋대로 부풀려 세금을 받거나, 농사짓지 못하는 땅을 농토로 올려 세금을 받는 등 마구 수탈한 거야. 또 군정의 문란은 이랬지. 15세 이상의 평민 남자가 내야 하는 군포를 거둘 때 이미 죽어 고인이 된 사람이나 이제 막 태어난 갓난아기에게까지 군포를 물린 일이 자주 발생한 거야. 마지막으로 환곡의 문란은 다음과 같았어. 고을의 아전과 수령 들이 환곡의 이자를 제멋대로 올

려서 받거나 이웃이 갚지 않고 달아난 것까지 덮어씌워 갚게 했지. 심지어 봄에 빌려주지도 않은 곡식을 가을에 이자만 계산해 갚게 하는 일도 생겼고. 삼정 중 환곡의 문란이 가장 심각했어."

"쌤! 환곡은 고구려의 진대법과 비슷한 거 같은데 조선 시대에는 이상하게 변해 버린 것 같아요."

"맞아. 진대법은 흉년이 들어 먹을 게 없는 백성을 구제하는 것이 목적이었지만, 환곡은 명목상으로만 곡식을 빌려주었을 뿐 사실은 높은 이자를 받아내기 위한 것으로 목적이 변질되었지.

이에 백성의 분노는 점점 높아졌고, 분노가 폭발해 급기야는 농민 봉기가 일어났어. 1862년 진주 민란을 시작으로 농민 봉기는 전라도, 경상도, 충청도, 함흥, 제주까지 빠른 속도로 퍼져 나갔단다."

민란을 잠재우려 삼정 이정청을 설치하다

"철종은 백성이 민란을 일으키는 것을 보면서 생각했어. 백성이 민란을 일으키는 것은 굶기를 밥 먹듯 하기 때문이고 굶기를 밥 먹듯 하는 것은 삼정이 문란해졌기 때문이라고 말이야.

"우와! 철종도 이제 더 이상 허수아비 왕이 되긴 싫었나 봐요. 그래서 어떻게 했어요?"

"그래서 1862년 삼정 이정청을 설치했지."

"삼정 이정청은 뭐 하는 곳인데요?"

"삼정 이정청은 삼정이 문란해진 원인을 찾아내고 잘못을 고치기 위해 설

치된 임시 관청이야. 삼정 이정청에서 열심히 일한 관리들 덕분에 여러 가지 개혁 내용이 나왔어. 그중 핵심은 삼정의 문란 중 가장 심각한 환곡에 대한 개혁이었어. 환곡을 없애야 한다는 진단이 나온 거야.

"헤헤! 진단이요? 그럼 환곡을 인체 속의 암 덩어리처럼 생각한 거네요?"

"그래. 환곡을 갚지 못하면 고향에서 살지 못하고 도망쳐 떠돌아다니다가 도적이 되거나 죽기도 했으니까. 하지만 삼정 이정청이 내놓은 개혁안은 삼정의 문란을 바로잡기에는 역부족이었어. 삼정의 문란이 너무 심해 돌이키기 힘든 상태였고, 삼정 이정청은 임시로 세운 관청이었기 때문에 얼마 가지 않아 문을 닫고 말았지."

최제우가 동학을 창시하다

"1860년 최제우는 서학과는 다른 새로운 종교와 학문이 필요하다고 생각해 동학을 창시했어. 동학이라는 종교 이름도 당시 나라 안에 퍼져 있던 서학과 맞서 겨뤄야 한다는 의미에서 지어진 거야. 서학은 서양의 학문, 동학은 동양의 학문 정도로 이해하면 되겠지?

동학은 유교, 불교, 도교, 민간 신앙 등 원래 있던 동양 종교들의 장점을 모두 흡수해 만들었어. 동학의 사상으로는 인내천과 후천개벽 사상이 대표적이야. 인내천이란 '사람이 곧 하늘이다.'라는 뜻이야. 곧 모든 사람이 하늘처럼 고귀하다는 평등사상이지. 후천개벽 사상은 지금의 세상이 끝나고 새로운 세상이 열릴 것이라는 예언 사상이야.

하지만 평등사상과 예언 사상은 당시 조선의 유교 사회에서는 받아들이기

새로운 종교가 생겨나고 농민들이 일어서다

최제우
민족 종교인 동학을 창시한 초대 교주야. 동학의 교리를 담은 『동경대전』과 『용담유사』를 지었어.

힘든 사상이었어. 조정에서는 '동학은 세상을 어지럽히고 백성을 속이는 종교'라고 하면서 동학 금지령을 내렸지. 급기야 1864년 최제우를 잡아들여 처형했어.

그런데 최제우가 처형당한 뒤에도 동학은 사라지지 않았고, 잉크가 물에 번지듯 농민들 사이로 번져 나갔단다. 이후 1894년에는 동학 농민 운동으로 이어졌지.

밑줄 쫙! 은지의 한국사 노트

1. 삼정이란 세 가지의 세금을 합쳐서 부르는 말이다. □□은 땅의 품질과 생산량에 따라 매기는 세금인 '전세'를 말하고, □□은 군대에 들어가야 하는 사람이 군인이 되지 않는 대신 내는 옷감인 '군포'를 말한다. 그리고 □□은 나라에서 백성들에게 봄에 식량을 빌려주었다가 가을에 추수한 뒤 곡식을 되돌려 받는 '환곡'을 말한다. 삼정이 문란해졌다는 말은 세금을 걷는다는 명목으로 백성을 착취하는 것을 가리킨다.

   환곡, 군정, 전정

2. 1860년 최제우는 서학과는 다른 새로운 종교가 필요하다고 생각해 □□을 창시했다.

   동학

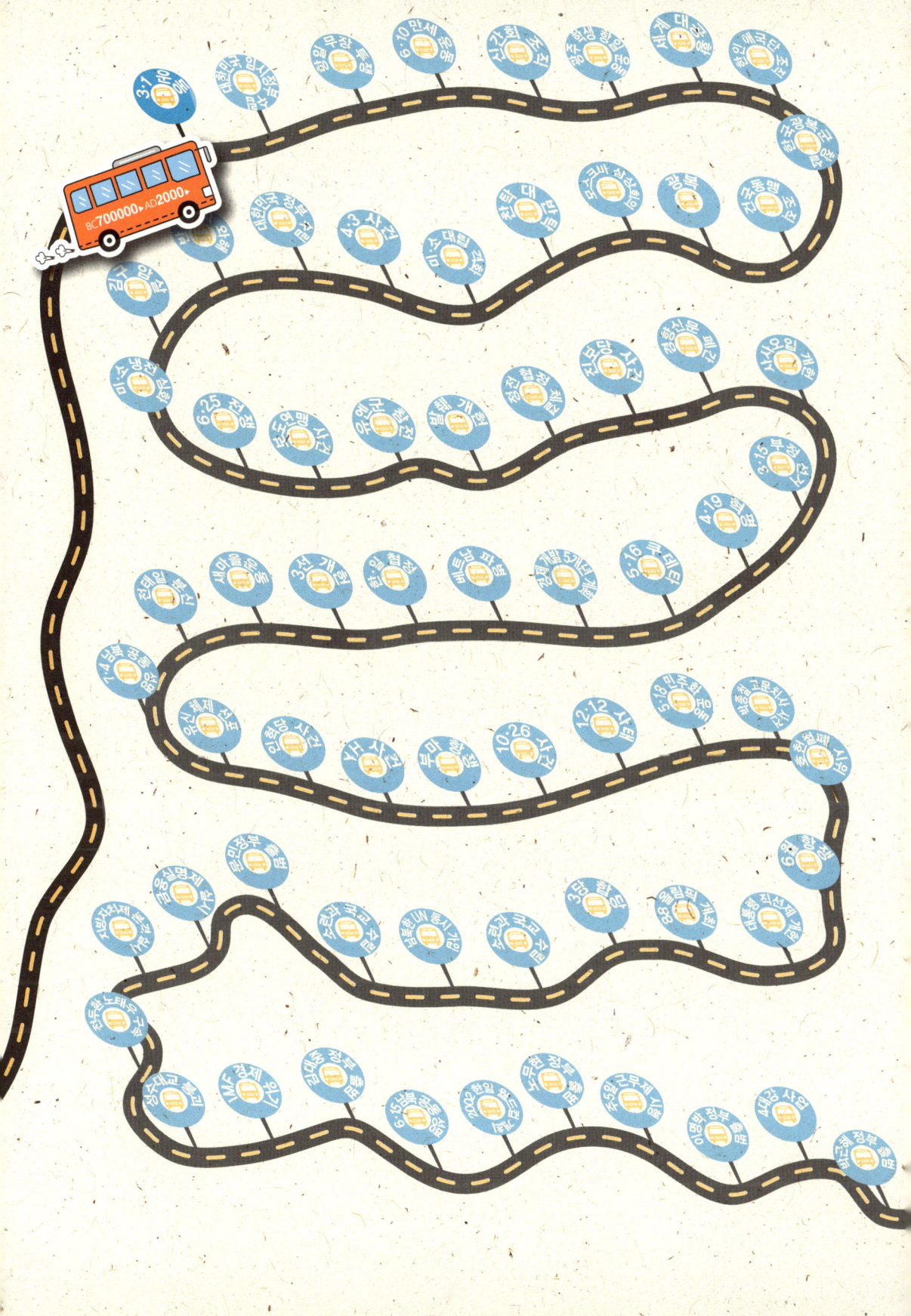

굳이 녹두가 든 닭백숙을 먹어야 하는 이유

"이건 콩나물이 맞아."

"아니야. 콩나물이 아니라 숙주나물이야."

"콩나물이라니까!"

"숙주나물이라니까!"

아이들이 실랑이를 벌이기 시작한 건 저녁 식사로 베트남 쌀국수가 식탁 위에 올라온 순간부터였다. 베트남 쌀국수는 잘 삶은 쌀국수에 쇠고기를 얇게 저며 고명으로 얹고 뜨거운 육수를 부은 다음 라임, 고추, 숙주나물, 향채 등을 함께 올리는 음식이다. 그런데 꿈틀의 아이들은 하나같이 베트남 쌀국수를 정식으로 먹어 본 적이 없었다. 인스턴트 음식인 컵라면으로만 먹어 본 터라 음식이 나오자마자 박수까지 치며 반가워했다. 그리고는 파래의 첫 마디와 함께 문제의 실랑이가 시작되었다.

"국수 위에 웬 콩나물이 올라가 있지?"

그러자 시루가 말했다.

"이게 무슨 콩나물이야? 숙주나물이지."

"한두 번 먹어 봐? 콩나물이 맞다니까!"

"너야말로 한두 번 먹어 봐? 숙주나물이라니까!"

"이게 숙주나물이라는 증거 있어?"

"있지. 이 나물을 봐. 거의 생것이잖아. 넌 생콩나물도 먹니?"

"울 엄마가 그러는데 콩나물은 무르게 익히면 맛없다고 하셨어."

"그럼 넌 생것과 무르지 않게 익히는 것이 같다고 생각해?"

"암튼 이건 콩나물이야. 맛도 딱 콩나물인데 뭐."

"아유 답답해. 이건 누가 먹어 봐도 숙주나물 맛이지. 안 그래, 애들아?"

시루는 답답함을 이기지 못해 아이들에게 도움을 요청했다. 그런데 아이들은 '두 사람의 실랑이에 끼어드느니 맛있게 먹는 게 남는 장사지.' 라고 생각한 듯 아무 대답도 없이 후루룩 후루룩 먹는 데만 집중했다.

이때 빡쌤이 쌀국수를 먹다 말고 젓가락으로 숙주나물을 한 움큼 집어 올렸다.

"파래야, 시루 말이 맞아. 이건 숙주나물이야."

"에이, 정말요? 콩나물하고 너무 비슷하게 생겼네요."

"그야 콩나물은 콩을 싹틔운 것이고, 숙주나물은……."

빡쌤은 무슨 일이지 말을 여기서 딱 멈췄다.

"숙주나물은요?"

빡쌤은 의미심장한 표정을 지으며 아무 대답도 하지 않았다. 그러자 아이들은 그다음 말이 무엇일지 몹시 궁금해졌다.

"자, 퀴즈다. '숙주나물은……' 이다음 말을 맞추면 쌤이 내일 닭백숙 쏜다!"

아이들은 약속이나 한 듯이 일제히 스마트폰을 들었다.

"단! 인터넷을 검색하면 무효라는 거."

"아이들은 '에이!' 하고 스마트폰을 내려놓으며 숙주나물 다음에 올 말을 추측해 보기 시작했다.

"앞의 말과 호응을 이루려면 숙주나물은 분명 무엇의 싹이어야 하는데?"

똑똑한 은지가 여기까지 추측해 냈다. 그렇지만 아이들은 숙주나물이 무엇의 싹인지 도무지 알 수 없었다.

"시루야. 넌 숙주나물을 아니까 숙주나물이 무엇을 싹 틔운 건지 알겠네?"

"아니, 나도 숙주나물만 알지 숙주나물이 무엇의 싹인지는 전혀 몰라."

"그래! 숙주나물은 노란색이니까 씨앗도 노랄 거 아냐? 노란색 씨앗이 뭐가 있는지 생각해 보자."

"노란 콩?"

"노란 콩이나 까만 콩이나 콩을 싹 틔운 건 모두 콩나물이거든?"

"좁쌀?"

"땡!"

"메밀?"

"땡! 메밀 싹은 숙주나물과 비슷하지만 메밀 싹일 뿐 숙주나물은 아니야."

이때 베트남 쌀국수를 다 먹고 남은 것 없나 둘러보던 마토가 심드렁하게 말했다.

"노랗다면 녹두지."

"딩동댕!"

"야, 마토 너 대단하다. 숙주나물이 녹두를 싹 틔운 나물이라는 걸 어떻게 알았어?"

"나도 모르겠어, 그냥 노랗다고 하니까 녹두가 떠오르던데? 더 해 볼까? 노라면 녹두, 파라면 파래, 까마면 까마중!"

"이야, 마토 넌 음식 이야기만 나오면 흥이 절로 나는구나. 정답도 척척 맞추고! 좋다, 내일 닭백숙 사 줄게! 그것도 녹두가 들어간 녹두 닭백숙으로! 대신 조건이 하나 있다. 내일 한 사람도 빠짐없이 모두 함께 가야 하고, 하루 종일 내 옆에 꼭 붙어 있어야 해!"

아이들은 조금의 의심도 없이 녹두 닭백숙 앞에서는 그까짓 조건은 아무것도 아니라는 듯 환호성을 올렸다. 녹두 닭백숙의 날은 이렇게 시작되었다.

토요일 8시 30분에 빡쌤과 아이들은 꿈틀에 모여 지하철 5호선을 타고 광화문역에서 하차했다. 일행은 9번 출구로 나와 경복궁으로 들어가 근정전 앞에 섰다. 아이들은 조선 시대 전기를 공부하며 경복궁 전체를 돌았을 때처럼 또다시 과거로 되돌아간 느낌이 들어 반갑기도 하고 한편으로는 어리둥절하기도 했다.

　"쌤, 오늘 근정전 앞에서 볼 일이 있어요?"

　"응, 근정전 앞이 오늘의 첫 단추지."

　"첫 단추라면 오늘 몇 개의 단추가 있는지 모르겠지만 끝 단추를 다 끼울 때까지 함께 다녀야 한다는 거네요?"

　파래가 따지듯 말하자 마토가 파래 옆구리를 콕콕 찌르면서 말했다.

　"너 왜 그래? 녹두 닭백숙을 생각해야지!"

　"그래. 너희들이 그 조건을 흔쾌히 받아들인 걸로 아는데?"

　파래가 잠시 대답을 망설이는 사이 마토가 파래 대신 대답했다.

　"네, 얼마든지요. 녹두 닭백숙을 위해서라면 쌤이 가시는 곳 어디든지, 지구 끝까지라도 따라갈 수 있어요."

　이쯤 되자 눈치 빠른 시루가 가방에서 노트와 연필을 얼른 꺼내 쌤을 향해 번쩍 들어 보이며 말했다.

　"쌤, 오늘 사실은 한국사 수업하러 여기 오신 거죠?"

　은지는 시루의 행동을 보며 자기도 눈치 챈 듯 말했다.

　"쌤! 한국사 공부할 거라고 말씀하셨다면 저희들이 안 왔을까 봐 그러셨어요? 저희들을 어떻게 보시고!"

　"시루와 은지는 벌써 눈치 챘구나? 그래, 사실 오늘 여기에 한국사 공부하

러 온 거 맞아. 미안! 하지만 한국사 공부도 하고, 녹두 닭백숙도 먹고, 꿩 먹고 알 먹고, 도랑 치고 가재 잡고, 좋잖니?"

"쌤! 제가 마음먹고 청소하려고 빗자루를 막 들었는데 엄마가 저더러 '청소해!' 하고 말한 것 같은 기분인 거 아세요?"

자신들의 기분을 대변해 주는 은지의 기막힌 비유에 아이들이 '오올!' 하며 동의했다.

"아, 스스로 공부하고 싶은 마음에 쌤이 큰 상처를 준 모양이구나. 그렇다면 또 방법이 있지. 경복궁에 온 이유를 누가 먼저 설명해 볼까?"

빡쌤의 말에 순간 아이들은 쥐죽은 듯 조용해졌다. 다만 조선 왕조의 계보를 다 외우고 있는 은지만 지레짐작으로 이렇게 말했다.

"쌤, 저번 시간에 철종 이야기를 하셨으니 오늘은 고종 이야기를 할 차례잖아요. 그러니까 고종 이야기를 하려고 온 것 아니에요?"

"반은 맞고 반은 틀렸어. 고종 이야기는 흥선 대원군부터 시작해야 하니까."

"흥선 대원군? 흥선 대원군이 누군데요?"

   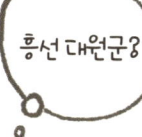

흥선 대원군?

조선의 개항

BC700000 ▶ AD2000 ▶

어린 아들을 왕으로 만든 흥선대원군은 왕권을 강화하고 나라를 안정시키기 위해, 조선에서 경제적 이득을 얻으려는 외국과의 수교를 반대했어. 서양 제국주의 국가들은 끊임없이 조선에 교역을 요구하며 온갖 사건을 일으켰지. 그중 일본은 자신들의 잘못을 조선에 덮어씌움으로써 강화도 조약을 맺어 조선 침략의 발판을 만들었어. 조선 내부에서는 '나라의 문을 여는 것이 좋은지 잠그는 것이 좋은지를

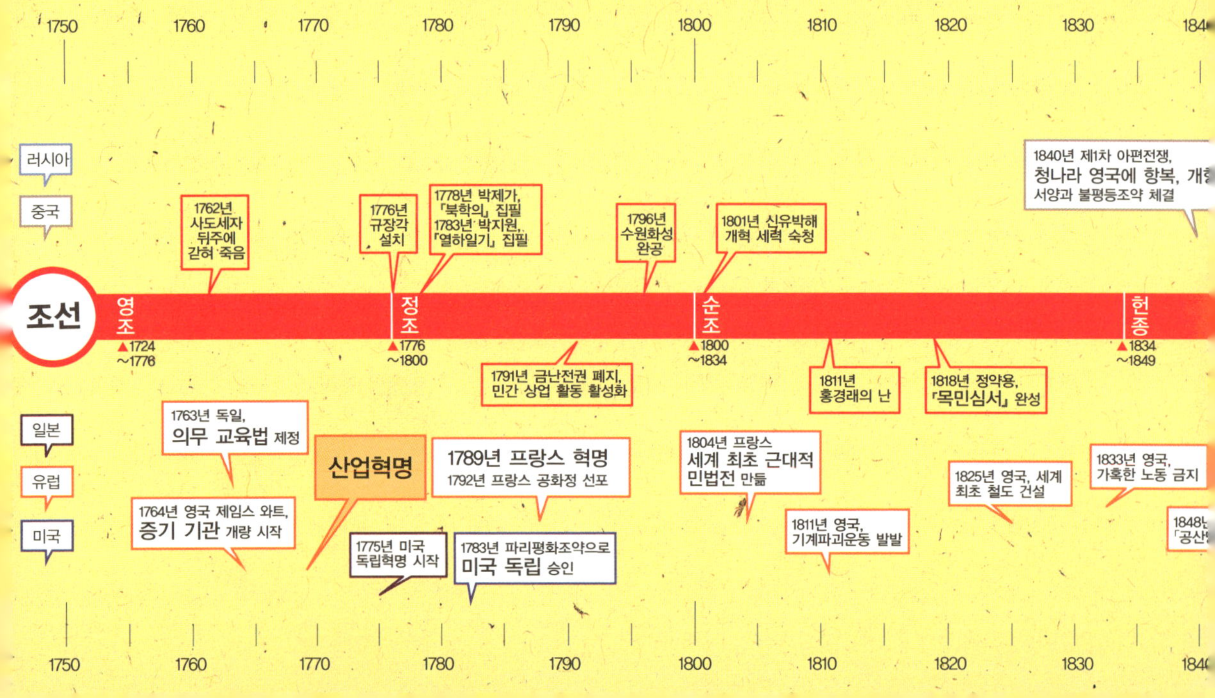

| 1750 | 1760 | 1770 | 1780 | 1790 | 1800 | 1810 | 1820 | 1830 | 1840 |

러시아

중국
1840년 제1차 아편전쟁, 청나라 영국에 항복, 서양과 불평등조약 체결

조선
- 영조 ▲1724~1776
- 1762년 사도세자 뒤주에 갇혀 죽음
- 1776년 규장각 설치
- 1778년 박제가, 『북학의』 집필
- 1783년 박지원, 『열하일기』 집필
- 정조 ▲1776~1800
- 1791년 금난전권 폐지, 민간 상업 활동 활성화
- 1796년 수원화성 완공
- 순조 ▲1800~1834
- 1801년 신유박해 개혁 세력 숙청
- 1811년 홍경래의 난
- 1818년 정약용, 『목민심서』 완성
- 헌종 ▲1834~1849

일본

유럽
- 1763년 독일, 의무 교육법 제정
- 산업혁명
- 1789년 프랑스 혁명
- 1792년 프랑스 공화정 선포
- 1804년 프랑스 세계 최초 근대적 민법전 만듦
- 1811년 영국, 기계파괴운동 발발
- 1825년 영국, 세계 최초 철도 건설
- 1833년 영국, 가혹한 노동 금지
- 1848년 「공산

미국
- 1764년 영국 제임스 와트, 증기 기관 개량 시작
- 1775년 미국 독립혁명 시작
- 1783년 파리평화조약으로 미국 독립 승인

| 1750 | 1760 | 1770 | 1780 | 1790 | 1800 | 1810 | 1820 | 1830 |

놓고 대립했어. 조선은 물밀 듯 밀고 들어오는 제국주의 세력을 막으려 애썼지만 잘 되지 않았어. 그러나 조선 사람들은 나라를 지키기 위해 목숨을 걸고 노력했단다.

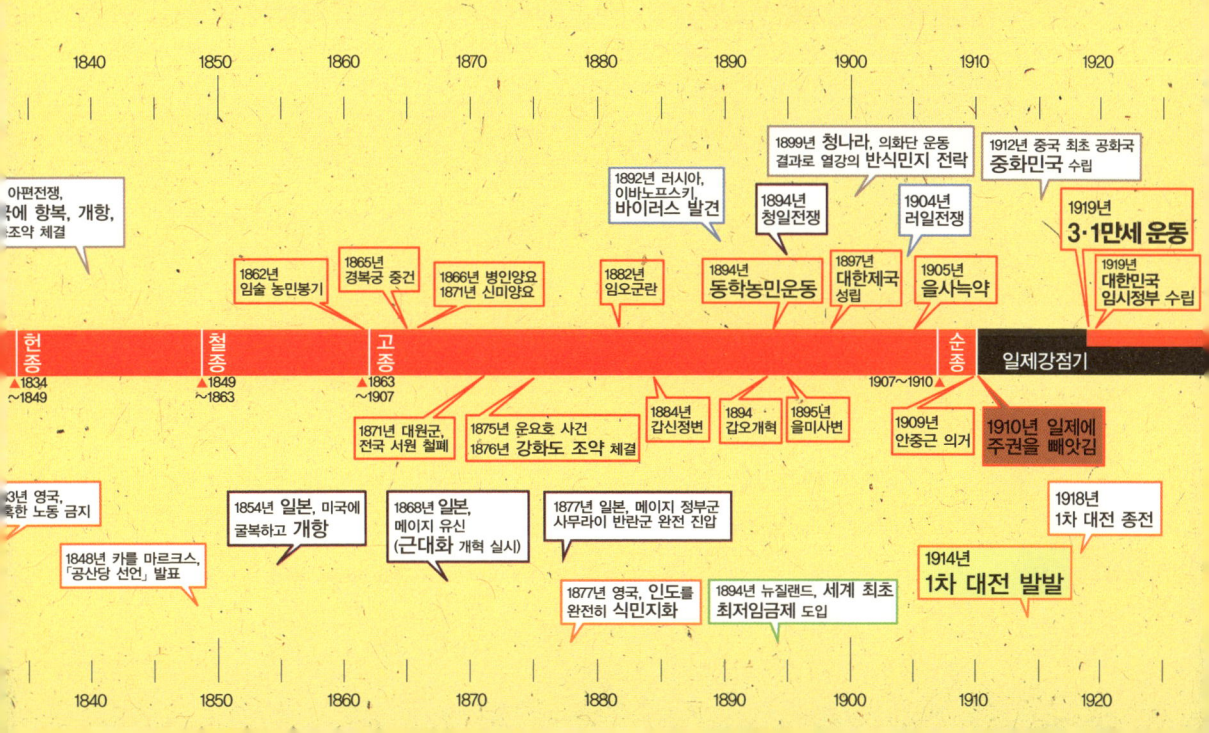

고종 대신 나라를 다스린 흥선 대원군

"흥선 대원군은 고종의 아버지야. 서양의 여러 나라가 조선에 통상을 요구하고 나라가 혼란스러울 때, 열두 살의 어린 고종이 왕위에 올랐어. 고종의 아버지인 흥선 대원군은 어린 고종을 대신해 나라를 다스렸지."

"왜 아버지가 나라를 대신 다스려요? 왕이 어리면 대비나 조대비가 수렴청정하는 거 아니었어요?"

"그래, 맞아. 겉으로는 조대비가 수렴청정하는 것으로 되어 있지만 실제 나라를 다스린 사람은 고종의 아버지인 흥선 대원군이었어. 이렇게 왕을 대신해 나라를 다스리는 것을 섭정이라고 하지."

"그럼 흥선 대원군은 섭정을 잘했나요?"

"당시 조선은 안동 김씨 집안이 권력을 잡고 자기들 이익 챙기기 바빴어. 결국 무거운 세금과 관리들의 부정부패를 견디다 못한 백성들은 여기저기서 봉기를 일으켰지. 흥선 대원군은 이러한 문제를 해결하기 위해 왕권을 강화했어."

"왕권 강화를 위해 구체적으로 무

흥선 대원군
흥선 대원군 이하응(1820~1898)은 고종의 아버지야. 왕의 아버지를 대원군이라고 불렀어.

슨 일을 했는데요?"

"흥선 대원군은 먼저 부정부패를 막고 민생을 안정시키기 위한 개혁을 추진했지. 부패한 관리를 내쫓고 능력에 따라 인재를 고루 등용했어. 또 양반에게도 군포를 거두었지. 군포는 군사 훈련을 받지 않는 대신 내는 삼베나 무명과 같은 세금이었어. 세금을 내게 된 양반들은 이에 반대했지만, 세금이 줄어든 평민들은 좋아했단다. 백성에게 많은 피해를 주던 서원*도 대폭 정리했어. 이러한 개혁 정책은 백성들에게 큰 호응을 얻었지."

"흥선 대원군은 훌륭한 일을 많이 했네요. 그런데 흥선 대원군과 여기 경복궁과도 관련이 있어요?"

*서원
선비들이 학문을 닦고 선현에게 제사를 지내던 곳이야.

경복궁
흥선 대원군은 임진왜란 때 불탄 경복궁을 다시 지어 왕실의 권위를 다시 세우고자 했어. 하지만 이 과정에서 무리하게 건축 비용을 마련하다가 백성들의 원망을 샀지.

"흥선 대원군은 왕실의 권위를 세우기 위해 임진왜란 때 불탄 경복궁을 무리하게 다시 짓다가 백성의 원망을 들었어. 정조가 수원 화성을 지을 때 인부들에게 임금을 지불했다는 사실 기억하지? 하지만 흥선 대원군은 정반대로 경복궁을 재건할 때 돈이 모자라서 원납전이라는 기부금을 내게 했어. 백성들의 원망을 샀다는 건 불 보듯 훤히 알 수 있지."

무역을 하자고 찾아오는 이양선

빡쌤은 아이들에게 갑오개혁 이야기를 할 때 다시 오자고 하며 아이들을 데리고 경복궁을 나왔다. 아침 일찍 나오느라 미처 깨닫지 못한 일이 있었다. 오늘은 하늘이 푸르고 청량한 바람이 살랑살랑 불어오는 전형적인 가을 날씨였다. 몸과 마음이 아주 상쾌했다. 아이들은 빡쌤과의 약속을 지키느라 그러는지, 아니면 흥이 나서 그러는지 빡쌤이 가는 대로 촐랑촐랑 잘도 따라갔다.

빡쌤과 아이들은 세종문화회관 건물 계단에 오선지 위의 음표처럼 쪼르르 앉았다. 빡쌤은 태블릿을 열어 이양선을 보여 주었다.

"무슨 배가 이렇게 생겼어요? 이상해요. 장식용 배 같기도 하고요."

"이 배를 이양선이라고 해. 이양선은 조선의 배와는 모양이 다른 서양의 배를 말하지. 대부분 대포를 싣고 다녔어."

"배에 대포를 싣고 다녔다고요?"

"그래. 조선에 나타난 이양선은 때로는 무기로 위협하면서, 때로는 식량이나 물을 달라고 하면서 다가왔어. 처음에 조선 정부는 그들이 바라는 대로 식량이나 물을 주었지. 하지만 언제나 마지막 요구 사항은 조선의 문을 열고 통

상 무역을 하자는 거였어."

"대포를 쏘면서 통상 무역을 하자고 하면 무서워서라도 안 하겠다고 할 것 같아요."

"처음에는 신기하게 쳐다보기만 하던 조선 사람들은, 이양선을 타고 있는 파란 눈동자의 서양인들이 대포와 총을 들고 무역을 요구하자 모두 도망갔어. 더 이상 조선 사람들에게 서양인은 호기심의 대상이 아니었지."

"저희 옆집에도 눈이 파란 페르시안 고양이가 사는데요, 처음엔 신비롭고 예쁘다고 생각했는데 지금은 정반대예요. 어느 날 보니까 쥐를 잡아서 입에 물고 가더라고요. 아이, 끔찍해!"

마리가 지금 눈앞에 쥐를 입에 문 파란 눈의 페르시안 고양이를 보는 듯 몸서리를 쳤다.

이양선
조선의 배와 다르게 생긴 서양 배라는 의미에서 붙여진 이름이야. 당시 조선 사람들의 심정을 상상해 봐. 낯설게 생긴 커다란 배가 대포를 장착하고 나타났으니 얼마나 무서웠을까.

프랑스인이 강화도를 침략하다, 병인양요

세종문화회관 계단은 사람들이 많이 오가는 곳이지만 한쪽 구석 계단을 여섯 명이 차지하고 앉으니 더없이 아늑할 수가 없었다. 이 자리에 그대로 앉아 좀 더 이야기를 해 보기로 했다.

"다시 흥선 대원군 이야기를 해 볼까? 흥선 대원군은 왕권을 강화하고 나라를 안정시키기 위해 다른 나라와 수교하는 것을 반대했어. 조선이 통상 요구를 거부하자 서양의 여러 나라는 군대를 앞세워 조선을 침략하지."

"누가 어떻게요?"

빡쌤은 아이들에게 마포구 합정동에 위치한 절두산 순교 성지의 형구돌을

병인양요 때 강화도를 침략한 프랑스군
프랑스군은 프랑스 선교사들이 죽임을 당한 병인박해를 구실 삼아 강화도를 침략했어. 프랑스군은 조선군에 패해 달아나면서 외규장각의 의궤 등 귀중한 도서와 물건을 훔쳐 갔단다.

보여 주었다.

"이 사진을 보렴. 이것이 뭔지 알면 프랑스인들이 조선을 침략한 원인을 알 수 있을 거야."

"맷돌을 세워 놓고 가운데에 밧줄을 매달았네요?"

"응? 맷돌이라고?"

마토가 자기 별명이 나오자 호기심을 보이며 더 자세히 들여다보았다.

"아, 이거 알 것 같아요. 맷돌이 아니라 줄에 메주나 고추를 매달아 말리는 도구 아니예요?"

"이건 형구돌이라고 하는 물건이야. 병인박해 때 프랑스 선교사와 천도교도들을 처형했던 도구지. 이 형구돌로 프랑스 선교사와 천주교도들의 목을 밧줄에 걸고 뒤에서 잡아 당겨 처형했다고 해."

"아우! 너무 끔찍하고 잔인해요. 그런데 이 형구돌이 프랑스인이 쳐들어온 이유와 어떤 관련이 있어요?"

"프랑스는 조선이 프랑스인 선교사를 비롯한 천주교도를 처형한 사건을 구실로 강화도를 침략했어. 그게 바로 1866년에 일어난 병인양요야. 프랑스군은 정족산성에서 조선군에 패하자, 외규

강화 삼랑성
정족산성이라고도 하는데, 병인양요 때 양헌수가 이끄는 조선군이 프랑스군과 싸워 승리한 곳이야.

영조 정순왕후 가례도감의궤
영조가 정순왕후와 결혼하는 모습을 기록한 책이야. 이처럼 의궤는 조선 왕실의 주요 행사를 정리한 귀중한 자료지. 의궤는 프랑스에 빼앗겼다가 145년 만인 2011년에 우리나라로 다시 돌아왔어.

*외규장각
정조가 왕실 관련 서적을 보관할 목적으로 강화도에 설치한 규장각이야. 한성에 있는 규장각을 내규장각, 강화도에 있는 규장각을 외규장각이라고 해.

장각*의 의궤 등 귀중한 도서와 물건을 빼앗아 물러갔지."

"아무리 조선이 프랑스 선교사를 죽였어도 그렇지 남의 나라에 쳐들어온 것도 모자라 귀중한 책과 물건까지 가져가다니, 완전 도둑놈이네요. 도둑놈 중에 상도둑놈!"

"그때 도둑맞은 의궤는 145년 만에 우리나라에 돌아왔어."

"그래도 양심은 있었나 봐요. 돌려준 걸 보면요."

"프랑스가 스스로 돌려준 건 아니야. 병인양요 때 프랑스군이 가져간 의궤가 그동안 어디에 있는지 몰랐는데, 프랑스 도서관 지하에 먼지가 뽀얗게 쌓여 있던 의궤를 유학생이었던 박병선 선생님이 처음 발견했어. 그 책을 찾고

나서도 한참 동안 우리 정부와 국민들이 돌려받기 위해 여러 가지로 노력했지. 그 결과 다행히 145년 만인 2011년에 의궤가 무사히 우리나라로 돌아올 수 있었어."

미국이 강화도를 침략하다, 신미양요

의궤를 돌려받았다는 이야기에 아이들이 안도의 한숨을 내쉬자 빡쌤은 태블릿으로 제너럴셔먼호 사진을 보여 주었다.

어재연 장군의 수자기
어재연 장군이 썼던 장수의 수(帥)자기가 미국 배에 걸려 있던 모습이야. 이 깃발은 당시 미군에게 빼앗겼는데, 지난 2007년에 돌려받았단다.

강화 광성보
신미양요 때 어재연이 이끄는 조선군이 미군에 맞서 싸운 곳이야. 조선군은 미군의 공격을 성공적으로 방어했고, 결국 미군은 스스로 물러가고 말았어.

"이 배는 미국의 상선 제너럴셔먼호라고 해. 이 배 때문에 벌어지는 사건이 5년 후 미국이 강화도로 쳐들어오는 신미양요의 원인이 되지."

"제너럴셔먼호 때문에 어떤 사건이 벌어졌는데요?"

"병인양요가 일어나기 전, 미국 상선 제너럴셔먼호가 대동강을 거슬러 올라와 평양 부근에서 통상을 요구하는 일이 있었어. 처음에 평양 주민들은 식량과 물을 주며 친절하게 대했는데, 미국 선원들은 오히려 통상을 거부하는 조선 관리를 가두고 포를 쏘며 행패를 부렸지. 결국 화가 난 평양 사람들은 미국 상선을 불태워 침몰시켰어. 5년 후 이 사건을 구실로 미국은 군함을 보내 강화도를 침략했고."

"암튼 프랑스나 미국이나 뭐든 꼬투리를 잡아서 침략의 구실을 삼는 데는

선수네요."

"그렇지? 미국도 프랑스처럼 구실 삼기 대장이었어. 그들은 억지로라도 문을 열고 무역을 하는 것이 목적이었고, 1871년 신미양요가 벌어졌을 때 어재연이 이끄는 조선군은 미군에 맞서 끝까지 싸웠어. 조선군이 강력하게 저항하는 바람에 미군은 스스로 물러갔지."

"우와! 어재연 장군 만세!"

"두 번의 양요를 겪은 흥선 대원군은 어떤 정치를 펼쳤을까?"

"문을 더욱 굳게 닫았겠죠."

기다렸다는 듯 은지가 냉큼 대답했다.

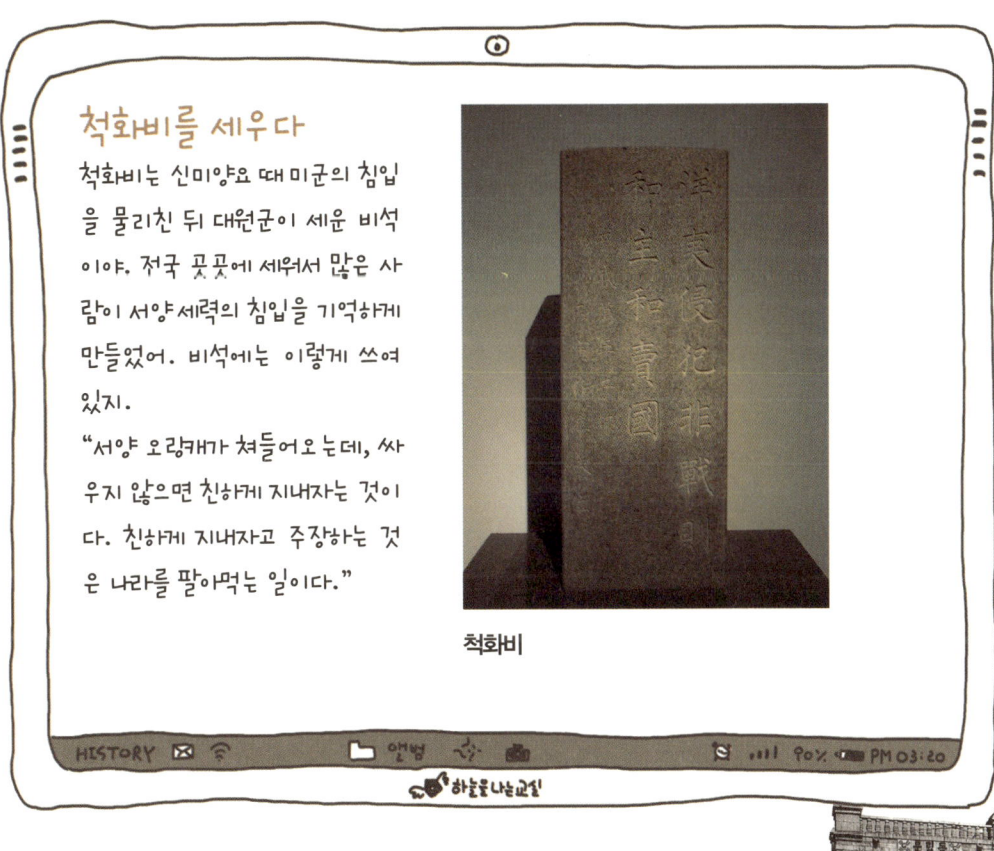

척화비를 세우다

척화비는 신미양요 때 미군의 침입을 물리친 뒤 대원군이 세운 비석이야. 전국 곳곳에 세워서 많은 사람이 서양 세력의 침입을 기억하게 만들었어. 비석에는 이렇게 쓰여 있지.

"서양 오랑캐가 쳐들어오는데, 싸우지 않으면 친하게 지내자는 것이다. 친하게 지내자고 주장하는 것은 나라를 팔아먹는 일이다."

척화비

"맞아. 두 차례나 서양의 침략을 물리친 흥선 대원군은 전국 각지에 척화비를 세워. 척화비는 서양 세력이 침입하면 맞서 싸우겠다는 다짐의 글을 새긴 비석이야. 서양과 더 이상 교류하지 않겠다는 뜻을 굳건히 했어. 이 척화비 사진을 보렴."

은지와 마리는 척화비를 보며 고개를 끄덕였지만 시루, 파래, 마토는 그래서는 안 된다며 고개를 저었다.

"흥선 대원군은 이 척화비를 전국에 세워 절대로 서양에 문을 열고 무역하지 않겠다는 강한 의지를 드러냈어. 흥선 대원군의 정책은 서양의 침략을 잠깐 동안 막아 낼 수 있었지. 하지만 조선은 변화하는 세계에 발맞추어 발전하는 시기를 놓치게 돼."

운요호 사건을 구실 삼아 강화도 조약을 맺다

"조선에서는 서양에 문을 열면 안 된다고 주장하던 흥선 대원군이 물러났어. 그러면서 우리도 일본과 중국처럼 서양과 무역해야 한다고 주장하는 목소리가 점점 커졌지."

"쌤, 그럼 흥선 대원군이 물러날 당시 중국과 일본의 상황은 어땠어요?"

"당시에 중국은 이미 영국과의 전쟁에서 패한 뒤 문을 열었어. 일본도 미국의 요구에 따라 문을 열어 무역을 하고 있었고. 조선에서 조금씩 변화가 나타나기 시작하던 바로 그때, 1875년 일본은 조선에 통상을 강요하기 위해 군함 운요호를 보냈지."

"일본 군함 운요호요?"

"맞아. 일본 군함은 강화도 초지진 주변 해안을 불법적으로 측량했어. 그래서 조선군은 일본군에게 대포를 쏘아 돌아가도록 경고했지. 이에 일본 군함은 마치 기다리기라도 한 듯 초지진에 대포를 쏘며 위협했어. 일본은 이 사건을 구실 삼아 조선을 무력으로 위협해 개항을 요구했단다."

"구실 삼기 대장이 또 있었네요. 아니, 일본은 대장이 아니라 대장보다 높은 초대장이에요."

파래가 장난치듯 이야기하자 시루가 파래의 등짝을 팍! 하고 소리나게 내리치며 말했다.

"넌 아재도 아니면서 아재 개그를 하냐? 그리고 일본이 운요호 사건을 구실 삼아 쳐들어오기 직전인데 그런 썰렁한 농담이 나와?"

"재미있는데 왜 그래? 초대장이 생일 초대장을 주면 얼마나 재밌겠냐, 하하하."

빡쌤이 파래 편을 들어 주자 시루는 어쩐지 자기가 손해 보는 느낌이 들어 시무룩해졌다. 반면, 파래는 시루에게 한 대 맞고도 신이 나서 빡쌤에게 다음 이야기를 보챘다.

"쌤, 그래서 일본의 요구대로 조선이 개항했어요?"

"응, 결국 두 나라의 대표가 강화도에 모여 조약을 맺었어. 그런데 정말 기묘한 건 미국이 일본에 문을 열도록 요구했던 방법을 똑같이 흉내 내서 일본이 우리를 위협했다는 사실이야. 그렇게 조선은 1876년 강화도 조약을 맺고 개항을 했어."

"일본에 대한 미국의 개항 요구를 그대로 벤치마킹한 거네요?"

"바로 그거야. 일본은 운요호를 보내 강화도와 영종도에 대포를 쏜 일을 조선의 탓으로 돌렸어. 그리고 다시 강화도를 찾아와 운요호 사건을 구실로 조

약을 맺도록 강요했지. 안에서는 양국 대표가 조약을 위한 회의를 열고 있었지만, 밖에서는 일본 군인들이 대포로 위협했던 거야."

"강제로 조약이 맺어지고 있는데 조약에 반대하는 사람은 없었나요?"

"이 사실이 알려지자 여기저기서 반대의 목소리가 커졌어. 특히, 최익현은 궁궐 앞에서 도끼를 들고 엎드려 절대로 일본과 조약을 맺어서는 안 된다는 상소를 왕에게 올렸지. 서양과 일본은 똑같기 때문에 일본의 요구를 들어줘서는 안 된다는 게 반대의 이유였어. 자신의 이야기를 들어주지 않으려면 도끼로 자기 목을 치라면서 강하게 반대했어."

"우와! 최익현은 말뿐 아니라 진짜로 목숨을 걸고 반대했네요. 그래서 최익현의 뜻이 받아들여지나요?"

"안타깝게도 그렇지는 않아. 강화도 조약은 조선이 외국과 맺은 최초의 근대적 조약이라는 데 의미가 있어. 물론, 조선에 불리한 불평등 조약이었지만 말이야."

[강화도 조약의 주요 내용]

제1조 조선은 자주국이며, 일본과 평등한 권리를 갖는다.
제4조 조선은 부산 이외에 두 곳에 항구를 개항하고 일본인이 와서 통상하는 것을 허가한다.
제7조 일본인이 조선의 해안을 자유롭게 측량하는 것을 허가한다.
제10조 조선의 항구에서 죄를 지은 일본인은 일본 관리가 심판한다.

빡쌤은 강화도 조약의 내용을 파래에게 소리 내 읽게 했다. 파래는 자기가 무슨 벼슬이라도 얻은 양 기세등등해져서 우렁차게 조항들을 읽어 내려갔다.

"파래야, 잘 읽었어. 조선은 이런 조약을 맺으면서도 일본의 의도를 정확히 파악하지 못했어. '조선이 자주국'이라는 말은 언뜻 보아 조선의 자주권을 옹호하는 말처럼 들리지만, 실은 청나라가 조선에 미치는 영향을 차단하여 일본 맘대로 조선을 주무르겠다는 뜻이야. 세 개의 항구를 열도록 요구한 것은 그들이 필요한 쌀과 콩 등을 헐값에 사서 실어 나르기 위한 것이었지. 일본이 조선의 해안을 측량하려는 것도 침략을 위해 필요한 정보를 수집하기 위해서였고. 조선에서 잘못을 저지른 일본인을 보호하기 위해 조선 법에 따라 재판하지 않도록 했어. 문제는 이것으로 끝이 아니었다는 거야. 이후 미국, 영국, 독일, 러시아, 프랑스 등 서양 국가들과도 조약을 맺으면서 모두 이러한 불평등한 내용을 약속해야만 했지."

강화도 조약
당시 강화도에서 조약을 맺기 위해 조선과 일본의 대신들이 회의하는 모습이야. 이때 밖에서는 일본 군인들이 대포로 조선을 위협했어.

근대 문물을 받아들일까, 아니면 거절할까?

"조선 후기에 이양선을 앞세운 서양 세력과 일본이 조선에 통상을 요구할 때 서로 다른 주장을 한 두 인물이 있었어. 일본 및 서양 세력과 통상해야 한다는 박규수와 이를 반대한 최익현이야. 두 사람의 입장을 잘 듣고 각자 누구의 입장을 지지하는지 말해 보자.

먼저 박규수의 입장이야. 1870년대 중반 박규수의 사랑방은 젊은이들로 가득했어. 10여 년 후 갑신정변을 일으킨 김옥균, 홍영식, 박영효, 서광범 등도 이곳에서 박규수로부터 개화사상을 배웠지.

박규수는 서양의 침략으로 어려움을 겪는 청나라의 현실을 직접 목격하고 서양 문물의 수용을 고민했어. 그는 서양을 오랑캐로만 취급할 수도 없고, 그렇다고 오랜 조선의 전통문화를 모두 버리고 서양의 문화를 받아들일 수도 없다고 생각했어.

나라가 안정되고 나서 서양의 문물을 받아들이면 좋겠지만 그러기에는 너무 늦었다고 생각한 박규수는 나라의 안정과 서양과의 교류를 동시에 추진하고자 했어. 만약 서양의 여러 나라가 무력으로 공격해 오면 싸워 물리치고, 교류를 요청하면 조약을 맺어 근대 문물을 받아들이고 나라를 부강하게 만들어야 한다고 생각했지.

그다음은 최익현의 입장이야. 최익현은 조금 전에 얘기했듯이 광화문 앞에서 강화도 조약 체결을 반대하는 상소를 올렸어. 목숨을 걸고 상소한다는 뜻으로 멍석 위에 도끼를 놓았다는 이야기 기억하지?

'전하! 조약을 맺으면 저들은 교역에 욕심을 부릴 것입니다. 저들의 물건은 모두가 지나치게 사치하고 기이한 노리개이며 그 양도 무한합니다. 우리의

것은 대부분 백성의 생존과 관련 있고 땅에서 나는 것이어서 그 양이 한정되어 있습니다.

백성의 목숨이 걸려 있는 한정된 물건을 저들의 사치스러운 많은 물건과 교역하게 되면 백성의 마음은 망가지고 나라의 풍속은 문란해질 것입니다. 수년 후에는 우리의 땅과 집이 모두 황폐해지고 나라도 망할 것입니다. 이것이 신이 조약을 반대하는 까닭입니다.' 라고 말했지.

하지만 상소는 받아들여지지 않았고, 최익현은 흑산도로 유배되었어. 이후 그는 항일 의병장으로 활동했지."

빡쌤이 말을 마치자 제일 먼저 시루가 손을 들고 말했다.

"쌤, 저는 박규수의 입장을 지지해요. 저도 박규수처럼 서양의 침략을 받고 어려움을 겪는 청나라의 현실을 목격했다면 서양 문화를 재빨리 받아들여야 한다는 생각이 들 것 같아요. 조선이 청나라 꼴이 되면 안 되니까요."

이번에는 은지가 손을 들고 말했다.

"쌤, 저는 최익현의 입장을 지지해요. 최익현의 말에 따르면, 일본이 조약을 맺는 것은 백성의 목숨이 걸려 있는 한정된 물건을 일본의 사치스러운 많은 물건과 교역하고 싶어서라고 하잖아요. 이런 조약은 일본인을 살리고 조선인을 죽이는 너무나도 불평등한 조약이에요. 따라서 저는 최익현의 입장을 지지해요."

마토가 손을 들고 말했다.

"쌤, 저는 시루처럼 박규수의 입장을 지지해요. 청나라가 서양의 문물을 받아들였을 때 음식 문화도 받아들였을 텐데 조선도 청나라처럼 서양 문물을 받아들인다면 조선에 서양 음식도 당연히 들어올 테고 그러면 자연스럽게 서양의 맛있는 음식을 다 먹을 수 있잖아요. 아! 생각만 해도 군침 돈다, 후릅!"

일본에 보낸 수신사

수신사는 조선에서 일본에 보낸 외교 사절을 말해. 그런데 강화도 조약을 맺고 처음 일본에 갔던 수신사 김기수와 그 일행은 깜짝 놀랐어. 일본이 몰라보게 발전했기 때문이야. 자동차가 천둥 번개처럼 빠르다고 생각했으니, 그들이 얼마나 놀랐을지 상상이 되지.
일본의 발전된 모습을 살펴보고 돌아온 이들은 보고 듣고 느낀 것을 책으로 써서 임금에게 올렸어. 조선은 이후 필요에 따라 몇 차례 일본에 수신사를 더 보냈단다.

첫 번째 수신사로 일본에 갔던 김기수 일행

마토의 한결같은 음식 사랑은 늘 알고 있었지만 막상 음식에 대한 생각을 논리정연하게 말하자 아이들은 '오올!' 하면서 엄지를 치켜세워 주었다. 파래도 쭈뼛거리다가 손을 들었다.

"쌤, 저는 시루의 입장을 지지해요."

"아니, 파래 넌 박규수도 아니고 최익현도 아니고, 박규수의 입장을 지지하는 시루의 입장을 지지한다는 거니? 시루의 입장에 묻어 가려는 건 자존심을 버리는 태도야. 좀 더 생각해 보고 다시 말해 줄 수 있겠니?"

"네."

이때 마리가 손을 들고 말했다.

"쌤, 저는 최익현의 입장을 지지합니다. 실제로 자기 목숨을 걸고 주장할 만큼 소중한 의견이라면 진심을 다해 생각해 낸 의견임에 틀림없으니 존중하고 따르고 싶거든요."

일본과 청나라에 사절단과 유학생을 보내다

빡쌤은 수신사 사진을 보여 주며 무기 제조 기술과 근대식 제도를 배우려 했던 조선에 대해 이야기하기 시작했다.

"개항 이후 조선은 부강한 나라를 만들기 위해 근대 문물을 적극적으로 받아들였어. 이 사진을 보자. 일본에 보낸 수신사의 모습이야. 조선은 수신사와 같은 사절단을 파견해 근대 문물을 받아들이려고 노력했어. 먼저 일본과 청나라에 사절단과 유학생을 보내 무기 제조 기술과 근대식 제도를 배우고자 했지."

"배워라, 배워라, 배워서 남 주나. 어서어서 배워라. 우리가 쌤한테서 한국사 배우듯이 빨리빨리 배워라."

박규수를 적극 지지했던 시루가 사절단과 유학생 이야기가 나오자 신나서 노래하듯 말했다. 아이들은 평소에 파래가 까분다고 지적하던 시루가 이젠 파래를 닮아 가는 거 아니냐며 웃었다.

"하지만 근대 문물을 받아들이면서 여러 문제도 생겨났어. 소규모 수공업 중심으로 이루어지던 조선의 산업은 서양 문물이 들어오자 경쟁력을 잃게 되었지. 또 일본 상인들이 쌀을 일본으로 유출하면서 쌀값이 크게 올라 일부 지주와 부농*, 상인은 큰 이익을 얻었지만, 대부분의 농민과 도시 빈민은 생활이 더욱 어려워졌어."

*부농
농사의 규모가 크고 수입이 많은 농가나 농민을 말해.

근대 문물을 받아들이면서 농민과 도시 빈민의 생활은 더욱 어려워졌다는 말을 들은 아이들은 갑자기 맥이 풀렸다. 특히 조약을 맺어 근대 문물을 받아들이자는 박규수의 입장을 지지했던 시루, 파래, 마토는 나라 잃은 고구려 백성처럼 슬퍼했다.

"얘들아, 조선이 나라의 힘을 키웠더라면 불평등한 조약을 맺지 않았을 테고, 불평등한 조약을 맺지 않았다면 가난한 농민과 도시 빈민도 생기지 않았을 텐데, 맞지?"

"네!"

"나라의 힘이 강해지려면 군사력을 키우는 것도 하나의 방법이겠지? 조선은 군사력을 키우기 위해 어떻게 했는지, 또 그 결과는 어땠는지 역사적인 현장인 선혜청으로 가 볼까?"

신식 군대와 차별하지 말라, 임오군란

빡쌤은 아이들과 세종문화회관 앞에서 버스를 타고 '숭례문, 한국일보 정류장'에서 하차했다. 빡쌤은 아이들과 숭례문 수입 상가 앞에 섰다.

"여기가 선혜청 터야. 저기 표석 보이지?"

"에이, 선혜청은 없잖아요? 선혜청으로 가자고 하셔 놓고!"

"선혜청은 1608년 광해군 때 대동법이 시행되면서 이를 관리하기 위해 설치한 관서야. 1894년 갑오개혁 때 조세 제도가 바뀌면서 대동법이 폐지되자 문을 닫았지."

"그럼 선혜청과 군사력은 무슨 관련이 있어요?"

"조선은 개화 정책을 추진하면서 신식 군대인 별기군을 양성했어. 별기군이란 특별히 서양식 기술 교육을 받은 군대라는 뜻이야. 하지만 군대가 서양식으로 바뀌는 것에 반대하는 사람들이 있었어."

"그게 누군데요?"

"구식 군대가 대표적이지. 구식 군대는 선혜청에서 쌀로 월급을 받았어."

"아, 그래서 우리가 여기로 온 거구나!"

"최익현 같은 양반들도 새로운 무기나 기술까지도 필요 없다고 생각했어. 또 어떤 사람들은 서양의 무기나 기술을 받아들이되 서양의 종교나 정신만 배우지 않으면 된다고 생각했어. 한편 서양의 학문을 공부한 젊은 관리들은 하루빨리 머리부터 발끝까지 모두 서양식으로 바꾸어야 한다고 주장했지.

신식 군대를 훈련시키려면 돈이 많이 들었어. 정부는 새로운 무기 공장, 신문을 찍는 인쇄소 등을 운영하기 위해 세금을 많이 거둬들였어. 결국 백성들의 생활만 어려워졌지. 그러다가 구식 군인들을 몹시 화나게 하는 사건이 발

별기군
특별한 기술을 배우는 군대라는 뜻의 신식 군인으로, 일본인 교관에게 훈련을 받았어. 구식 군대보다 좋은 대우를 받았는데, 이에 불만을 품은 구식 군대가 임오군란을 일으켰지.

생해."

"내 그럴 줄 알았어. 뭔가 조짐이 이상했어요."

"별기군은 좋은 대우를 받았지만 구식 군인은 월급으로 받던 쌀을 1년 넘게 받지 못했어. 그러던 중 선혜청에서 구식 군인에게 겨와 모래가 섞인 쌀을 월급으로 지급하자 분노한 구식 군인이 봉기를 일으켰어. 바로 1882년에 일어난 임오군란이야."

"1년 넘게 월급을 받지 못하다가 겨와 모래가 섞인 쌀을 받다니 해도 해도 너무 했어요. 저라면 그 쌀로 설익은 밥을 해서 선혜청 관리들 입에 강제로 넣어주겠어요."

평소에 얌전하던 은지가 구식 군대의 자식을 둔 어머니라도 된 듯 분을 참지 못하고 흥분해서 말했다. 흥분하는 은지를 빡쌤이 다독이자 은지가 겨우

임오군란
신식 군대와의 차별에 불만을 품은 구식 군대는 관청과 궁궐을 습격하며 임오군란을 일으켰어. 이 그림은 임오군란이 일어나자 일본 공사관원들이 일장기를 들고 도망가는 모습을 그린 거야.

진정하고 이렇게 물었다.

"그래서 구식 군대 군인들이 어떻게 봉기를 일으켰어요?"

"생활이 어려워진 도시 빈민과 힘께 관청을 습격해 무기를 빼앗았어. 그런 다음 일본 공사관*과 관리를 공격하고 궁궐까지 쳐들어갔지. 이때 청의 군대가 개입하면서 임오군란은 막을 내렸어. 안타깝게도 이를 계기로 청은 조선의 정치에 간섭하기 시작했고."

"쌤, 갑자기 청나라 군대는 왜 개입한 거죠?"

"임오군란을 수습하기 위해 명성황후가 청나라에 군대를 요청했거든. 다른 나라에 기대면 그만큼 간섭을 받는 법인데 당장 급한 불을 끈다고 청나라 군대를 부른 게 과연 잘한 일일까?"

*공사관
나라를 대표하여 다른 나라에 파견된 외교 사절이 업무를 보는 곳이야.

서울 우정총국
갑신정변을 일어났던 현장이야. 급진 개화파는 우정총국 개국 축하연에 참석하러 온 정부 고관들을 살해하며 정변을 일으켰어.

단 3일 만에 끝난 갑신정변

아이들은 빡쌤이 던진 질문을 두고 고개를 갸우뚱거렸다. 빡쌤은 아이들을 데리고 숭례문 앞까지 걸어갔다. 마침 정류장으로 들어온 버스를 잡아 타고 덕성여중 정류장에서 하차했다. 버스로 온 길을 거슬러 올라가 서울 우정총국*에 도착했다.

*우정총국
근대적인 우편 제도를 총괄하기 위해 만든 기관을 말해.

"여긴 1884년 갑신정변이 일어났던 현장인 우정총국이야. 우정총국은 본체를 제외한 다른 건물은 모두 불타 개국한 지 얼마 되지도 않아 업무를 중단할 수밖에 없었어. 1893년에서야 전우총국이라는 이름으로 우편 업무를 다시 시작할 수 있었지. 이후에도 다른 용도로 사용되다가 1972

년부터 체신 기념관이 되어 오늘에 이르고 있단다."

"갑신정변? 우체국에서 무슨 일이 일어났어요?"

"갑신정변은 근대 자주 국가 수립을 목표로 급진 개화파*가 일으킨 쿠데타야. 갑신년에 일어난 정변이라고 해서 갑신정변이라 부르는 거고."

"쿠데타면 무력으로 정권을 빼앗으려고 일으킨 싸움이잖아요?"

"그래. 정권을 새로 바꾸려고 했지. 그런데 어떻게 됐을까? 좀 더 가보자. 임오군란 이후 청의 간섭이 심해지자 조선의 빠른 근대화를 바라던 사람들은 좀처럼 뜻을 펼칠 수 없었어. 하루빨리 개혁해야 한다고 주장한 대표적인 사람이 김옥균이야. 그는 우리나라도 일본처럼 개혁하면 빠른 시간 안에 서양처럼 발전하는 나라가 될 수 있다고 생각했지.

그러던 중 서양의 학문을 공부한 젊은이들과 함께 급진 개화파는 일본의

갑신정변의 주역들
당시 조선의 지지부진한 개혁에 불만을 품은 급진 개화파는 갑신정변을 일으켰어. 이 사진에 나온 인물들이 갑신정변의 주역들인데, 왼쪽부터 박영효, 서광범, 서재필, 김옥균이야.

힘을 빌려 우정총국 개국 축하 잔치에서 갑신정변을 일으켰어. 이들은 반대 세력을 제거하고 권력을 잡았지. 일본이 도와줄 것이라고 믿은 이들은 중요한 관직을 차지하고 청을 따르는 무리를 몰아낸 후 새로운 조선을 만들고자 했어. 청에 대한 조공 폐지, 신분 제도 폐지 등과 같은 정책을 발표했지만 너무 성급하게 개혁을 추진했지. 그러다가 청군의 반격을 받게 되고, 일본이 도와주겠다는 약속을 저버리고 철수하면서 정변은 3일 만에 실패로 끝나 버렸어. 그래서 이 사건을 '3일 천하'라고 불러. 갑신정변의 실패로 청의 간섭은 더욱 심해졌고."

"아, 청나라는 왜 또 개입한 거예요?"

"임오군란 때처럼 명성황후가 또다시 청나라에 군대를 요청한 거야."

"또요? 쌤, 그런데 지금 어디로 가는 거예요? 배고픈데 녹두 닭백숙은 도대체 언제 사 주시는 거예요?"

"조금만 참아. 녹두 닭백숙에 가까이 왔어."

빡쌤은 아이들을 데리고 경우궁 터로 걸어갔다.

"여기는 경우궁 터야. 이 표석을 봐. 경우궁은 사라지고 터만 남았지만 이곳은 급진 개화파가 민영익 등 수구파들을 없애고 고종을 강제로 머물게 한 장소야."

일행은 걸어서 계동궁 터로 이동했다.

"여기는 계동궁 터야. 여기도 표석이 있어. 흥선 대원군의 조카 집인데 고종이 창덕궁에 돌아가기 전에 잠시 머물기도 했지."

그리고 또 걸어서 창덕궁까지 가서 표를 끊고 들어갔다. 일행은 관물헌 앞에 섰다.

"쌤, 도대체 녹두 닭백숙은 언제 먹으려고 창덕궁까지 들어오신 거예요?"

"거의 다 왔다니까. 지금부터 갑신정변이 일어난 마지막 날 이야기를 할 거야. 이곳 창덕궁 관물헌으로 임시 거처를 정한 고종은 개화파가 작성한 개혁안을 시행하겠노라고 발표했어. 그런데 바로 그 중요한 순간에 청나라 군대가 들이닥친 거야."

"아, 왜 하필 그때……."

"쌤, 그럼 여기가 갑신정변이 막을 내린 장소군요. 급진 개화파는 여기서 실패의 쓴잔을 마셔야 했겠네요."

마리가 이렇게 말하자 관물헌이 드라마틱한 장소로 보이기 시작했다.

북촌 일대
갑신정변을 일으킨 김옥균 등 급진 개화파는 청계천의 북쪽 지역인 북촌 일대에 살았다고 해. 이들은 이곳에서 새로운 나라를 꿈꾸며 정변을 계획했을 거야.

"모든 일에는 시작과 끝이 있다고 하지만, 역사는 그렇지 않은 것 같아. 또 다른 시작을 향해서 끝없이 이어지거든."

"쌤, 그럼 또 다른 시작을 향해 녹두 닭백숙 먹으러 가면 어떨까요?"

"좋아. 이번에는 진짜로 녹두 닭백숙 먹으러 고고!"

빡쌤의 말에 아이들은 일제히 환호성을 올렸다.

"잠깐! 무슨 음식을 먹어야 할지 분명히 알고 찾아 먹는 것은 중요한 일이야. 하지만 왜 그 음식을 먹는지 아는 건 더 중요하지. 쌤이 왜 하필 녹두 닭백숙을 사 주겠다고 했는지 아는 사람?"

"힌트 주세요."

"힌트는 동학 농민 운동!"

"아 알겠다. 동학 농민 운동을 이끈 전봉준의 별명이 녹두 장군이잖아요. 그래서 녹두가 들어간 닭백숙을 점심 메뉴로 정하신 거 맞죠?"

놀랍게도 이 대답을 한 사람은 마토였다. 빡쌤이 어제 녹두 닭백숙을 사 주겠다고 한 이후로 너무 먹고 싶어서 인터넷을 밤새 검색하다가 우연히 알아낸 사실이었다.

빡쌤과 아이들은 미리 예약해 둔 식당을 찾아 들어갔다.

안팎으로 용감히 싸운 동학 농민군

예약 덕분에 식당으로 들어가 앉은 지 5분도 채 안 돼 녹두 닭백숙 한 상이 차려졌다. 커다란 옹기 뚝배기 안에 노란 듯 초록색을 띠는 녹두죽과 희디흰 찹쌀죽, 그리고 그 위에 잘 익어 뽀얀 자태를 드러낸 토종닭 한 마리가 김을

모락모락 피우며 놓여 있었다. 그것도 머리띠를 두른 것처럼 파릇파릇 어여쁜 부추 장식을 하고서!

빡쌤은 아이들에게 먹기 좋게 닭고기를 찢어 주고 찹쌀죽과 섞인 녹두죽도 한 국자씩 개인 접시에 퍼 주었다.

"국물 먼저 먹어 봐. 어때? 녹두 닭백숙은 노지에서 키운 토종닭과 녹두로 육수를 우려내 담백하고 깔끔할 거야."

"우와! 녹두로 우려낸 국물이 이렇게 구수하고 맛있는지 몰랐어요."

누가 미식가 아니랄까 봐 마토가 가장 먼저 먹고 맛 평가도 가장 먼저 내렸다.

마리도 한마디 보탰다.

"녹두는 빛깔도 참 고운 데다가 맛도 이렇게 좋은데 녹두장군은 또 얼마나 훌륭했을까?"

"음, 그렇다면 먹으면서 잘 들어. 농민들은 강화도 조약 이후 일본인에게 헐값에 쌀을 팔아야 했어. 물가는 계속 오르고 지방 관리의 횡포가 계속되었어. 내야 할 세금은 계속 늘어나 생활이 너무도 어려워졌지.

이런 상황에서 '사람이 곧 하늘이다', '모든 사람은 평등하다' 라고 주장하는 동학을 믿는 사람들이 점점 늘어났지. 최제우가 '세상을 어지럽힌 죄'로 처형당한 이후에도 동학은 이 고을 저 고을 농촌을 중심으로 퍼져 나갔어."

"쌤, 저는 동학교도가 늘어난 이유를 알 것 같아요. 한 농부가 있었어요. 그 농부는 오늘처럼 중요한 날 녹두 닭백숙을 해 먹기 위해 피땀 흘려 녹두 농사, 찹쌀 농사를 지었어요. 그런데 부패한 관리들이 세금이랍시고 싹 다 빼앗아 간 거예요. 농부는 그 관리들이 얼마나 원망스러웠겠어요. 원망스러워도 지체 높은 양반이니 따지지도 못하죠. 그런데 어느 날 지체 높은 관리들이나

농사짓는 농민들이나 똑같이 평등하다는 말을 들은 거예요. 동학을 믿는 사람들의 이야기였죠. 그 말을 듣고 동학교도가 되기로 했어요. 이런 사람들이 날이 갈수록 점점 늘어난 거죠."

은지가 지금 먹고 있는 녹두와 찹쌀이 들어간 이야기를 하자 아이들은 음식을 입에 넣은 채 고개를 끄덕였고 빡쌤은 그런 은지를 칭찬해 주었다.

"은지는 지금 먹고 있는 음식 재료를 이야기 속에 넣어서 자기 생각을 풀어 나가는 재주가 있구나. 은지의 말처럼 수가 늘어난 동학교도들은 조선 정부에 동학을 믿는 것을 허락해 줄 것을 요청했어. 그리고 부패한 관리들을 내쫓고 서양 오랑캐와 일본을 물리칠 것을 주장했지."

"그럼 동학교도들은 나라 안팎으로 싸울 것을 주장한 거네요?"

"그렇지. 동학교도들이 안팎으로 싸운 구체적인 과정은 이래. 조선의 대표적 곡창 지대인 전라도 지방에서는 농민에 대한 수탈이 더욱 심했어. 이에 전봉준을 비롯한 농민들은 탐관오리의 수탈과 폭정을 없애고 백성을 구하기 위해 봉기했지. 바로 1894년에 일어난 동학 농민 운동이야. 동학의 지도자인 전봉준은 백성을 괴롭혀 제 주머니만 채우는 부패한 관리들을 벌 주려 했어. 서양 오랑캐도 내쫓아 새로운 세상을 만들자고 주장했지. 동학도가 아닌 농민들까지 전봉준 등 동학 지도자들을 따르기 시작했고, 이들 농민군은 결국 정부에서 보낸 군대와도 싸워 이겼어.

이때 청은 조선 조정의 요청으로 군대를 보냈고, 일본도 조선에서 청의 영향력이 커지는 것을 막기 위해 군대를 보냈어. 그러자 동학 농민군은 외세의 개입을 막기 위해 조정과 화약*을 맺고 해산했지. 동학 농민군 해산 이후 조선 조정은 청과 일본에 군대를 철수할 것을 요구했지. 하지만 일본은 이를 거부하고 청을 공격해 조선 땅에서 청·일 전쟁을

*화약
싸우지 말고 화목하게 지내자는 약속을 말해.

동학 농민군의 백산 봉기
동학 농민군은 전라도 고부 백산에서 보국안민과 제폭구민을 외치며 봉기했어. 보국안민은 나랏일을 돕고 백성을 편안하게 한다는 뜻이고, 제폭구민은 포악한 것을 물리치고 백성을 구원한다는 뜻이야.

벌였어."

"청·일 전쟁을 조선 땅에서요? 왜 자기들 나라 땅을 두고 남의 나라 땅에서 전쟁을 벌여요?"

"조선이 힘이 약해 함부로 전쟁해도 큰 저항은 없을 거라 생각했겠지. 그런데 웬걸? 전쟁에서 승리한 일본이 조선의 정치에 간섭하자 동학 농민군은 일본을 몰아내기 위해 다시 봉기한 거야."

"우아! 동학 농민군이 다시 일어섰다!"

"동학 농민군은 일본군과 치열한 전투를 벌였지만 결국 패하고 말았어."

"정부에서 보낸 군대와 싸울 때는 잘만 승리했으면서 일본군과 싸울 때는 패했네요?"

재판을 받기 위해 이송되는 전봉준
동학 농민군은 공주 우금치 전투에서 일본군과 치열한 전투를 벌였지만 우세한 무기를 가진 일본군에게 크게 지고 말았어. 결국 농민군의 지도자인 전봉준이 체포되면서 동학 농민 운동도 막을 내렸단다.

"농민군은 농기구나 창과 같은 빈약한 무기로 싸웠지만 일본군은 신식 무기를 갖추고 있었거든."

"아, 우리 농민군도 일본이 가진 신식 무기의 반만, 아니 반의 반만 가지고 있었어도 이기고도 남았을 텐데 너무 안타까워요."

"전봉준은 다리가 부러진 채 붙잡혀 서울로 끌려갔어. 녹두처럼 몸이 작아 '녹두 장군'이라고 불렸지. 전봉준이 붙잡혔다는 소식을 듣고 백성들은 슬퍼하며 노래를 부르기 시작했어. "새야 새야 파랑새야, 녹두꽃에 앉지 마라, 녹두꽃이 떨어지면, 청포 장수 울고 간다.""

"쌤, 이 노래를 들으니까 눈물이 앞을 가려 더 이상 녹두 닭백숙을 먹을 수가 없어요."

파래가 오버하며 너스레를 떨었다.

그러자 마토가 "그럼 내가 먹는다" 하며 파래의 접시를 냉큼 가져다가 '후루룩' 자기 입안에 쓸어 넣었다. 파래가 대답도 하기 전에 마토는 이미 그릇을 비웠다.

"아, 안 돼……."

"쌤, 저는 이제부터 녹두를 볼 때마다 나라를 위해 스스로 희생한 전봉준의 용감한 정신을 떠올릴래요."

아이들은 까불다가 먹던 음식 다 빼앗겨 버린 파래를 보고 깔깔깔 웃다가도 시루의 각오를 듣고는 마음이 비장해졌다.

밑줄 쫙! 은지의 한국사 노트

1. 1866년, 조선이 프랑스인 선교사를 비롯한 천주교도를 처형한 사건을 구실로 프랑스가 강화도를 침략한 사건을 □□□□라고 한다.
병인양요

2. 제너럴셔먼호의 미국 선원들이 통상을 거부하는 조선 관리를 가두고 포를 쏘며 행패를 부리자 화가 난 평양 사람들은 미국 상선을 불태워 침몰시켰다. 따년 후 이를 구실로 미국은 군함을 보내 강화도를 침략했는데, 이 사건을 □□□□라고 한다.
신미양요

3. 조선에 통상을 강요하기 위해 보낸 군함 □□□ 때문에 벌어진 사건을 구실 삼아 조선을 무력으로 위협해 개항을 요구했다. 조선은 □□□ □□을 맺고 개항했다. 이 조약은 조선이 외국과 맺은 최초의 근대적 조약이라는 데 의미가 있지만 조선에 불리한 불평등 조약이었다.
운요호, 강화도 조약

4. □□□□은 신식 군대에 비해 차별받던 구식 군대가 일으킨 봉기이다.
임오군란

5. □□□□은 근대 자주 국가를 수립하려는 급진 개화파가 우정총국에서 일으킨 쿠데타이다.
갑신정변

자주독립 국가를 선포하다

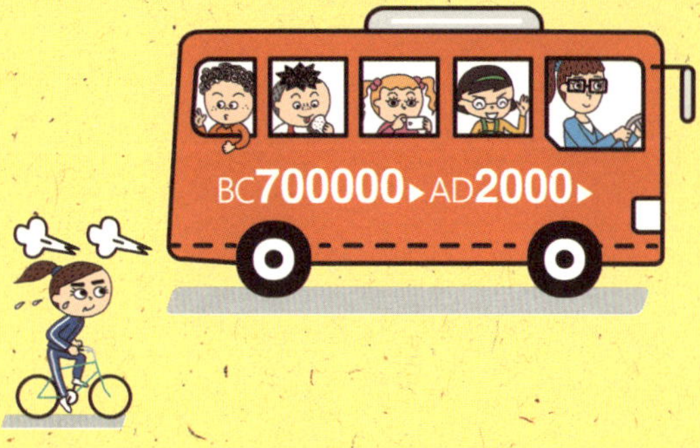

급변하는 세계의 정세에 맞춰 조선도 새롭게 변화하려 애썼어. 갑오개혁은 비록 일본의 주도로 이루어졌지만 근대 국가를 향한 개혁이었지. 외세로부터 나라를 지키기 위해서는 백성들을 깨우쳐야 한다고 생각한 독립 협회는 독립신문을 만들고 만민 공동회를 통해 사람들의 의견을 모았어. 서양의 문물들이 들어와 조선은 점점 달라졌지만 그것은 외세가 조선에 뿌리를 내리는 과정일 뿐이었단다.

1750 1760 1770 1780 1790 1800 1810 1820 1830 18

러시아

중국

1840년 제1차 아편전쟁, 청나라 영국에 항복, 가 서양과 불평등조약 체결

조선

영조 ▲1724 ~1776

- 1762년 사도세자 뒤주에 갇혀 죽음

정조 ▲1776 ~1800

- 1776년 규장각 설치
- 1778년 박제가, 『북학의』 집필 1783년 박지원, 『열하일기』 집필
- 1791년 금난전권 폐지, 민간 상업 활동 활성화
- 1796년 수원화성 완공

순조 ▲1800 ~1834

- 1801년 신유박해 개혁 세력 숙청
- 1811년 홍경래의 난
- 1818년 정약용, 『목민심서』 완성

헌종 ▲1834 ~1849

일본

유럽

미국

- 1763년 독일, 의무 교육법 제정
- 1764년 영국 제임스 와트, 증기 기관 개량 시작
- 산업혁명
- 1775년 미국 독립혁명 시작
- 1789년 프랑스 혁명 1792년 프랑스 공화정 선포
- 1783년 파리평화조약으로 미국 독립 승인
- 1804년 프랑스 세계 최초 근대적 민법전 만듦
- 1811년 영국, 기계파괴운동 발발
- 1825년 영국, 세계 최초 철도 건설
- 1833년 영국, 가혹한 노동 금지
- 184 「공

1750 1760 1770 1780 1790 1800 1810 1820 1830 18

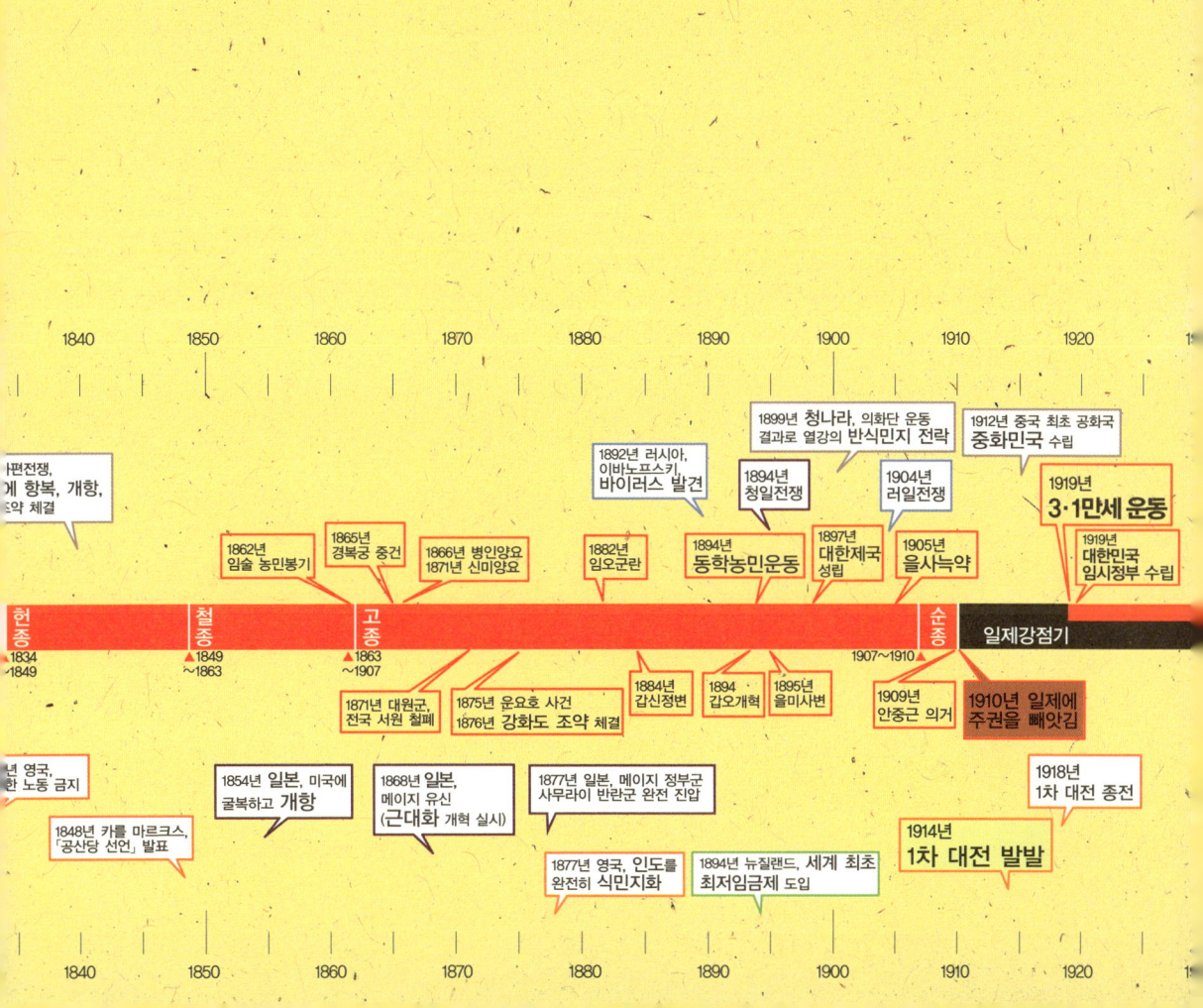

근대 국가로 나아가기 위한 갑오개혁

빡쌤과 아이들은 녹두 닭백숙을 맛있게 먹고 걸어서 경복궁까지 걸어갔다. 부른 배를 팡팡 두드리며 천천히 걸어도 10여 분밖에 걸리지 않는 거리였다. 걸음을 멈춘 곳은 경복궁 수정전!

"쌤, 여기 수정전도 조선 전기 공부할 때 와 본 곳이잖아요."

"그래. 수정전은 세종 때 집현전으로 사용되었다고 했지? 임진왜란 때 불타 버렸다가 고종 때 다시 지어졌어."

"그런데 여긴 왜 다시 온 거예요?"

"갑오개혁 때 군국기무처로 사용된 곳이거든."

"갑오개혁은 뭐고, 군국기무처는 또 뭐예요?"

"갑오개혁은 1894년 갑오년에 근대 국가로 나아가기 위해 추진한 개혁을 말해. 군국기무처는 갑오개혁을 추진하는 가장 중요한 기구였고."

"그럼, 군국기무처는 누가 설치했는데요?"

"고종이 설치하긴 했어. 그런데 자발적으로 한 게 아니라 일본 군대의 협박으로 설치했다는 점이 안타깝지. 아무튼 군국기무처를 설치한 조선 조정은 나라의 낡은 제도를 바꾸고 근대 국가로 나아가기 위해 정치, 경제, 사회 등 각 분야에서 개혁을 추진했단다.

이 개혁을 통해 조선은 근대 국가로 나아가는 데 걸림돌이었던 신분 제도와 과거 제도를 폐지했고, 조세 제도를 개혁해 관리들이 횡포를 부리지 못하게 했어."

"드디어 양반과 노비가 없어지나 봐요. 그럼, 신분제 자체가 없어졌어요?"

"그동안 문제가 많았던 과거 제도도 없어지게 되었나요?"

"맞아. 그리고 내가 잘못했다고 해서 부모님이나 형제를 벌주는 일도 못하게 했어. 너무 어린 나이에 결혼하는 것도 금지했고, 남편과 사별한 여자도 다시 결혼할 수 있게 되었어. 갑오개혁은 비록 성공하지는 못했지만 김옥균과 같은 개화파와 동학 농민군의 노력이 있었기 때문에 개혁을 시작할 수 있었던 거야."

옥호루에서 명성황후가 시해당하다

빡샘과 아이들은 경복궁 수정전을 나와 건청궁 옥호루로 갔다.

"얘들아, 여기는 옥호루야. 1895년 일본 공사 미우라 고로가 경복궁에 침입해 명성황후를 시해*하는 만행을 저지른 곳이지. 청·일 전쟁에서 승리한 일본의 영향력이 커지자 조선 조정은 러시아의 힘을 빌려 이를 막으려고 했어. 일본은 조선에서 불리해진 정세를 되돌리려고 경복궁에 침입해 을미사변을 저질렀던 거야."

시루가 두 주먹을 불끈 쥐어 양쪽 허벅지에 꽉 붙이며 억울한 듯 말했다.

*시해
왕이나 왕비, 부모 등 윗사람을 죽이는 것을 말해.

"불리해진 정세를 돌리려는 목적으로 조선의 황후를 죽였다고요? 한 나라의 황후를 죽이는 게 그렇게 쉬운 일인가요?"

은지는 흥분을 억누르고 비교적 차분하게 말했다.

"조선이 힘이 없는 나라니 황후 역시 만만하게 본 거 아니겠어?"

마토도 억울함에 동참했다.

"아무리 조선의 힘이 없어도 그렇지. 명성황후가 러시아를 끌어들이지만

건천궁 옥호루
경복궁 안에 있는 건물로, 명성황후가 시해된 것으로 추정되는 장소야. 그 옆에 곤녕합이라는 건물에서 시해 사건이 일어났다는 말도 있어.

않았어도 죽임을 당하지는 않았을 텐데."

파래가 마토의 의견에 딴지를 걸었다.

"그럼 일본이 조선을 맘대로 주무르도록 그냥 두는 게 옳았겠냐?"

"그게 아니라 신돌석 같은 항일 의병장을 많이 키웠으면 더 낫지 않았을까? 그러면 러시아라는 나라에 기대는 게 아니라 나라의 힘을 스스로 키울 수 있었을 것 아니야."

의병장 신돌석 이야기는 아직 나오지도 않았는데 마토가 먼저 말하자 아이

들은 두 귀를 의심했다. 그러나 시루가 단박에 마토의 의견을 눌러 버렸다.

"기대할 걸 기대해야지. 명성황후는 동학 농민군이 일어났을 때조차 청나라를 끌어들였는 걸?"

마토는 풀이 죽어 말했다.

"하긴 그래. 그럼 어떻게 하면 나라의 힘을 키울 수 있었을까?"

시루가 또 나섰다.

"힘이라면 군사력이 최고지. 그런데 일본은 교묘하게도 갑오개혁 때 군사개혁은 하지 않았어."

"정말 그러네? 일본은 처음부터 끝까지 무슨 꿍꿍이가 있었던 거야."

이때 가만히 듣고만 있던 마리가 한마디 보탰다.

"군사력 말고 경제력이나 교육도 중요한 것 같아."

빡쌤은 자기를 빼고 아이들이 탁구공 주고받듯 이야기를 나누는 모습을 조용히 바라보고 있었다. 아이들이 역사를 잘 배우고 있다는 흐뭇함을 느끼면서.

고종, 러시아 공사관으로 거처를 옮기다

빡쌤과 아이들은 경복궁 옥호루 앞에서 열띤 토론을 벌인 뒤 경복궁을 빠져나와 운현궁까지 걸어갔다.

"쌤, 여긴 어디에요?"

"운현궁이야. 흥선 대원군의 개인 집이지. 여기서 고종과 명성황후의 가례가 치러졌어. 가례는 왕실의 혼례를 말해."

"그런데 사람이 꽤 많네요?"

"오늘이 고종과 명성황후의 가례를 재현하는 행사가 있는 날이거든."

"우와, 오늘이 녹두 닭백숙의 날이면서 고종과 명성황후의 가례가 치러지는 날이네요."

행사는 식전 행사, 비수책 의식, 어가 행렬, 궁중 정재, 친영 의식, 관람객 기념 촬영 순서로 이어졌다. 이 화려한 행사에 아이들은 자신이 고종과 명성황후가 된 듯 잔뜩 들떠서 행사를 지켜보았다.

"얘들아, 오늘 갈 길이 멀다. 사진은 셀카로 각자 찍어."

빡쌤은 아이들이 재현 배우들과 사진을 찍겠다는 걸 간신히 뜯어 말리고 운현궁을 빠져나왔다. 이번에는 걸어서 구 러시아 공사관으로 갔다.

"여긴 구 러시아 공사관이야. 을미사변 이후 일본에 대한 반감이 높아지는 가운데 단발령*까지 실시되자 전국적으로 항일 의병이 일어났어. 고종은 일본의 위협을 피해 이곳 러시아 공사관으로 거처를 옮겼지. 구 러시아 공사관은 1884년 7월에 조·러 수호 통상 조약이 체결된 뒤, 1885년에 착공된 건물이야. 처음 지어졌을 때는 르네상스 양식의 건축물이었는데, 한국 전쟁 때 파괴되어 탑 부분과 지하 2층만 남았어. 이 건물은 1973년에 전체가 아니라 일부만 복원되어 당시 고종이 어떤 방에서 어떻게 생활했는지는 알 수 없단다."

*단발령
성인 남자의 상투를 자르고 머리를 짧게 깎도록 한 명령이야.

"일본이 얼마나 무서웠기에 고종이 이곳으로 거처를 옮겼어요?"

"일본이 무서웠던 것도 있고. 또 아까 운현궁에서 고종과 명성황후가 가례를 올리는 장면을 재현하는 것 봤지? 그렇게 꽃다운 나이에 가례를 올린 사람이 일본인에게 시해를 당했으니 고종의 마음이 얼마나 아팠겠니?"

"맞아요. 저라면 아마도 가슴이 찢어졌을 거예요."

작전명, 여우사냥

청과의 전쟁에서 승리한 일본은 끔찍한 일을 저질렀어. 조선의 왕비를 궁궐에서 살해한 거야. 당시 조선 정치에 큰 영향을 미친 왕비를 없애야 일본이 조선을 침략할 수 있다고 생각한 거지.

조선의 왕비를 '여우'라고 하면서 '사냥'한다는 말도 안 되는 일을 저지른 일본에게 우리는 제대로 항의하지도 못했어. 이미 조선은 힘이 없었기 때문이야. 왕비는 나중에 고종이 황제가 되고 난 뒤에 '황제의 부인'을 의미하는 '황후'라고 불렀어.

이 사건으로 조선의 개혁 정책에 일본의 간섭이 심해졌어. 먼저 고종과 세자를 비롯해 백성들의 머리를 깎도록 명령했어. 이것을 '단발령'이라고 한단다. 하지만 '머리카락은 부모님이 주신 것이라 함부로 할 수 없다'며 백성들은 강하게 반발했어.

"고종도 더 이상 명성황후가 시해된 경복궁에서 지내고 싶지 않았겠지."

빡쌤과 아이들은 러시아 공사관에서 덕수궁 앞까지 걸어갔다.

"여긴 어딜까?"

"덕수궁이요!"

"그래. 우리가 러시아 공사관에서 덕수궁까지 가는 데 겨우 10여 분밖에 안 걸렸지만, 고종이 여기까지 오는 데는 꼬박 1년이 걸렸단다."

"고종이 러시아 공사관에서 1년 동안 있었다는 이야기네요?"

"안타깝게도 그랬지!"

구 러시아 공사관
조·러 수호 통상 조약이 체결된 뒤 세워진 건물이야. 고종이 아관 파천으로 거처를 옮긴 곳이지. 6·25 전쟁 때 대부분 건물은 파괴되고 지금은 이렇게 첨탑만 남아 있단다.

독립신문, 독립 협회, 독립문

빡쌤과 아이들은 덕수궁 앞에서 돌담길을 걸어서 독립신문사 터로 갔다. 독립신문사 터까지 가는 데는 고작 5분도 걸리지 않았다. 독립신문사 터 표석 뒤에는 배재 학당 건물이 보였다.

"애들아, 이 표석을 봐. 여기가 독립신문사 터야."

"독립신문사 터라면 독립신문사가 있던 곳이라는 얘기네요. 독립신문은 어떤 신문이었어요?"

"조선은 청과 일본으로부터 간섭받지 않고 발전하려면 서양 문물을 받아들여야 한다고 생각했어. 그래서 서양처럼 조선의 제도를 바꾸는 개혁은 계

속되었지.

　이러한 가운데 서재필은 나라의 지원으로 독립신문을 창간했어. 무엇보다도 급한 것은 백성을 깨우치는 일이라고 생각한 거야. 독립신문은 조선이 자주독립 국가*임을 널리 알리고 개혁의 필요성을 주장했어. 그리고 나라 안팎의 소식을 한글로 실어 사람들이 나랏일을 쉽게 알도록 했고, 관리들의 잘못을 비판하기도 했지."

　"와! 한문이 아니라 한글로 실었다니 정말 백성들을 위한 신문이 맞네요."

　"그 후 정부 관리들을 중심으로 일반 백성들이 참여한 독립 협회라는 단체가 만들어졌어. 독립 협회는 백성의 성금을 모아 자주독립을 상징하는 독립문을 세웠지. 이 사진을 보렴."

　빡쌤은 태블릿으로 독립문 사진을 보여 주었다.

*자주독립 국가
다른 나라의 간섭 없이 스스로 모든 문제를 결정하고 처리하는 나라를 뜻해.

서재필
미국에서 활동하다가 우리나라로 돌아온 서재필은 독립 협회를 세워 조선 백성들을 계몽시키고자 했어.

독립신문
서재필이 정부 지원을 받아 창간한 최초의 민간 신문이야. 순 한글판과 영문판으로 발간했지.

"지금은 독립문을 사진으로 보여 주지만 몇 시간 뒤에는 실물을 볼 수 있을 거야. 유관순 이야기를 할 때 서대문 형무소 역사관을 갈 텐데 서대문 형무소 역사관 앞에 독립문이 있거든."

"와, 신난다!"

"독립문은 중국의 사신들을 맞이하던 영은문을 헐고 그 자리 근처에 세웠어. 고종부터 일반 백성들까지 성금을 모으는 데 모두 스스로 참여했단다. 독립문 옆의 이 기와집은 독립관이야. 거기서 여러 가지 주제를 가지고 강연회를 열었어. 독립문의 앞뒤에는 각각 한글과 한자로 '독립문'이라고 새겼지. 글씨 양옆에 새겨진 건 태극기야."

"아, 프랑스 개선문 보고프다."

파래의 느닷없는 말에 시루가 딴지를 걸었다.

"엉뚱하기는. 독립문과 개선문이 무슨 상관 있다고?"

"아니, 엉뚱한 건 아니야. 이 독립문을 지을 때 서재필이 프랑스 파리의 개선문 사진을 보고 모양을 본떴거든."

"너 또 소 뒷걸음치다가 쥐 잡는 짓 할래?"

시루는 괜히 무안해 파래에게 호통을 쳤다.

"독립 협회의 토론회와 강연회는 수백 명의 사람들이 몰려들 정도로 인기

독립문
영은문을 헐고 그 자리에 세워진 독립문은 프랑스 파리의 개선문을 본떠 만들어졌다고 해.

가 많았어. 주제는 그때그때 달랐지. '새로운 교육이 필요하다', '미신을 없애야 한다', '백성들의 대표를 뽑아 의회를 만들어야 한다', '백성들의 권리를 높여야 한다' 등 매우 다양한 주제를 다루었어.

그때까지 대부분의 사람들은 왕의 명령을 하늘의 뜻이라고 생각할 정도로 우물 안 개구리였지. 하지만 한글로 된 신문을 읽으면서 세상이 달라졌다는 것을 깨닫기 시작했어. 그러면서 스스로의 권리를 찾아야 한다는 생각도 갖게 되었단다."

종로에서 열린 만민 공동회

빡쌤과 아이들은 독립신문사 터에서 종로까지 걸어갔다. 발걸음은 보신각에서 멈췄다.

"얘들아, 여긴 어딜까?"

"보신각이요."

"그래. 하지만 보신각을 보러 온 건 아니야. 저 건너편을 보렴."

"쌤, 건너편엔 상가 건물만 잔뜩 있고 그 앞에 자동차만 다닐 뿐 역사적인 건물이 있을 것 같지는 않은데요?"

"독립 협회가 한 일이 또 있어. 누구나 참여할 수 있는 만민 공동회를 열어 러시아의 내정 간섭과 열강의 이권 침탈을 비판하고 나라의 정치를 바로잡으려고 했어. 종로 보신각 건너편에서 열린 만민 공동회에 많은 백성들이 모여 한 목소리를 내자 정부에서도 귀 기울여 듣기 시작했단다."

"만민 공동회가 열릴 때 여기에는 무슨 건물이 있었어요?"

만민 공동회
독립 협회가 주최해 서울 종로 네거리에서 열린 민중 대회야. 신분이나 성별 상관없이 누구나 자신의 의견을 말할 수 있는 집회였는데, 이 그림은 백정 출신 박성춘이 연단에 올라가 연설하는 모습이야.

"무명을 파는 점포인 백목전이 있었어! 강연하는 사람은 백목전 2층에서 연설하고 청중은 그 아래에서 화답했을 거야."

"만민 공동회에서는 강연만 했어요?"

"아니, 러시아가 부산 앞 바다의 섬을 빌려 달라고 했을 때도 독립 협회는 만민 공동회를 열어 반대했어. 그러자 고종은 러시아의 요구를 거절했고, 러시아는 군사 훈련을 위해 파견했던 장교를 철수시켰지. 모두 힘을 모아 러시아의 간섭을 막아내고 경제적 권리를 지킬 수 있었던 거야."

"와, 만민 공동회 최고!"

"만민 공동회에서는 시장에서 장사하던 상인이 사회를 보기도 하고, 소나 돼지를 잡던 백정 출신이 연설을 하기도 했어. 그것도 정부 관리들이 앉아 있는 자리에서 말이지. 양반, 상놈 구분이 없어졌다더니 정말 세상이 많이 바뀌었지."

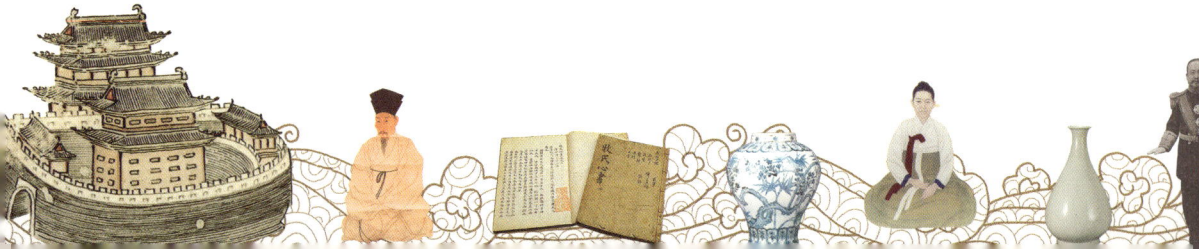

고종, 경운궁으로 돌아와 대한 제국을 선포하다

빡쌤과 아이들은 종로 보신각에서 환구단까지 걸어갔다. 걸어서 10여 분 걸리는 거리였지만 아이들은 계속 힘이 샘솟기라도 하듯 힘든 기색이 전혀 없었다.

"얘들아, 여긴 어디일까?"

"오다 보니 앞 건물에 웨스턴조선호텔이라 쓰여 있던데 호텔에 달린 정원 아니에요?"

"이야, 빡쌤이 녹두 닭백숙도 모자라 호텔 주스를 사주실 건가 봐. 우리가 목마른 걸 어떻게 아시고."

"왜들 그러시나. 땡! 둘 다 아니거든. 여긴 호텔 정원이 아니라 환구단이야."

환구단
고종은 하늘에 제사를 지내는 환구단(오른쪽 건물)을 지어 황제 즉위식을 거행했어. 환구단은 일제에 의해 철거되었고, 지금은 신위를 모시던 부속 건물인 황궁우(왼쪽 건물)만 남아 있단다.

고종 황제
러시아 공사관에 피신했던 고종 황제는 1897년 다시 궁궐로 돌아와 황제 즉위식을 올리고 대한 제국을 선포했어.

"환구단이요?"

"그래 환구단! 1897년 고종이 황제 즉위식을 올리고 하늘에 제사를 지낼 수 있도록 옛 남별궁 터에 단을 만들어 조성한 곳이야. 그런데 1913년 일제가 환구단을 헐고 그 자리에 철도호텔(지금의 조선호텔)을 지었어. 지금은 신들의 위패를 보관하던 황궁우와 돌로 만든 북인 석고, 세 개의 아치가 있는 석조 대문만 남아 있어."

"아아, 황제 즉위식을 치르고 하늘에 제사를 지낸 곳이구나. 난 또……."

마토가 말을 끝내자 아이들 사이에 모종의 눈빛이 오갔다. 그러고는 갑자기 어깨를 축 늘어뜨리고 바닥에 주저앉아 버렸다.

빡쌤은 옅은 미소를 지은 후 매고 있던 배낭을 내려 오미자차가 들은 패트병을 꺼내 컵에 쪼르르 소리 나게 따랐다.

"목마를 땐 이만 한 게 없지. 자, 오미자차다. 그것도 꿀을 듬뿍 넣은!"

아이들은 꿀이라는 말에 오뚝이처럼 벌떡 일어나 컵에 든 오미자차를 시원하게 들이켰다.

"이제 됐지? 고종이 여기서 황제 즉위식을 갖기까지 무슨 일이 있었는지 따라가 볼까?"

"네!"

"고종은 왕비가 죽임을 당한 후 하루도 경복궁에서 두 다리 뻗고 편하게 잠을 잘 수 없었을 거야. 음식을 먹을 때도 누군가 독을 탔을지 모른다는 두려움에 떨었을 테고. 고종은 궁궐에 갇힌 채 지내다가 러시아 공사관으로 옮겨 갔다고 했지?

고종은 러시아 공사관에서 생활하면서 친일적인 관리들을 쫓아냈어. 그렇게 일본의 간섭에서 벗어나려고 애를 썼지.

대한 제국의 황제가 러시아 공사관에 머문다는 이유로 일본과 러시아는 팽팽하게 맞서게 되었어. 고종이 궁궐을 비운 동안 열강들은 앞다투어 우리나라의 이권을 침탈했어. 예를 들면 러시아는 여기저기서 필요한 나무를 베어 가고, 석탄과 금은 등을 캐 갔던 거야."

"조선을 두고 일본과 러시아가 누가 더 많이 이권을 침탈하는지 경쟁한 셈이네요."

"맞아. 이러한 상황에서 독립 협회를 중심으로 우리 백성의 자주독립 의식은 높아졌어. 그러는 가운데 백성들은 고종이 궁궐로 돌아올 것을 요구했지. 결국 고종은 러시아 공사관에서 경운궁(지금의 덕수궁)으로 돌아왔어. 고종은 이곳 환구단에서 황제 즉위식을 올리고, 나라 이름을 대한 제국으로 바꾸었지."

"쌤, 그런데 대한 제국에서 제국은 무슨 뜻이에요?"

"'제국'은 황제가 다스리는 나라를 말해. 고종은 왕이 아닌 황제가 되었어.

"고종 황제는 1897년 대한 제국 수립을 선포해 우리나라가 근대적인 자주독립 국가임을 세계 만방에 알렸지. 백성들은 집집마다 태극기를 걸고 대한 제국의 탄생을 환영했어. 새로운 변화를 기대한 거야."

"대한 제국 수립을 선포했으니 앞으로 새로운 일도 많이 했겠네요?"

"대한 제국은 새로운 국가의 모습을 갖추기 위해 여러 개혁 정책을 실시했어. 먼저 대한 제국은 황제가 다스리는 나라임을 강조했지. 그래서 법도 만들고, 군대도 지휘하고, 나라도 다스리는 권한이 모두 황제에게 있다는 것을 널리 알렸단다. 그리고 옛날과는 다르게 토지의 면적을 자로 재고, 누구의 땅인지 문서로 만들어 주었어."

대한 제국과 대한민국의 차이는?

대한 제국과 대한민국의 차이점은 무엇일까? 한 글자만 다르다는 건 알겠지? '제'는 황제, '민'은 백성을 뜻해. 대한 제국이 황제의 나라라면, 대한민국은 백성이 주인인 나라야. 대한 제국은 황제가 많은 힘을 갖고 다스리는 나라였고, 대한민국은 백성의 뜻을 받들어 다스리는 나라지.

사실 대한민국이라는 이름 중 '대한'은 '대한 제국'에서 처음 사용했어. 대한 제국 시절 독립 협회는 백성의 대표가 모여 정치에 참여하는 기구를 만들려고 했어. 한 사람의 힘으로만 나라를 다스려서는 안 된다고 생각했던 거야.

하지만 여러 정부 대신들의 반대로 독립 협회가 없어지면서 뜻을 이룰 수는 없었어. 그렇지만 그때의 노력이 지금의 대한민국으로 발전하는 밑거름이 되었지.

"갑자기 땅문서는 왜요?"

"세금을 정확하게 거둘 수 있기 때문이야. 산업과 기술을 발전시키는 데도 힘을 기울여 전기 시설과 교통 시설을 확충했어. 공장과 회사도 설립하고, 근대식 학교를 세워 인재도 양성했고."

대한 제국, 근대 문물을 수용하다

환구단에서 빡쌤이 한국사 수업을 할 때 빡쌤의 큰아버지에게서 핸드폰으로 전화가 걸려 왔다. 아이들은 저마다 수다를 떨고 있는데 마리 혼자서 빡쌤의 모습을 지켜보고 있었다. 그런데 빡쌤이 전화를 끊으면서 거의 90도 각도에 가깝게 고개를 숙이는 게 아닌가!

전화를 끊는 모습을 지켜보던 마리가 아이들에게 다가가 말했다.

"얘들아, 빡쌤 좀 봐. 전화를 끊으면서 화상 통화도 아닌데 인사한다?"

이 말을 들은 아이들이 빡쌤에게 우르르 몰려갔다.

"쌤, 얼마나 어려운 분과 통화하시길래 전화를 끊으면서 인사를 꾸벅하셨어요? 설마 민주식 선생님은 아니겠죠?"

"아니야. 쌤 큰아버지야! 우리 형제들에게는 호랑이 같은 큰아버지지."

"그렇다고 화상 통화도 아닌데 인사를 하세요?"

"그랬나? 내가 좀 촌스러웠지? 궁중에서도 그런 일이 있었단다. 근대 문물이 들어와 일상생활에 많은 변화가 생겼어. 전신*과 전화가 설치되어 소식을 빠르게 주고받을 수 있게 되었지. 전화는 궁궐에 처음 놓였어. 전화 교환수가 전화를 연결해 주었고, 왕과 통화할

*전신
문자나 숫자를 전기 신호로 바꾸어 전파나 전류를 보내는 통신을 말해.

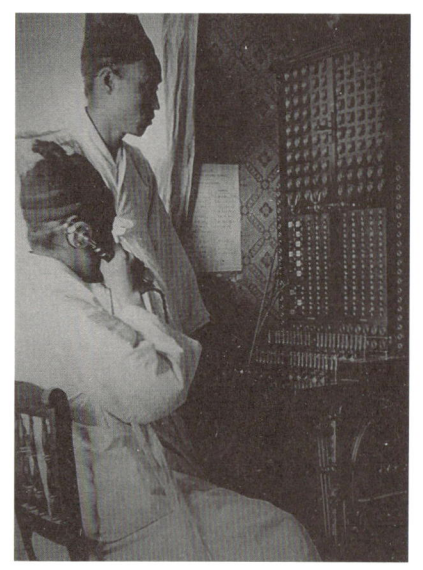

전화 교환수
궁궐에 전화기가 처음 설치되었을 때 전화를 연결해 주는 역할을 담당하는 사람이 있었어.

때는 누구나 전화기 앞에서 절을 하고 무릎을 꿇고 받았지."

"정말요? 빡쌤과 싱크로율 100 퍼센트예요."

아이들이 배꼽을 잡고 웃자 빡쌤은 분위기를 빨리 전환하는 게 좋겠다고 생각했다.

"이제 그만! 잘 들어, 퀴즈 들어간다. 전기가 처음 들어온 곳이 어딘지 아는 사람?"

"쌤 우리가 있는 곳이 환구단이

경복궁 점등 행사
1887년 미국의 에디슨 전기 회사는 경복궁에 발전기를 설치해 최초로 전깃불을 밝혔어. 발전기를 돌리려고 향원정의 연못물을 사용했는데, 수온이 높아져 물고기들이 떼죽음을 당했다는 이야기도 전해져.

니까 정답은 환구단 아닐까요?"

"땡!"

"정답은 경복궁이야. 경복궁에 처음으로 전기가 들어와 전등이 설치되었어. 전등과 가로등이 설치되면서 밤 시간을 이용하는 사람이 늘어났지. 전기로 많은 것을 할 수 있었어. 서울에는 처음으로 서대문에서 청량리까지 전차가 다녔고. 걸어 다녔을 먼 거리를 많은 사람이 빨리 이동할 수 있었으니 신기했겠지? 전차는 거리의 풍경도 크게 바꾸어 놓았단다. 전차를 운행하기 위해 도로를 정비하고 전봇대를 세웠지. 자, 다음 문제 들어간다. 철도가 처음 놓인 곳은 어디부터 어디까지일까?"

"쌤, 경인선이요."

이번에는 똑똑이 은지가 단박에 맞춰 버렸다.

"딩동댕! 대한 제국에 처음으로 철도가 놓인 구간은 서울부터 인천이었어. 서울 '경(京)'과 인천의 '인(仁)'을 떼서 '경인선'이라고 부르지. 경인선은 일본과 미국이 함께 건설했어. 서울에서 부산까지 경부선도 일본이 설치했어. 일본은 왜 철도를 놓았을까? 쌀과 같은 물자를 실어 나르거나 전쟁을 수

전차
1898년 서대문과 청량리를 잇는 전차가 처음 설치되었고 그후로 70년 동안 운행되었어.

경인선 개통식
1900년 서울에서 인천까지 연결하는 철도가 개통되었어. 사진에 기차에 걸려 있는 일본의 일장기와 미국의 성조기가 보이지? 일본과 미국이 함께 철도를 건설했단다.

행하는 데 이용하려고 설치했던 거야."

고종, 정관헌에서 아메리카노를 마시다

빡쌤과 아이들은 조금 걸어서 덕수궁 안으로 들어갔다. 걸음을 멈춘 곳은 덕수궁 정관헌이었다!

"얘들아, 여긴 덕수궁 정관헌이야. 1900년에 지어진 서양식 건물인데, 고종이 이곳에서 아메리카노를 마셨단다."

"아, 고종이 커피를 좋아했구나. 그런데 카페라떼나 카푸치노가 아니고 왜

아메리카노예요?"

"그건 쌤이 상상한 거야. 왠지 아메리카노여야 이 정관헌과 어울릴 것 같거든. 고종은 이곳에서 커피를 마시고 음악도 감상했다고 해.

거리에는 다양한 색상과 모양의 서양 옷을 입은 사람들이 나타났어. 서양식 군복을 입고 신식 총으로 훈련하는 군인들의 모습도 볼 수 있었지. 양복과 양산, 신사용 모자와 가방 등 서양 물건을 판매한다는 광고가 신문에 실렸어. 양복, 양산의 '양(洋)' 자는 모두 서양을 뜻해.

서양식 음식과 식사 문화도 들어왔어. 조선의 관리들이 서양의 외교관들과 함께 점심 식사를 하는 장면을 보면 참 이색적이야. 갓을 쓰고 도포를 입은

신식 군대
기존의 구식 군대와는 다르게 신식 군대는 서양식 군복을 입고 신식 총을 들고 훈련했어. 무기가 바뀌었으니 훈련 내용도 달라졌겠지?

관리들이 서양식 접시와 유리잔, 그리고 높은 꽃병이 있는 식탁 앞에 앉아 있거든. 궁중에서도 고종처럼 커피와 홍차를 마셨고 서양식 요리와 과자도 전해졌지."

빡쌤은 백팩에서 보온병을 꺼내 컵에 '쪼르륵' 하고 소리 나게 아메리카노를 따랐다. 그러고는 컵을 들고 아메리카노를 마시며 석조전을 향했다.

"어쩐지 아까 오미자차를 먼저 주시더라. 지금 아메리카노를 혼자 마시기 미안해서 선심 썼던 거야. 고종이 아메리카노를 마셨다고 상상한 건 빡쌤이 아메리카노를 좋아하기 때문인 거고. 쳇!"

아이들은 빡쌤 뒤를 궁시렁거리면서 따라갔다.

서양식 건축물과 근대식 학교가 세워지다

"얘들아, 여기는 석조전이야."

"와, 유럽의 궁정 같은데요? 분수대도 멋있고요!"

"그야 이 석조전이 유럽의 궁정을 본떠서 만들었으니 유럽의 궁정 같아 보이는 건 당연하지."

"석조전은 어떤 곳이에요?"

"석조전은 1910년 세워져 고종 황제가 정전*으로 사용한 궁전이야. 1933년 이후에는 여러 용도로 사용되었지. 그러다가 복원 공사를 해서 2014년에 '대한 제국 역사관'으로 개관했어."

"1910년에 지어진 건물이면 일본인이 만든 건물이겠네요?"

"아니, 대한 제국이 영국인에게 설계를 의뢰해 만든 건물이야. 영국인에게

덕수궁 석조전
석조전은 이름 그대로 돌로 지은 궁전을 말해. 1900년에 짓기 시작해 10년 만에 완성했지. 서양의 르네상스 양식으로 지은 건축물이란다.

궁정 설계를 맡길 정도로 고종이 얼마나 대한 제국의 근대화와 부국강병을 꿈꿨는지 짐작해 볼 수 있지."

"쌤, 우리 안으로 들어가 봐요."

"앗, 미안! 미리 예약해야 들어갈 수 있는데 깜빡했네. 다음 기회에 들어가 보자!"

"쌤, 너무해요. 예약도 안 하고 저희를 여기까지 데려오신 거예요?"

빡쌤은 아이들이 흥분하는 모습을 장난기 어린 미소를 띠며 바라보았다.

"나 참! 예약하셨으면서 시치미 떼신 거죠? 자, 대한 제국 역사관 안으로 고고!"

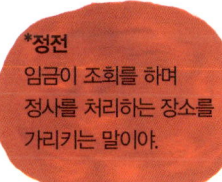

*정전
임금이 조회를 하며 정사를 처리하는 장소를 가리키는 말이야.

빡쌤과 아이들은 1층에서 재현해 놓은 접견실과 대식당 등을 둘러보았다. 대한 제국의 정치, 외교 등과 관련된 전시물도 관람했다. 2층에서는 대한 제국 황실의 침실, 서재, 거실을 구경했다. 마지막으로 지하로 가서는 대한 제국의 근대 개혁과 신문물의 도입, 석조전의 복원 기록을 담은 전시물을 관람했다.

꿈틀 일행은 다시 2층으로 올라가 전망이 가장 아름다운 테라스에 나란히 서서 저 앞에 분수대가 있는 정원을 바라보았다.

"석조전 말고도 도시에는 서양식 건축물이 세워지기 시작했어. 지금 보고 있는 것처럼 이러한 건축물은 나무와 돌뿐만 아니라 벽돌, 시멘트, 유리 등으로 지어져서 오늘날의 건물과 거의 비슷한 모습이었지. 서양식 건축물로는 대표적으로 명동 성당이 있고 서양식 병원인 광혜원(나중에 제중원)도 세워졌어."

광혜원
미국인 선교사 알렌이 세운 우리나라 최초의 서양식 병원이야. '광혜'는 널리 은혜를 베푼다는 뜻이지. 나중에는 대중을 구제한다는 의미에서 제중원으로 이름을 바꾸었어.

"그럼 학교도 세워졌나요?"

"당근이지. 교육의 중요성이 강조되면서 소학교, 중학교, 기술 학교, 외국어 학교 등 다양한 관립 학교*가 세워졌단다. 또 전국 각지에서 독립운동가와 독립운동 단체, 선교사들이 사립 학교를 세워서 근대식 교육을 추진했어. 학교 이외에 신문사와 서양식 무기 공장, 서양식 병원 등도 세워졌고."

명동 성당
1898년에 완공된 우리나라 최초의 천주교 성당으로 서양 고딕 양식으로 지어졌단다.

*관립 학교
사립 학교와 달리 국가 기관에서 세워 운영하는 학교를 가리켜.

근대식 학교의 수업
교실에서 학생들이 책상에 앉아 칠판을 바라보며 수업하는 모습이 지금 우리와 크게 다르지 않지? 현재 우리가 받고 있는 수업 방식은 이때 처음 시작된 거란다.

배재 학당
1885년 개신교 선교사 아펜젤러가 설립한 근대식 사립 학교야. 인재를 배양하라는 뜻의 '배재'라는 이름은 고종이 직접 지어 주었다고 해.

단발령에 찬성할까, 반대할까?

"옛날 사람들은 머리카락도 부모에게 물려받은 것이라 생각해 자르지 않고 계속 길렀어. 남자들은 성인이 되면 머리카락을 끌어 올려 상투를 틀었는데, 을미사변 이후 상투를 자르라는 단발령이 실시되었지. 그래서 먼저 고종과 세자가 손수 머리를 자르고, 백성들의 머리도 자르도록 명령했어. 하지만 '머리카락은 부모님이 주신 것이라 함부로 할 수 없다'며 백성들은 강하게 반발했어. 너희가 당시 사람들이었다면 단발령을 어떻게 생각했겠니? 찬성? 아니면 반대?"

근대 문물이 남긴 빛과 그림자

선생님: 전기와 철도 같은 근대 문물은 우리에게 빛과 같이 편리함만 주었을까요?

학생1: 전기나 기차는 우리 생활을 편리하게 해 준 게 사실이잖아요.

학생2: 선생님! 그런데 일본이나 미국은 왜 우리나라에 철도를 건설하고, 전기 시설을 설치해 주었을까요?

선생님: 일본은 침략을 위해서 철도를 건설했어요. 조선인의 땅을 빼앗고 조선인의 노동력을 이용해 만든 것이었어요. 이 철도를 이용해 조선의 쌀과 잡곡을 일본으로 실어 갔죠. 전쟁을 할 때는 군인과 무기를 실어 날랐고요.

학생1: 그럼 미국은요?

선생님: 미국도 편리한 시설을 설치해 준 대가로 조선에서 경제적 이득을 얻으려 했어요.

"쌤, 저는 단발령에 반대했을 거예요. 머리카락은 부모님에게 물려받은 소중한 신체의 일부인데 어떻게 함부로 잘라요. 전 효를 잘 아는 효마리, 효리거든요."

마리가 자신의 묶은 머리를 툭 하고 위로 튕겨 보이며 말했다. 그러자 파래가 나섰다.

"넌 상투 튼 남자도 아니면서 뭘 그래? 머리가 짧아야 매일 머리 감기도 편하고 깔끔한 외모를 자랑할 수 있지. 나처럼!"

"난 마리처럼 반대하는 입장이야. 상투처럼 오랜 전통을 단발령이 내려졌다고 한순간에 져버릴 순 없어."

은지가 말하자 이번에는 마토가 나섰다.

"난 찬성이야. 전통을 지키는 것도 중요하지만 새로운 것을 받아들이는 건 더 중요하다고 생각해. 음식이 그런 것처럼 헤어스타일도 마찬가지거든."

"어째 찬반이 남자 대 여자로 갈리는 분위기네. 남자는 찬성, 여자는 반대!"

"쌤, 저는 여자지만 찬성이에요. 머리가 짧아야 태권도를 할 때 편하거든요. 저라면 상투 틀 시간을 아껴서 태권도 품을 한 단계 더 올리겠어요."

근대 문물로 생활 모습이 달라지다

"전화가 처음 도입되었을 때 사람들은 전화를 매우 낯설어 했어. 고장 난 전화기에 감전되거나 전화 소리에 놀라 피하기도 했지. 심지어 전화기에 귀신이 붙었다고 생각하는 사람도 있있어. 무엇보다 전화기를 들고 다른 사람과 대화하는 것이 예의에 어긋난다고 생각했지."

"하하하, 전화기에 귀신이 붙었다고 생각했다고요? 말도 안 돼!"

"너는 내가 아직도 파래로 보이냐? 나는 전화 귀신이다. 이히히히!"

파래가 전화기를 귀에 댄 포즈를 취하며 귀신 흉내를 내자 아이들은 무서워하기는커녕 어설프다며 배꼽을 잡고 웃었다.

"전차는 개통 당시 인기가 높았어. 전국 각지에서 남녀노소 할 것 없이 많은 사람이 전차를 구경하고 타 보려고 몰려들었단다."

"전차가 그 정도였는데 오늘날의 KTX나 케이블카를 봤다면 사람들이 놀라서 기절했을지도 모르겠네요."

 밑줄 쫙! 은지의 한국사 노트

1. ㅁㅁㅁㅁ은 1894년 갑오년에 근대 국가로 나아가기 위해 추진한 개혁이다. 이 개혁을 통해 조정은 나라의 낡은 제도를 바꾸고 근대 국가로 나아가기 위해 정치, 경제, 사회 등 각 분야에서 개혁을 추진했다.
갑오개혁

2. 조선이 자주독립 국가임을 널리 알리고 백성들에게 개혁의 필요성을 깨우치기 위해 서재필이 창간한 신문은 ㅁㅁㅁㅁ이다. 무엇보다도 시급한 것은 백성을 깨우치는 일이라고 생각한 이 신문은 나라 안팎의 소식을 한글로 실어 사람들이 나랏일을 쉽게 알도록 했다.
독립신문

3. 독립협회는 외세의 내정 간섭과 이권 침탈을 비판하고 나라를 바로잡기 위해 누구나 참여할 수 있는 ㅁㅁㅁㅁㅁ를 열었다.
만민공동회

4. 고종은 1897년 조선이 이제 다른 나라들과 대등한 황제의 나라라며 ㅁㅁ ㅁㅁ 수립을 선포했다. 그리고 우리나라가 근대적인 자주독립 국가임을 세계에 알렸다.
대한 제국

5. 우리나라 최초의 철도는 ㅁㅁㅁ이었다. 철도가 놓인 구간은 서울부터 인천으로, 서울 '경(京)'과 인천의 '인(仁)'을 따서 '경인선'이라고 불렀다. 그러나 이 철도는 우리 민족의 이익이 아닌 제국주의 국가들이 조선을 수탈하기 위해 만들어졌다.
경인선, 경인선

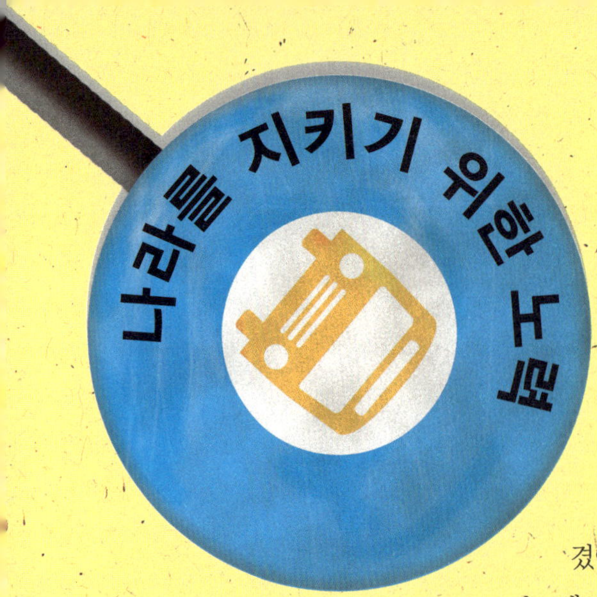

나라를 지키기 위한 노력

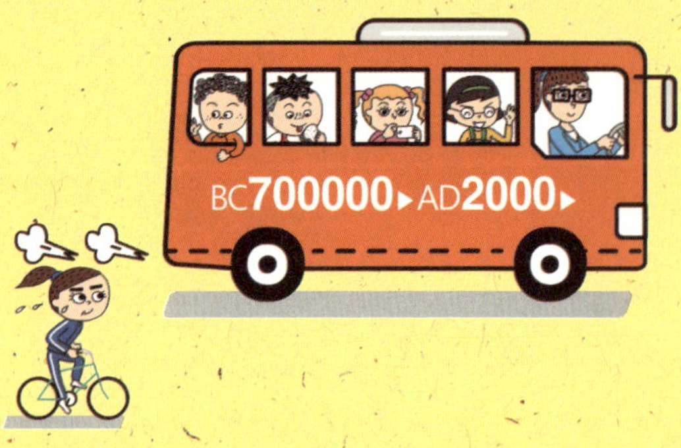

BC 700000 ▶ AD 2000 ▶

1905년 대한 제국은 강제로 체결된 을사늑약을 통해 일본에 외교권을 빼앗겼어. 이에 고종은 만국 평화 회의가 열리는 헤이그에 특사를 보내 일본의 침략 행위를 고발하려 했지만 뜻을 이루지 못하고 왕위에서 강제로 물러나게 돼. 고종 황제의 퇴위는 의병 활동에 불을 붙였지. 무력을 통해 나라를 되찾으려는 의병 활동과 함께 국민들의 생각

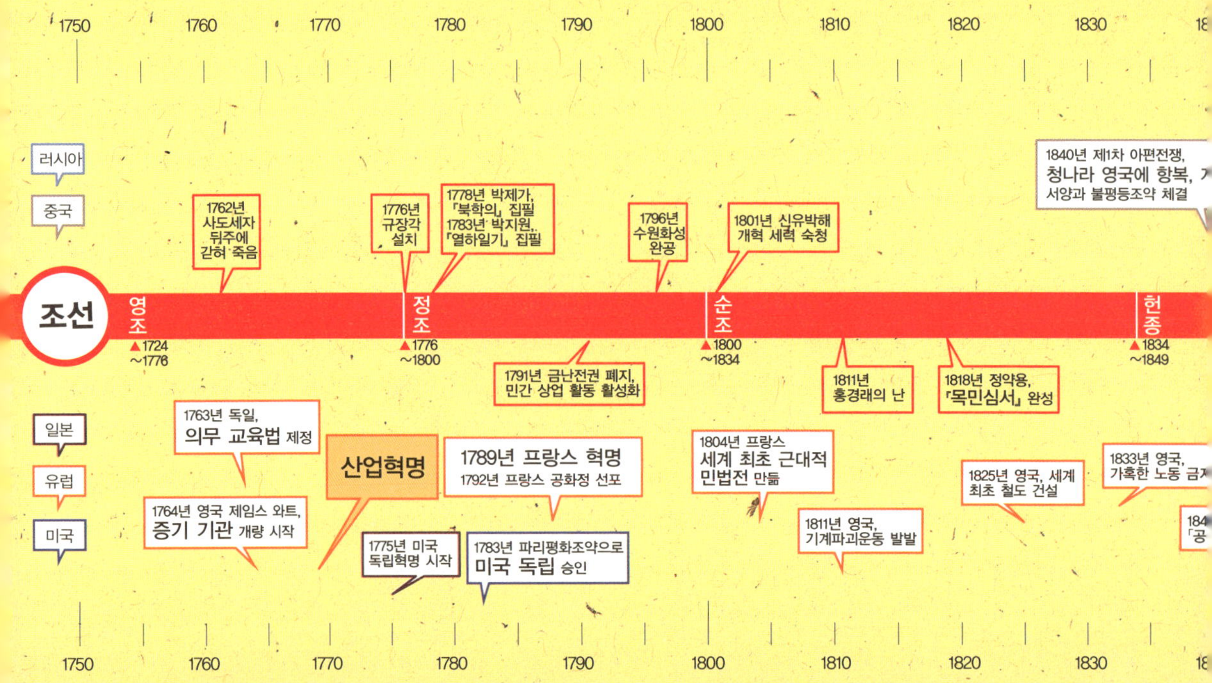

러시아

중국
- 1840년 제1차 아편전쟁, 청나라 영국에 항복, 서양과 불평등조약 체결

조선
- 영조 ▲1724~1776
  - 1762년 사도세자 뒤주에 갇혀 죽음
- 정조 ▲1776~1800
  - 1776년 규장각 설치
  - 1778년 박제가, 「북학의」 집필
  - 1783년 박지원, 「열하일기」 집필
  - 1791년 금난전권 폐지, 민간 상업 활동 활성화
  - 1796년 수원화성 완공
- 순조 ▲1800~1834
  - 1801년 신유박해 개혁 세력 숙청
  - 1811년 홍경래의 난
  - 1818년 정약용, 「목민심서」 완성
- 헌종 ▲1834~1849

일본

유럽
- 1763년 독일, 의무 교육법 제정
- 산업혁명
- 1789년 프랑스 혁명
- 1792년 프랑스 공화정 선포
- 1804년 프랑스 세계 최초 근대적 민법전 만듦
- 1811년 영국, 기계파괴운동 발발
- 1825년 영국, 세계 최초 철도 건설
- 1833년 영국, 가혹한 노동 금지

미국
- 1764년 영국 제임스 와트, 증기 기관 개량 시작
- 1775년 미국 독립혁명 시작
- 1783년 파리평화조약으로 미국 독립 승인

을 깨우쳐 일본을 몰아내려는 애국 계몽 운동이 벌어졌어. 그러나 나라를 지키려고 목숨을 바치는 사람들과 달리 개인의 권력과 재산을 위해 나라를 팔아먹으려는 자들의 음모가 우리 민족의 미래를 어둠 속으로 몰고 갔단다.

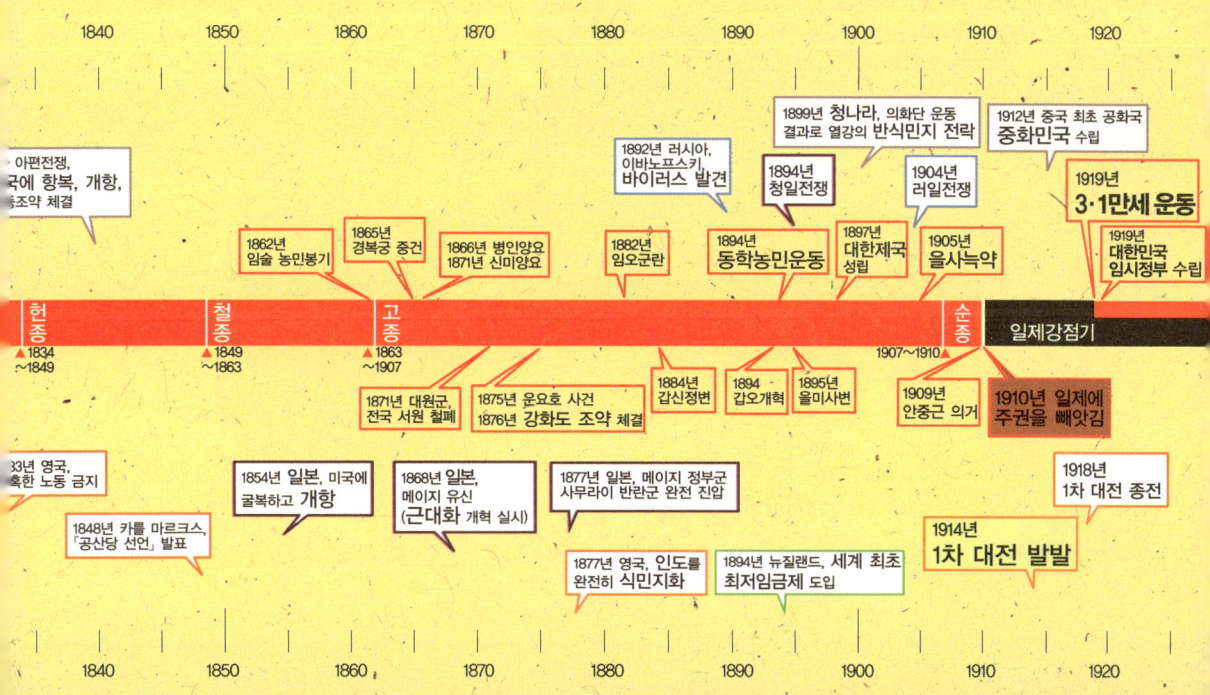

중명전에서 을사늑약을 체결하다

빡쌤과 아이들은 덕수궁 대한문 밖으로 나왔다. 덕수궁 돌담길을 따라 걷다 보니 정동극장이 나왔고 정동극장을 지나자마자 빨간색 벽돌이 눈에 띄는 서양식 2층 건물 하나가 보였다.

"얘들아, 여긴 중명전이란다."

"중명전이요?"

"그래. 1901년에 지어진 이 전각은 처음에는 왕실 도서관으로 사용되었어. 당시 건물 이름은 수옥헌이었지. 그런데 1904년 덕수궁에 화재가 일어난 뒤 고종이 이곳으로 거처를 옮겨 정무를 보았어. 그때 건물 이름을 중명전으로 바꾼 거야. 이 전각은 을사늑약*이 체결된 비운의 장소가 되었지. 1905년에 일본이 중명전에 대신들을 가둬 놓고 강제로 조약을 체결했거든."

*늑약
나라 사이에 강제로 맺은 조약을 뜻해.

"을사늑약이요?"

"그래. 을사늑약이 체결되기까지 어떤 일이 있었는지 알아볼까? 고종 황제는 서양 여러 나라와의 외교 활동을 통해 대한 제국의 자주권*을 지키려고

중명전
일제의 강압에 의해 을사늑약을 맺은 장소로, 원래 이름은 수옥헌이었어.

*자주권
국가가 국내 문제나 대외 문제를 자기 뜻대로 자유롭게 결정할 수 있는 권리.

노력했어. 한편 대한 제국에 대한 러시아의 영향력이 강해지자 일본은 전쟁을 준비했지.

대한 제국은 전쟁 직전 일본과 러시아 사이에서 중립을 선언했지만, 일본은 이를 무시하고 대한 제국을 차지하기 위해 1904년에 러시아와 전쟁을 벌였어. 이것을 러·일 전쟁이라고 불러. 일본이 10년 전에 청을 먼저 공격했던 것처럼 러시아를 기습 공격한 거야.

일본은 전쟁이 시작되자, 조선과 강제로 조약을 맺고 우리 영토에 전쟁에 필요한 철도를 건설했어. 또 많은 시설을 군사적으로 이용하고 물자를 운반하는 데 한국인을 동원했지."

빡쌤은 태블릿으로 러·일 전쟁을 풍자한 그림을 보여 주면서 말했다.

"이 그림을 봐. 왼쪽의 덩치 큰 남자가 러시아고 오른쪽의 작고 마른 남자가 일본이야. 오른쪽 남자가 밟고 서 있는 건 뭘까?"

"앗! 우리나라네요?"

"그래. 한반도야. 링 밖

러·일 전쟁을 풍자한 그림
러시아와 일본이 한반도에서 싸우고 다른 서양 열강들은 구경만 하고 있는 당시 세계정세를 묘사하고 있어.

에서는 영국, 미국 등 세계 각국이 구경하고 있고, 중국은 경기장 안에도 들어오지 못하고 담 뒤에서 이들의 경기를 넘겨보고 있는 모습이야."

"한반도가 러시아와 일본에 짓밟히고 있고 그걸 세계 각국이 구경하고 있으니 약국의 서러움이 느껴져요. 정말 자존심 상하고요."

"그리고 일본은 러·일 전쟁 중에 독도를 자신들의 영토로 강제 편입시켰어. 이는 우리 영토에 대한 침략 행위이며, 국제법상 명백한 불법 행위였지.

예상을 뒤집고 일제*는 러·일 전쟁에서 승리했어. 일본은 이미 전쟁 중에 영국과 미국으로부터 대한 제국에 대한 지배권을 인정받았지. 전쟁에서 이긴 뒤에는 러시아로부터도 지배권을 인정받게 된 거야. 일본은 우리나라에 대

*일제
'일본 제국주의' 또는 '일본 제국'을 줄인 말로, 자기 나라의 이익을 위해 여러 나라를 침략한 일본을 일컫는 말이야.

러·일 전쟁 당시 물자 운반에 동원된 한국인
전쟁을 치르는 당사자는 러시아와 일본인데 전쟁은 한반도에서 벌어졌고 한국인이 전쟁에 동원되기도 했어. 약소국의 국민이 겪는 서러움이 느껴지지 않니?

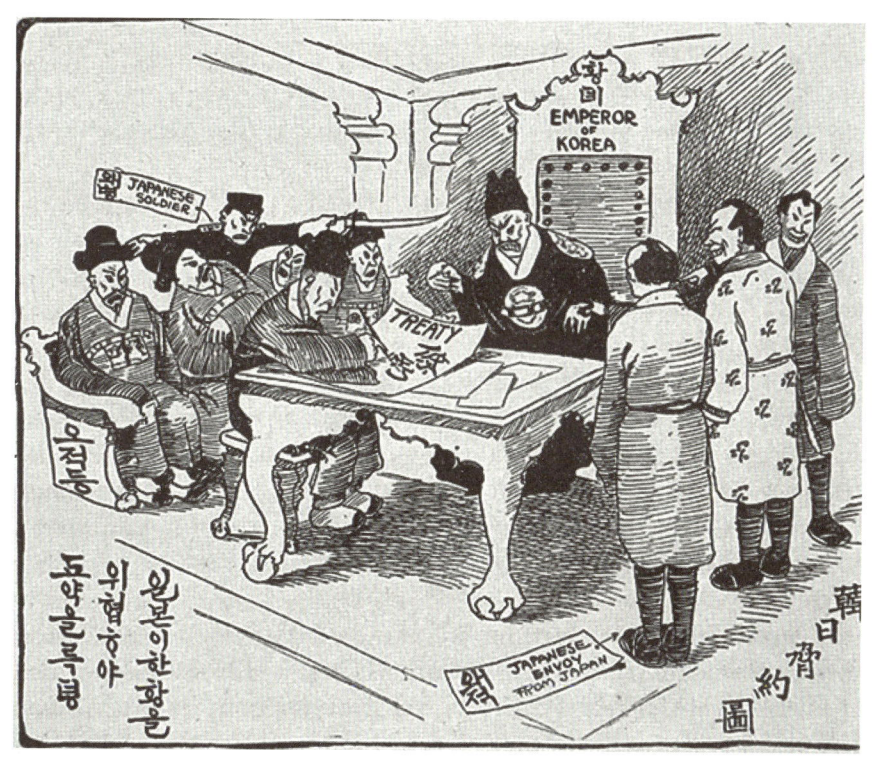

당시 신문에 실렸던 을사늑약 풍자도
을사늑약은 일본의 강요와 위협으로 다섯 명의 대신이 서명해 체결되었어. 대한 제국의 군주인 고종의 도장이 없는 이 조약은 국제법상 무효야.

한 독점적 지배권을 사실상 확보하고 본격적으로 침략하기 시작했어. 고종 황제의 거부에도 불구하고 바로 이곳 중명전에서 대한 제국의 외교권을 빼앗는 을사늑약을 강제로 체결했어. 이때부터 대한 제국은 다른 나라와 조약을 맺을 때 일본의 동의를 얻어야만 했어. 또 일제는 한성(오늘날 서울)에 통감부를 설치하고 외교는 물론이고 각 분야에서 내정을 장악하기 시작했지.

고종은 끝까지 조약에 도장 찍는 것을 거부했지만, 다섯 명의 대신들이 서명을 했어. 이들을 '을사오적'이라고 불러."

일본의 독도 강탈

대한 제국은 1900년에 칙령 제41호를 반포해 독도가 대한 제국의 영토임을 명확하게 규정했어. 하지만 일본은 1905년에 시마네 현 고시 제40호를 통해 독도가 주인 없는 섬이라고 우기면서 자신들의 영토에 불법으로 편입시켰지.

대한 제국 칙령 제41호
대한 제국은 울릉도를 군으로 승격하고 울릉도, 죽도, 석도(독도)를 관할하게 했어.

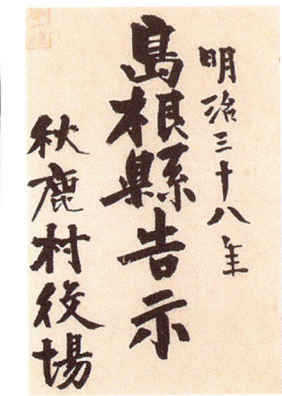

시마네 현 고시 제40호
일본은 독도를 다케시마라고 부르고 일본의 시마네 현에 불법으로 편입시켰어.

을사늑약 반대 운동이 일어나다

"을사늑약이 체결되었다는 소식이 알려지자 전국에서 반대 운동이 일어났어. 강제로 체결된 불법적인 을사늑약에 여러 가지 방법으로 저항한 거야."

"쌤, 저희도 그 운동에 동참할래요."

"그래? 그럼 사람들이 어떤 방법으로 반대 운동을 일으켰는지 잘 들어 보고 각자 어떻게 할지 이야기해 보기로 하자. 사람들은 을사늑약의 무효를 주장했어. 장지연은 신문에 「시일야방성대곡(이날을 목 놓아 크게 우노라)」이라는 글을 신문에 실어서 을사늑약의 부당함을 널리 알렸어. 민영환은 을사늑약에 반대하며 스스로 목숨을 끊었지. '살려고 하는 자는 죽을 것이요, 죽으려고 하는 자는 살 것이다'라며 일본에 저항할 것을 유서로 남겼어. 나철과 오기호 등은 우리 민족의 원수라고 생각한 을사오적을 암살하기 위한 단체를 조직했어.

한성에서 장사하던 상인들은 가게 문을 닫아 반대하는 의사를 표시했지. 학생들은 학교에 가지 않는 것으로 저항의 뜻을 전하기도 했어.

또 전국에서 의병이 일어나 일본군과 전투를 벌였단다."

은지가 가장 먼저 손을 들고 말했다.

"쌤, 저는 장지연처럼 신문에 글을 쓰겠어요. 펜은 칼보다 강하다 이거죠."

시루가 이어서 말했다.

민영환
을사늑약을 반대하는 유서를 남기고 스스로 목숨을 끊었어.

"쌤, 저는 나철과 오기호처럼 을사오적을 암살하기 위한 단체를 조직하겠어요."

그리고 마리도 이에 질세라 손을 들고 말했다.

"쌤, 저는 민영환처럼 목숨을 끊지는 못하지만 긴 머리를 삭둑 잘라 삭발을 하겠어요."

파래도 자기는 학교에 가지 않겠다고 말했다. 그러자 마토는 단식해서 저항의 뜻을 보이겠다고 했다. 아이들은 다른 사람의 말은 믿을 만했지만 마토의 말은 도저히 믿지 못하겠다고 하자 마토는 화가 나서 이렇게 말했다.

"왜 내 말을 안 믿어? 진심인데. 좋아, 당장 오늘 저녁부터 먹지 않는 걸 보여 주겠어."

고종, 헤이그에 특사를 파견하다

"고종 황제는 만국 평화 회의가 열리는 네덜란드 헤이그에 비밀리에 특사*를 파견해 을사늑약이 무효임을 국제 사회에 알리려고 했어. 일본이 대한 제국을 침략했다는 사실도 함께 말이야."

"그래서요? 성공했어요?"

"아니, 일제의 방해로 실패해. 네덜란드 헤이그에 도착한 특사들은 일본이 한국은 외교권이 없다고 강하게 반발하는 바람에 회의장에도 들어갈 수 없었던 거야."

"이런!"

"물론, 다른 나라 대표들은 구경만 하고 있었어. 결국 회의장 밖에서 '조선

*특사
나라를 대표해 특별한 임무를 띠고 외국에 파견되는 사람을 일컬어.

헤이그 특사
고종 황제는 을사늑약이 무효임을 알리기 위해 헤이그 특사 세 명을 만국 평화 회의에 파견해. 왼쪽부터 이준, 이상설, 이위종이야.

을 위해 호소한다'는 연설을 통해 외국 기자들에게 일본의 침략을 어느 정도는 알릴 수 있었지.

일제는 이를 구실로 고종 황제를 자리에서 물러나도록 협박했어. 여기에 더해 친일파들까지 고종을 압박했어. 결국 고종은 강제로 황제의 자리에서 물러나게 되었지.

고종이 물러나자 그의 아들 순종이 황제의 자리에 올랐어. 일본은 순종을 위협해 강제로 새로운 조약을 맺도록 했지. 그리고 이 조약을 바탕으로 대한 제국의 군대까지 해산시켰단다.

"좋지 않은 일이 꼬리에 꼬리를 물고 일어나네요. 마치 악의 고리처럼 말이에요."

"그랬지. 해산을 명령받은 군인들은 무기를 들고 의병에 참여했어. 일반 백

의병의 모습
나라가 더 이상 일제에 저항할 힘이 없자 의병이 전국 곳곳에서 일어났어. 농부부터 유생, 상인은 물론이고 어린 소년도 나라를 지키기 위해 무기를 들었지.

최익현
전북 태인에서 의병을 일으켰어. 하지만 유생이었던 최익현은 황제가 보낸 군대와는 싸울 수 없다고 생각해 스스로 포로가 되었어.

성들과 함께 나라를 지키겠다는 강한 의지를 나타낸 거야. 군인들이 참여하면서 의병 운동은 점점 더 활발해졌어."

전국 각지에서 일어난 항일 의병 운동

"고종 황제가 강제로 물러나고 대한 제국의 군대가 해산되자 의병 운동은 더욱 활발해졌어. 특히 해산된 군인들의 참여로 의병 부대는 좀 더 조직적으로 활동했고, 신식 무기와 새로운 전술을 사용해 전투력이 향상되었어. 이때부터 항일 의병 운동은 의병 전쟁으로 발전했지.

　을미사변과 단발령으로 시작된 항일 의병 운동이 을사늑약 체결 이후 다시 전국 각지에서 일어났어. 충청도에서는 민종식이, 전라도에서는 최익현이 의병을 일으켰어. 하지만 최익현은 정부의 군대를 맞아 스스로 무기를 버리고 잡혀갔어. 황제께서 보낸 군대와는 싸울 수 없다고 생각한 거야. 결국 최익현은 대마도(쓰시마섬)에 끌려가 죽음을 맞이했어."

"장렬한 죽음이네요."

"그리고 태백산맥 일대에서는 신돌석이 이끄는 의병이 일본군과 맞서 싸웠어."

"앗! 마토가 을미사변에 관해 토론할 때 말했던 신돌석이네요."

　빡쌤은 아이들에게 태블릿으로 신돌석 사진을 보여 주었다.

"그래. 여기 신돌석 그림을 보렴. 용맹한 모습이지? 신돌석은 강원도와 경상도를 넘나들며 활약했어. 산을 넘을 때 껑충껑충 뛰어다니는 호랑이처럼 용맹스러워 별명이 '태백산 호랑이'였다고 해.

　의병장의 대부분은 양반 출신이었지만 신돌석은 같은 평민 출신이었어. 물론 의병에는 평민이 대다수였지. 그래서 평민 출신 의병 대장 신돌석의 활약은 더 눈부셨어. 귀신같이 나타났다가 사라지는 전투 기술은 일본군도 벌벌 떨게 만들었다고 해.

신돌석
을사의병 당시 처음으로 평민 출신 의병장이 등장했는데, 대표적으로 '태백산 호랑이'로 불린 신돌석이 활약했어.

한때 신돌석이 이끄는 의병 부대는 수천 명에 이르기도 했어. 신돌석은 일반 백성뿐만 아니라 양반들로부터도 큰 호응을 얻었지."

"우와, 마토가 그렇게 대단한 의병을 미리 알고 있었다고?"

마토는 녹두 삼계탕을 검색하다가 관련어를 검색했고 그러다 우연히 신돌석을 알게 된 것인데, 자신이 무슨 대단한 지식을 갖춘 것처럼 어깨가 으쓱으쓱해졌다.

"뭐, 이 정도 가지고!"

"의병 전쟁이 전국으로 확산되자, 각 지역에서 활동하던 의병들은 연합 부대를 만들었어. 연합 부대는 일제를 몰아내기 위해 대한 제국의 수도인 한성을 향해 진격 작전을 벌였으나 실패했지. 이후에도 의병들은 소규모 부대로 나뉘어 전투를 벌였어.

하지만 일제의 대대적인 탄압으로 국내에서 활동하기 어려워진 의병은 만주나 연해주로 이동해 항일 투쟁을 이어 갔단다."

민족의 실력을 길러 나라를 지키자! 애국 계몽 운동

중명전 앞에서 빡쌤의 역사 이야기는 계속되었다.

"항일 의병 운동이 전개되는 동안 다른 한편에서는 민족의 실력을 길러 나라를 지키려는 애국 계몽 운동이 전개되었어."

"실력을 기르면 나라를 지킬 수 있다 이거죠? 어떤 방식으로 민족의 실력을 길렀어요?"

"민족 지도자들은 학교를 세워 인재를 키웠고, 신문과 잡지를 발간해 사람

들을 계몽했어. 또 산업을 발전시켜 나라를 부강하게 만들고자 했지.

한편, 일본은 대한 제국에 근대 시설을 갖추게 한다는 구실로 일본의 돈을 빌리게 했어. 그러다 보니 우리가 원하지 않아도 나라의 빚은 눈덩이처럼 불어났어. 이러다가는 빚을 못 갚아 나라를 빼앗기겠다는 생각이 들자 너도나도 나서서 성금을 모았어. 1907년에는 일제에 진 빚을 우리 스스로 갚아 경제적으로 자립하자는 '국채 보상 운동'이 일어났지.

"국채 보상 운동이요?"

빡쌤은 아이들에게 태블릿으로 대구광역시 중구에 있는 국채 보상 운동비 사진을 보여 주었다.

황성신문
을사늑약 체결과 일제의 침략을 비판하는 「시일야방성대곡(이날에 목 놓아 통곡하노라)」이라는 논설을 실었어.

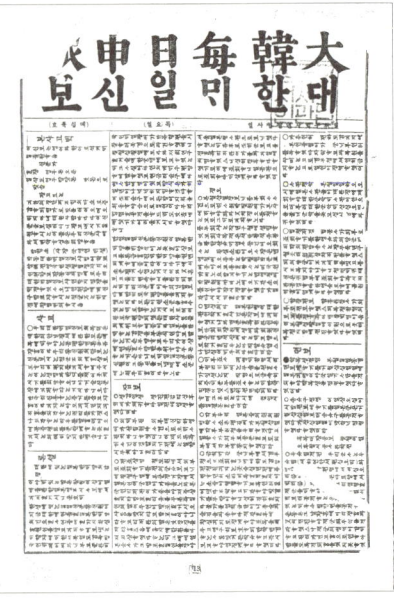

대한매일신보
일제의 침략을 비판하는 글을 실었고, 국채 보상 운동의 확산에 기여했어.

"'국채'는 나라의 빚을 말하는 거야. 여자들은 금이나 은으로 만든 반지와 비녀를 빼서 성금으로 냈어. 비단 치마를 내는 사람도 있었어. 아무것도 가진 게 없는 여자들은 머리를 잘라서 성금으로 내기도 했지. 남자들은 술, 담배를 끊고 그 돈으로 성금을 냈어."

마리가 손을 들고 이야기했다.

"쌤, 저라면 돌잔치에 받았던 금반지와 금팔찌를 성금으로 내놓겠어요."

그러자 시루가 이에 질세라 벌떡 일어서서 말했다.

"쌤, 저는 금반지나 금팔찌가 없으니 미래의 어느 날 제가 받을 올림픽 태권도 금메달을 미리 맡길래요."

"둘 다 나라 사랑하는 마음이 지극하구나. 이 운동은 점차 전국으로 확산되었지만 일제의 방해와 탄압으로 중단되었어."

"계속하지 못하고 중단되었다니 속상하다!"

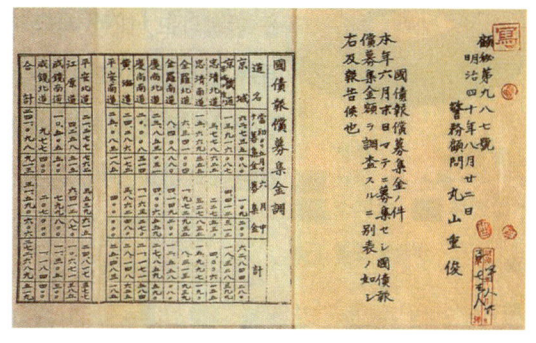

일제가 파악한 국채 보상 운동 모금액 표
우리나라 1년 예산과 맞먹는 1,300만 원의 국채를 갚기 위해 국채 보상 운동이 전개되었어.

"나라를 지키기 위한 또 다른 방법은 우리 역사를 연구하는 거야. 역사는 우리 민족의 정신이기 때문이지.

신채호는 백성들에게 애국심을 심어 주기 위해 위인들의 이야기를 책으로 썼어. 고구려 때 수나라의 침입으로부터 나라를 지켰던 을지문덕의 이야기를 담은 『을지문덕전』이 있어. 또, 일본의 침입을 물리쳤던 이순신의 이야기를 쓴 『이순신전』도 있지. 그때는 일본의 침략으로부터 나라를 구할 을지문덕이나 이순신과 같은 영웅이 필요했던 거야.

독립운동가 신채호는 항상 서서 세수를 했다고 해."

"왜요? 서서 세수하면 옷이 다 젖을 텐데요?"

"신채호는 일본이 지배하는 땅에서는 고개를 숙이기 싫다고 했어. 이런 행동에서 그의 곧은 정신을 짐작할 수 있지."

『을지문덕전』에 그려져 있던 을지문덕의 모습
신채호는 『을지문덕전』과 같은 위인전을 써서 민족의식을 높이고자 했어.

일제에 통치권을 빼앗기고 식민지가 되다

안창호
양기탁과 함께 신민회라는 비밀 단체 조직을 주도한 인물이야.

"일제의 탄압이 심해지자 안창호, 양기탁 등은 비밀 단체인 신민회를 조직했어."

"비밀 단체라고 하니까 뭔가 은밀한데요? 신민회에서는 무슨 일을 했어요?"

"신민회는 나라의 힘을 키우기 위한 방법으로 교육 강화와 산업 발달을 주장했어. 그래서 오산 학교와 대성 학교 등을 세웠고, 민족 기업을 육성했지. 장기적인 무장 독립 투쟁을 위해 만주에 독립 운동 기지를 건설하고 독립군을 기르

국권 피탈 이후 일장기가 걸린 경복궁 근정전
1910년 한·일 병합 조약으로 일제에게 국권을 상실한 이후 우리나라의 중심부인 경복궁 근정전에 일장기가 걸리게 되었어.

기도 했고.

나라를 지키려는 의병과 민족 지도자들의 노력에도 불구하고 대한 제국은 일제에 사법권과 경찰권마저 빼앗겼어. "

"이럴 수가! 그렇다면 우리나라의 죄인을 일본 재판관이 재판하고 범죄자를 일본 경찰이 잡아갔다는 말이네요?"

"맞아. 일제의 침략 활동에 참여한 사람들을 처단하려는 활동도 꾸준하게 전개되었어. 미국에서는 전명운과 장인환이 일제의 침략을 지지한 스티븐스를 저격했고, 안중근은 우리나라의 침략에 앞장섰던 이토 히로부미를 저격했지. 또 이재명은 을사오적*을 처단하려는 목적으로 이완용을 공격해 부상을 입혔단다.

*을사오적
을사늑약 체결에 앞장선 박제순, 이지용, 이근택, 이완용, 권중현을 가리켜.

3부 근대 국가 수립을 위한 노력과 민족 운동

오산 학교
1907년에 신민회에서 활동한 이승훈이 평안북도 정주에 세운 학교야. 민족 교육을 통해 자주독립을 필요한 인재를 양성하고자 했어.

대성 학교
1908년 신민회에서 활동한 안창호가 평양에 세운 학교야. 오산 학교와 마찬가지로 독립 정신과 실력을 두루 갖춘 인재를 기르고자 했어.

하지만 끈질긴 저항에도 불구하고 우리 민족은 일제에 강제로 나라를 빼앗겼어. 1910년 한·일 병합 조약이 체결된 거야. 이 사진을 보렴."

빡쌤은 태블릿으로 일장기가 걸린 경복궁 근정전 사진을 보여 주었다.

"신성한 근정전에 일장기를 달다니…… 당장 떼 버리고 싶어요."

"사람들은 일장기를 떼기 위해 어떤 노력을 했을까? 앞으로 공부해 보자.

일본은 한·일 병합 조약을 체결할 때 친일파를 이용했어. 친일파들이 대한 제국을 다스려 달라고 일본에 간청하는 글을 쓰게 만들었던 거야. 결국 일본

은 대한 제국의 주권까지 완전히 빼앗았지.

대한 제국이 일본의 식민지가 된다는 것은 받아들이기 힘든 고통이었어. 슬픔을 참을 수 없어 목숨을 끊는 사람도 있었단다. 안타깝게도 그 고통은 이후 35년간 계속되었지."

"천국에서 독립의 소식이 들려오면 춤을 추겠다!"

"안중근이 이토 히로부미를 저격했다고 했지? 그 이유는 무엇일까?"

"그야 이토 히로부미가 우리나라를 식민지로 만드는 데 앞장섰던 인물이니까 그렇겠죠."

은지는 특히 이토 히로부미를 또박또박 말하는 바람에 일제에 대한 강한 반감이 느껴졌다.

"이토 히로부미는 을사늑약을 체결하고 초대 통감이 되어 은지의 말처럼 우리나라를 일제의 식민지로 만드는 데 앞장섰던 인물이야.

1909년 10월 26일, 이토 히로부미는 러시아와 회담을 하려고 하얼빈 역에 도착했어. 기차에 내린 이토 히로부미가 러시아군 의장대 앞을 지나가고 있었지. 그때 안중근이 사람들을 밀치고 나와 이토 히로부미를 향해 탕! 탕! 탕! 하고 총을 쏘았어. 이토 히로부미가 쓰러지는 것을 본 안중근은 품에서 태극기를 꺼내 '코레야 우라(대한 독립 만세)!'라고 소리 높여 외쳤지.

체포된 안중근은 투옥되고 재판을 받았어. 안중근은 법정에 모인 사람들에게 당당하게 말했단다.

'조선의 독립을 회복하고 동양의 평화를 지키려면 먼저 민족 최대의 적이

이토 히로부미를 저격하는 안중근
안중근은 중국 하얼빈 역에서 초대 통감인 이토 히로부미를 저격하고 태극기를 흔들며 "코레야 우래(대한 독립 만세)"를 외쳤어.

요 만고의 역적인 이토 히로부미를 없애야 한다는 확신을 품었다. 조국의 독립을 위해 목숨을 버릴 각오로 의병을 모아 일본군과 싸웠고, 이번 의거는 대한국 의군의 참모 중장 자격으로 적장 이토 히로부미를 살해한 것이지 결코 개인 자격으로 행한 행위는 아니다. 적과 싸우다가 포로가 된 나를 형사 피고인으로 취급하는 것은 부당한 행위이다.'"

"우와! 법정에서조차 당당한 모습이 너무 믿음직스럽고 멋져요."

"안중근은 1910년 2월 14일에 사형 선고를 받았고, 3월 26일 뤼순 감옥에서 순국했어.

안중근은 일본에 의해 살인죄로 사형을 선고받고 유언을 남겼어. 사랑하는 두 동생에게 나라가 독립할 때까지 장례를 치르지 말라고 부탁하는 내용이

일본 경찰에게 심문당하는 안중근
이토 히로부미를 죽인 안중근은 일본 재판부에서 일본 경찰들에 둘러싸여 심문을 받았어. 안중근은 전혀 두려워하지 않았고 오히려 당당한 모습이었단다.

었어. 그리고 천국에서 독립의 소식이 들려오면 춤을 추겠다고 했어. 이렇게 안중근은 목숨이 다할 때까지 나라의 독립만 생각했지."

일제를 피해 해외로 떠난 사람들

"일본의 침략이 심해지자 견디다 못한 사람들은 압록강과 두만강을 건너 북쪽으로 옮겨 갔어. 경제적으로 살기 어려워진 사람들이 만주에서 터를 잡고 땅을 일구려고 떠난 거야. 하지만 그곳 생활도 만만치는 않았어."

"나라 잃은 사람들이 살기 힘든 건 국내나 국외나 마찬가지였겠죠."

3부 근대 국가 수립을 위한 노력과 민족 운동

"독립운동을 위해 떠난 사람들도 있었어. 이회영과 그 형제들은 독립운동 자금을 마련하고자 조상 대대로 물려받은 엄청난 땅과 재산을 모두 팔고 떠났지. 만주에서 살던 이회영과 그 가족들은 영하 20도 이하의 추운 날씨와 굶주림으로 고통당했어.

어떤 사람들은 이회영과 그 가족들에게 많은 재산을 다 써 버렸다며 손가락질했어. 하지만 그 재산 덕분에 독립군을 양성하는 무관 학교를 세울 수 있었단다."

"자기 재산을 모두 털어 나라를 위해 쓰다니 이회영과 그 형제들의 애국심이 존경스러워요."

"일본에 건너간 사람들은 처음에 유학생이 많았단다. 나중에는 노동자들도 많이 건너갔지. 그러나 어느 곳보다 일본에서는 한인들이 살기 어려웠어.

한편, 미국으로 건너간 사람들은 주로 사탕수수 농장에서 힘들게 일해야 했어. 때로는 농장 주인에게 채찍으로 맞기도 했지. 그곳에 살던 한인들은 이렇게 힘들게 번 돈을 모아 독립운동에 써 달라며 보내기도 했어. 몸은 비록 멀리 있지만 독립을 바라는 마음은 똑같았던 거야."

경복궁 안에 조선 총독부를 세우다

"일본의 식민 통치가 시작되면서 대한 제국은 사라졌어. 일본은 우리나라를 '조선'이라고 불렀지. 대한 제국의 주권을 빼앗은 일제는 조선을 다스리기 위해 식민 통치의 최고 기구인 조선 총독부를 설치했어. 총독부의 우두머리는 총독이라 했고."

만주에 살던 우리 동포들
만주는 압록강과 두만강 건너 북쪽에 있는 땅을 가리켜. 경제적으로 살기 어려워진 사람들과 독립운동을 하려는 사람들이 이곳 만주에 정착하기 시작했어.

하와이에 살던 한인들
미국 하와이로 건너간 사람들도 있었어. 이들은 사탕수수 농장에서 일하면서 돈을 벌었는데, 미국인 농장 주인들이 너무 가혹하게 노동을 시켰다고 해.

조선 총독부
일제는 경복궁의 여러 건물을 훼손하고 조선 총독부 건물을 지었어. 민족의 자존심을 짓밟는 행위였지.

"조선 총독부요?"

빡쌤은 태블릿으로 조선 총독부 사진을 보여 주었다.

"이 사진을 보렴. 이 건물이 조선 총독부야."

"경복궁 근정전 앞에 서 있잖아요?"

"그래, 맞아. 조선의 왕들이 나랏일을 보던 근정전을 떡 하니 가로막고 서 있었지. 이 건물은 해방된 뒤에 중앙청과 국립중앙박물관으로 사용되었어. 그러다가 1995년 완전히 철거되었지. 조선 총독부 건물을 하늘에서 보면 일본의 '일(日)' 자 모양을 하고 있었어. 조선이 일본의 지배 아래에 있다는 것을 각인시켜 주기 위해 이런 모양으로 지었던 거야."

"그렇다면 백 번이라도 헐어야죠."

나라를 지키기 위한 노력

칼을 차고 있는 교사들
일제 강점기에는 학교 교사들도 헌병 경찰처럼 제복을 입고 칼을 차고 있었어. 교실에서 선생님이 칼을 차고 있었으니 어린 학생들은 얼마나 무서웠을까?

"한국인의 반발을 막기 위해 공포 분위기를 만들어야 했어. 그래서 군대의 경찰인 헌병을 이용했지. 헌병 경찰*은 재판도 없이 사람들을 가두거나 처벌할 수 있었어. 이처럼 헌병 경찰제를 실시해 강압적인 통치를 실시했어.

일제는 조선 총독부의 중요한 자리에 대부분 일본인을 임명했고, 일부 친일파들을 앞잡이로 내세워 식민 지배에 이용했어."

"쌤, 방금 깨달은 게 있어요. 세상에서 가장 심한 욕은 '친일파 일제의 앞잡이 같은 놈'이라고요."

"그럴 수도 있겠네. 헌병 경찰은 많은 독립운동가를 체포했고, 한국인의 일상생활까지도 철저히 감시했어. 또 우리 민족에게

*헌병 경찰제
헌병(군대 내의 경찰)에게 민간인에 대한 경찰 업무까지 담당하게 한 제도를 말해.

위압감을 주기 위해 일반 관리와 교사에게도 제복을 입고 칼을 차게 했어."

"학교 선생님에게 제복을 입히고 칼을 차게 하다니 교사를 군인처럼 만든 거 아니에요?"

"그뿐만 아니라 사람들이 단체를 만들거나 모이는 것도 금지했어. 총과 칼을 앞세운 일본의 통치는 무자비했고, 한국인의 생활은 많은 제한을 받았지. 견디다 못한 사람들과 독립운동 지도자들은 만주로 떠나기도 했어.

헌병 경찰에 체포된 독립운동가들은 고문을 받다 죽기도 했어. 살아남아도 감옥에 갇혀 질병과 중노동, 배고픔에 시달렸지. 일제는 조선 태형령이라는 법을 만들어 한국인에게는 재판 없이 태형을 가할 수 있도록 했어."

조선 태형령을 실시하다

태형 틀
일제는 한국인들을 대상으로 태형령을 실시했어. 일본 순사는 한국인이 잘못을 저지르면 그 자리에서 몽둥이로 때릴 수 있었단다.

"일본의 식민 통치 시기에는 사람들이 죄를 저질렀을 때 벌금을 내게 하거나 감옥에 가두었어. 그런데 특히 한국인이 잘못했을 때는 일본이 처벌할 수 있는 방법이 하나 더 있었는데, 바로 태형을 실시한 거야.

태형은 몽둥이로 사람을 때리는 형벌이었어. 최대 100대까지 집행된 태형은 매우 고통스러웠다고 해. 당시 사람들은 태형에 관해 이렇게 말했어.

'태형 제도에 의해 일본 순사*는 그들이 원한다면 재판을 거치지 않고도 한국인을 때릴 수 있었다. 그들은 해마다 수만 명에게 태형을 가했으며, 그것이 얼마나 가혹했던지 남는 것이라고는 줄지어 늘어선 불구자와 시신뿐이었다.'

토지 조사 사업과 산미 증식 계획

"1910년대에 일제는 전국적으로 토지 조사 사업을 실시했어. 토지 주인은 자신의 토지를 정해진 기간 안에 직접 일제에 신고해야 했어. 이 과정에서 일제는 신고하지 않은 토지나 국가의 토지, 주인이 불명확한 토지를 조선 총독부 소유의 국유지로 편입시킨 뒤 일본인에게 싼값으로 팔아 버렸지."

"그러니까 토지 조사 사업은 일제가 훔쳐 갈 토지가 없나 따로 조사하는 사업이었네요."

"사실은 그랬지. 토지 조사 사업 이후에는 많은 농민이 비싼 토지 사용료를 내고 농사를 지어야만 했어. 비싸진 토지 사용료와 늘어난 세금 때문에 농민의 생활은 더욱 어려워졌고. 건물주가 월세를 올리면 힘들듯이 토지 사용료를 올리면 농민의 생활은 당연히 어려웠겠지.

1920년대에는 산미 증식 계획을 실시해 한국에서 쌀의 생산량을 늘렸어."

"쌀의 생산량이 늘어나면 생활이 좀 나아졌겠네요?"

"아니, 늘어난 생산량보다 일본으로 가져가는 양이 더 많아 국내에는 쌀이 부족하게 되었어. 이 때문에 농민의 생활은 더욱 힘들어졌어."

*순사
일제 강점기에 낮은 계급의 경찰관을 말해. 지금의 순경에 해당하지.

토지를 조사하는 일본인 관리들
일제는 토지 조사 사업을 실시해서 토지의 지형, 가격, 소유권을 조사했어. 토지 소유권 분쟁을 해결한다는 목적을 내세웠지만, 실제로는 일제가 조선 땅을 빼앗기 위한 사전 작업이었지.

"그럼 그렇지. 일제가 조선을 위해 무슨 일을 했을 리가 없어!"

"도시로 일자리를 구하러 간 사람들도 가난한 생활을 했어. 일본인이 경영하는 회사에서 쥐꼬리 만한 임금을 받으면서 하루 열두 시간이 넘게 힘든 일을 했거든. 일자리를 구하기 힘든 사람은 날품을 팔거나 구걸하며 먹고살았고, 주로 도시 주변 토막집에서 살았어."

"토막집이요?"

"응, 토막집은 땅을 파고 가마니 등을 엮어 만든 움막집을 말해."

"선사 시대 사람들도 아니고 어떻게 그런 집에서 살았을까요?"

"그야말로 비참한 생활을 했다고 봐야지."

토막집
농민들은 안 그래도 먹고살기 힘든데 일제가 쌀을 자국으로 가져가는 바람에 살기가 더 어려워. 심지어 땅을 파고 가마니 등을 엮어 만든 토막집을 짓고 살 정도였단다.

민족 자결주의와 3·1 운동

빡샘과 아이들은 중명전에서 걸어 나와 종로3가역을 지나 탑골 공원으로 갔다. 삼일문으로 들어가 탑골 공원을 한 바퀴 돌고 팔각정에 둘러앉았다.

"얘들아, 여긴 처음으로 독립 선언서를 낭독했던 곳인 팔각정이야."

"아, 그런데 왜 이곳에 원각사지 10층 석탑, 원각사비가 있는 거예요?"

"그건 이 공원이 원각사라는 절터에 만든 공원이라서 그래. 처음 공원을 만들 때는 황실만의 공원이었는데 나중에는 백성들도 이용했지."

"엄마가 그러시는데 예전에는 여기가 파고다 공원이었대요."

"맞아. 그런데 1992년 파고다 공원에서 탑골 공원으로 이름이 바뀌었어.

탑골은 이곳의 옛 지명에서 따왔고."

"쌤! 여기서 3·1 운동 이야기를 하실 거죠?"

"하여간 눈치는 빨라. 일제의 강압적 통치가 계속되던 때 서양의 여러 나라는 편을 나누어 전쟁을 벌였어. 그게 바로 1914~1918년에 일어난 제1차 세계 대전이야. 전쟁이 끝난 뒤에 미국의 윌슨 대통령은 전쟁에서 패한 나라의 식민지 국가들이 독립하는 데 근거가 되는 민족 자결주의*를 주장했어."

"민족 자결주의요? 말이 어려워요."

"응, 쌤이 설명해 줄게. 민족 자결주의란 '모든 민족은 스스로 자신들의 운명을 결정할 권리가 있다'는 주장이야. 민족 자결주의는 우리 민족에게 독립에 대한 희망을 심어 주었지. 일본에서는 한국인 유학생들이 독립 선언식을 했고, 국내에서는 고종 황제 독살설이 퍼져 일제에 대한 반감이 커지는 상황에서 민족 지도자들이 전국적인 만세 시위를 벌이기로 했어. 일본의 감시를 피해 독립 선언서를 인쇄하며 만세 운동을 준비했지.

드디어 1919년 3월 1일, 각 종교계의 지도자들로 구성된 민족 대표들은 서울의 태화관에서 독립 선언식을 진행했어. 민족 대표들은 선언식을 가진 후 자발적으로 경찰서에 끌려갔어."

"어, 이상하다? 좀 전에 탑골 공원 팔각정에서 처음으로 독립 선언식을 했다고 하셨잖아요?"

"좀 더 들어봐. 같은 시각, 수천 명의 학생과 시민은 탑골 공원에 모여 따로 독립 선언식을 하고 가슴 속에 품었던 태극기를 흔들며 만세 시위를 벌였어.

이렇게 시작된 만세 시위는 전국으로 번졌지. 큰 도시에서 작은 도시로, 그

*민족 자결주의
각 민족은 외부의 간섭을 받지 않고 자신의 정치적 운명을 스스로 결정해야 한다는 원칙이야.

민족 대표 33인의 독립 선언
1919년 3월 1일 탑골 공원 근처 태화관에서 기독교 대표 16인, 천도교 대표 15인, 불교 대표 2인 등 민족 대표 33인이 독립 선언서를 낭독했어.

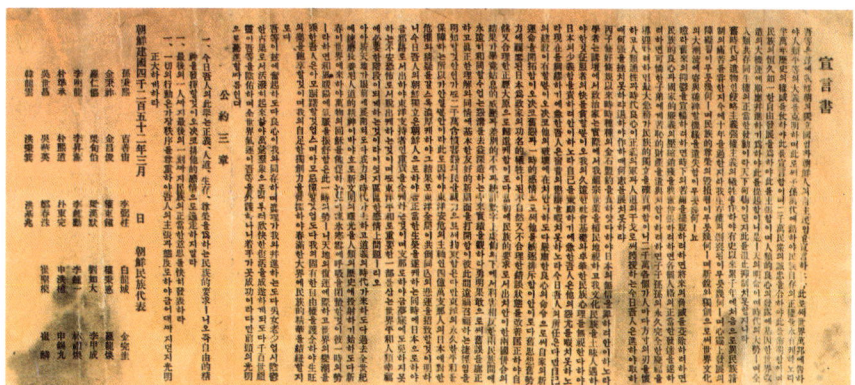

3·1 독립 선언서
1919년 3월 1일 민족 대표 33인이 3·1 운동에 맞춰 한국의 독립을 국내외에 선언한 글이야.

리고 농촌으로 만세의 물결이 퍼져 나갔단다."

"이곳 탑골 공원에서 시작된 만세 운동이 전국으로 퍼져 나갔다니 왠지 가

대한 독립 만세를 외치는 학생과 시민
탑골 공원에 모인 학생과 시민은 독립 선언서를 낭독하고 거리로 나가 태극기를 흔들며 대한 독립 만세를 외쳤어.

숨이 벅차올라요."

"그럼 우리도 대한 독립 만세를 함께 외쳐 볼까? 대한 독립 만세!"

이렇게 빡쌤이 먼저 대한 독립 만세를 외치자 아이들도 따라서 만세를 외쳤다.

"대한 독립 만세!"

1919년 3월 1일처럼 우렁찬 만세 소리가 전국 방방곡곡으로 퍼져 나가며 태극기의 물결이 넘쳐흐르는 듯했다.

"10여 년 동안 일본의 식민 통치로 고통당하던 사람들은 농민, 노동자 할 것 없이 대한 독립 만세를 외치며 독립을 간절히 소망했단다.

하지만 일제는 경찰과 군인을 동원해 만세 시위를 폭력적으로 진압했어.

시위 군중에게 총을 쏘고 마구 체포하고……."

빡쌤은 태블릿으로 제암리 교회 사진을 보여 주었다.

"이 사진을 보렴. 화성 제암리에서도 대한 독립 만세를 큰 소리로 외쳤어. 그러던 중 4월 15일, 일본군은 만세 시위가 일어났던 제암리에 도착했어. 그러고는 마을 주민들을 제암리에 있는 교회에 모이게 했지."

"쌤, 지금 무슨 일인가가 벌어지고 있는 거죠?"

"일본 군인들이 마을 사람들을 교회에 몰아넣은 뒤 밖에서 문을 잠갔어."

"쌤, 무서워요."

"그리고 총을 쏘아 죽인 뒤 불을 지르는 만행을 저질렀어."

"으으, 너무 끔찍해요."

"그런데 이뿐이 아니었어. 제암리 주민들의 집에도 불을 질렀지. 이렇게

잿더미가 된 제암리 교회
3·1 운동이 전국으로 확산되자 일제는 무력으로 만세 시위를 진압했어. 특히 화성 제암리에서는 비극적인 사건이 벌어졌어. 일본군이 마을 주민들을 교회에 모아 놓고 불을 질러 버린 거야

제암리에서 희생된 사람들이 30여 명이었다고 해. 다행히 이 광경을 외국인 선교사 등이 지켜봤어. 그들은 일본의 잔인함을 세계에 알려야겠다고 생각했어. 마침내 외국 언론에 보도되면서 일본의 무자비한 탄압이 세상에 알려지게 되었던 거야."

"그럼요! 세상도 알아야죠. 일본인이 얼마나 잔인하고 무자비한 탄압을 감행했는지."

"일제의 탄압에도 불구하고 만세 시위는 전국적으로 일어났고, 만주, 연해주, 미국 등 해외에서도 동참했어."

제암리에는 이후 희생자들을 추모하기 위해 기념 비석이 세워졌어.

중국 상하이에 대한민국 임시 정부를 수립하다

빡쌤은 아이들에게 중국 상하이에 세운 대한민국 임시 정부 사진을 보여 주었다.

"이 사진을 보렴. 중국 상하이에 수립한 대한민국 임시 정부 사진이야. 3·1 운동을 계기로 민족 지도자들은 독립운동을 효과적으로 이끌 임시 정부가 필요하다는 것을 깨닫게 되었어. 그 결과 일제의 영향력이 미치지 않고 세계 여러 나라와 외교 활동을 수행하기 편리한 중국 상하이에 대한민국 임시 정부를 수립했지."

"쌤, 대한민국 임시 정부라면 이제 나라 이름이 대한민국이 되었다는 이야기네요."

"맞아. 임시 정부가 국호를 '대한민국'이라고 정했거든."

대한민국 임시 정부 임시 의정원 신년 축하 기념사진
3·1 운동을 계기로 민족 지도자들은 조직적인 독립운동을 위해 임시 정부가 필요하다고 생각했어. 그래서 중국 상하이에서 대한민국 임시 정부를 출범시켰지. 사진에 있는 인물들이 대한민국 임시 정부를 세운 주요 인사들이야.

"그럼 대한민국 임시 정부는 국호를 정한 것 말고 또 어떤 일을 했어요?"

"대한민국 임시 정부는 주권이 국민에게 있음을 밝히는 헌법을 만드는 일을 비롯해 민주주의 체제를 대한민국의 정치 체제로 삼았어. 그리고 대통령에 이승만을 선출했지.

또 비밀 연락망을 조직해 독립운동 자금을 모으고 국내외 독립운동에 대한 정보를 주고받았어. 독립신문을 발행해 국내외에 독립운동 소식도 알렸지.

"서재필을 중심으로 창간했던 신문 이름도 독립신문 아니었어요?"

"그래, 맞아. 이름은 같아도 다른 신문이야. 임시 정부는 때로 일본의 만행을 다른 나라에 알리기 위한 책을 펴내기도 했어. '독립 공채'라는 것도 발행

했어. 독립운동을 하려면 무엇보다 돈이 필요했을 테니까. 독립운동 자금은 국내외에 살고 있던 우리 민족이 조금씩 모아서 마련했어. 하지만 모금 운동이 쉽지는 않았지."

"쌤, 그런데 독립 공채가 뭐예요?"

"독립 공채는 일정한 액수가 쓰여 있는 증명서를 발급해 나중에 독립되면 낸 돈에 이자를 붙여 돌려주겠다고 약속한 증서야. 독립 공채는 하와이에 살

대한민국 임시 정부 청사
중국 상하이에 있는 대한민국 임시 정부 청사야. 지금도 상하이에 가면 볼 수 있단다.

독립신문
대한민국 임시 정부가 발행한 독립신문이야. 독립협회가 발행한 독립신문과 이름은 같지만 다른 신문이야.

독립 공채
대한민국 임시 정부는 독립 자금을 마련하기 위해 독립 공채를 발행했어. 나중에 독립이 되면 적혀 있는 액수에 이자를 붙여 돌려주겠다고 약속한 증서지.

던 우리 동포들이 많이 샀다고 해.

　대한민국 임시 정부를 이끌던 김구는 독립운동에 활기를 불어넣기 위해 한인 애국단을 만들었어. 이 단체에 속한 인물은 대표적으로 윤봉길과 이봉창이 있지. 윤봉길은 상하이 훙커우 공원에서 폭탄을 던져 일본의 고위 관리들을 제거했어. 이보다 먼저 이봉창은 천황을 암살하려고 폭탄을 던졌지만 안타깝게도 실패하고 말았지."

　"쌤, 저는 비록 독립 공채를 살 수는 없지만 한인 애국단에는 들어갈 수 있었을 것 같아요. 아뵤~!"

　"그래, 시루라면 한인 애국단에 들어가고도 남았겠지. 이후 대한민국 임시

한국 광복군 창설

대한민국 임시 정부는 일본이 중국 내륙까지 침략해 오자 정부를 충칭으로 옮겼어. 1940년에는 중국 정부의 협조를 얻어 한국광복군을 창설했지.

태평양 전쟁이 일어나자 대한민국 임시 정부는 일제에 공식적으로 선전 포고를 했어. 한국 광복군은 연합군의 일원으로 중국군과 협력해 일본군에 맞서 싸웠고, 영국군의 요청으로 인도·미얀마 전선에 군대를 파견해 대일 전쟁에 동참했단다. 영국군과 합동 작전을 벌이며 적의 문서를 번역하거나 포로를 심문하는 일도 했고.

대한민국 임시 정부는 자주적 독립을 이루려면 우리 힘으로 일제의 항복을 받아 내야 한다고 생각했다. 그래서 한국 광복군을 국내에 진입시켜 미군과 함께 일제를 몰아낼 작전을 준비하고 있었지. 용맹스러운 군인들을 뽑아 비밀리에 훈련시켰어. 그러나 계획했던 공격 날짜가 되기 전에 일제가 먼저 연합국에 무조건 항복하면서 국내 진공* 작전을 실행에 옮기지 못했어. 김구는 일본의 항복이 하늘이 무너지는 것 같은 소식이었다며 안타까워했지.

한국 광복군 중 미군과 함께 비밀 훈련을 받았던 대원들의 모습

한국 광복군

정부는 일본이 중국을 침략한 이후 여기저기로 옮겨 다녔어.

유관순, 서대문 형무소에서도 대한 독립 만세를 외치다

빡샘과 아이들은 탑골 공원 앞에서 720번 버스를 타고 독립문역에서 하차했다. 내리자마자 맞은편에 독립문이 보였다. 일행은 횡단보도를 건너 독립문 앞으로 걸어갔다.

"얘들아, 이게 무슨 문인지 알지?"

"독립문이요!"

"사진으로만 봤다가 실물로 보니까 어때?"

"세우는 데 돈이 많이 들어갔을 것 같아요. 독립문을 짓기 위해 백성들도 성금을 냈다면서요? 이 정도라면 꽤 많은 사람이 참여해야 했겠죠?"

"하루빨리 자주독립을 이루고 싶은 백성들의 마음이 느껴져요."

빡쌤과 아이들은 서대문 독립 공원 안으로 들어가 독립관, 순국선열 추념탑, 3·1 독립 선언 기념탑, 서재필 박사 동상을 차례대로 보고 서대문 형무소 역사관 앞에 멈췄다.

"얘들아, 여긴 서대문 형무소 역사관이야. 1908년 처음으로 문을 열 때는 경성 감옥이라고 불렸다가 1912년 서대문 감옥으로 이름이 바뀌었지. 그러다가 1992년 '서대문 형무소 역사관'으로 다시 이름을 바꿨단다."

"이름이 여러 번 바뀐 만큼 역사도 오래됐네요."

"서대문 형무소 역사관이 서대문 감옥이었을 때 이곳에서 유관순이 고문 끝에 세상을 떠났어."

"'3월 하늘 가만히 들여다보면 유관순 누나를 생각합니다' 라는 노래에서 그 유관순이요?"

"그래. 이화 학당에 다니던 유관순은 3·1 운동이 일어나자 만세 시위에 참여했어. 그때 유관순은 겨우 열여덟 살의 청소년이었지. 학생들의 시위가 확대되자 일제는 전국에 휴교령을 내렸어. 유관순은 고향인 충청남도 천안으로 내려가 마을 사람들에게 서울에서 만세 시위가 벌어지고 있음을 알리고 함께할 것을 권했어.

4월 1일, 아우내 장터에 수천 명의 사람들이 모이자 유관순은 태극기를 나누어 주고 '대한 독립 만세!' 를 외치며 만세 시위를 주도했어. 일제 헌병 경찰은 평화적으로 시위하는 사람들에게 총을 쏘았고, 많은 사람이 그 자리에서 희생되었어. 아우내 장터에서 유관순의 부모님은 모두 일본 헌병의 총칼에 죽임을 당했고 유관순도 헌병 경찰에 체포되었지.

유관순은 법정에서도 일제의 침략을 규탄하다가 이곳 서대문 감옥으로 이송되었어."

빡쌤이 여기까지 이야기했을 때 아이들은 마음이 숙연해지는지 말수가 부쩍 줄어들었다. 빡쌤과 아이들은 서대문 형무소 역사관 안으로 들어갔다. 아이들은 '옥중 생활실'에서 관 속에 들어가 움직일 수 없도록 만든 벽관 체험을 해 보았다. 빛 한 줄기 들어오지 않는 좁은 독방도 체험했다. 그다음 '고문실' 로 이동했는데, 그곳에는 잔혹한 고문을 받는 독립운동가들의 모습을 밀랍 인형으로 재현해 놓았다. 아이들은 자신이 고문을 받기라도 하는 듯 몸서리를 쳤다. 마지막으로 '유관순 지하 옥사' 로 갔다.

"유관순은 이곳에 갇혀 있는 동안에도 큰 소리로 '대한 독립 만세!' 를 외쳤고 그때마다 모진 고문을 당했어. 이 감옥에서 끝까지 저항하다가 열 아홉의

어린 나이로 순국했지."

"쌤, 저희가 이런 감옥에 있었더라면 유관순처럼 만세를 외치지 못했을 것 같아요. 옥중 생활과 일제의 고문이 너무 고통스럽잖아요."

"그래, 보통 사람이라면 쉬운 일이 아니지. 하지만 유관순은 독립의 그날이 반드시 올 것이라고 굳게 믿었기 때문에 그럴 수 있었던 거야."

유관순 지하 옥사를 나와 목조 건물로 지어진 오싹한 사형장과 시신을 형무소 밖으로 몰래 버리기 위해 뚫어 놓은 비밀 통로인 시구문을 보았다.

"일제의 짐승 같이 야만스러운 행동들 때문에 치가 떨려요!"

서대문 형무소 역사관을 나오자 저녁 해가 대한 독립 만세를 목 놓아 외치던 독립운동가들의 핏빛 어린 눈빛처럼 붉게 지고 있었다.

밑줄 쫙! 은지의 한국사 노트

1. 1905년, 일본은 중명전에 대신들을 가둬 놓고 강제로 조약을 체결했는데 이것을 □□□□이라고 한다. 이때부터 대한 제국은 다른 나라와 조약을 맺을 때 일본의 동의를 얻어야만 했다.

   을사늑약

2. 고종 황제는 만국 평화 회의가 열리는 네덜란드 □□□에 비밀리에 특사를 파견해 을사늑약이 무효이고 일본이 대한 제국을 침략했다는 사실을 국제 사회에 알리려 했다.

   헤이그

3. 고종 황제가 강제로 물러나고 대한 제국 군대가 해산되자, □□ 운동은 더욱 활발해졌다. 이때부터 항일 의병 운동은 의병 전쟁으로 발전했다.

   의병

4. 무기를 들고 일본에 저항한 항일 □□ 운동과 함께 민족의 실력을 길러 나라를 지키려는 □□ □□ □□이 전개되었다.

   의병, 애국 계몽 운동

5. 독립운동가이자 역사학자인 □□□는 백성들에게 애국심을 심어 주기 위해 고구려 때 수나라의 침입으로부터 나라를 지켰던 을지문덕의 이야기를 담은 『을지문덕전』과 일본의 침입을 물리쳤던 이순신의 이야기를 쓴 『이순신전』 등 위인들의 이야기를 책으로 썼다.

   신채호

6. 나라를 팔아먹는 □□□□ 체결에 앞장선 박제순, 이지용, 이근택, 이완용, 권중현을 가리켜 □□□□이라 한다.

   을사조약, 을사오적

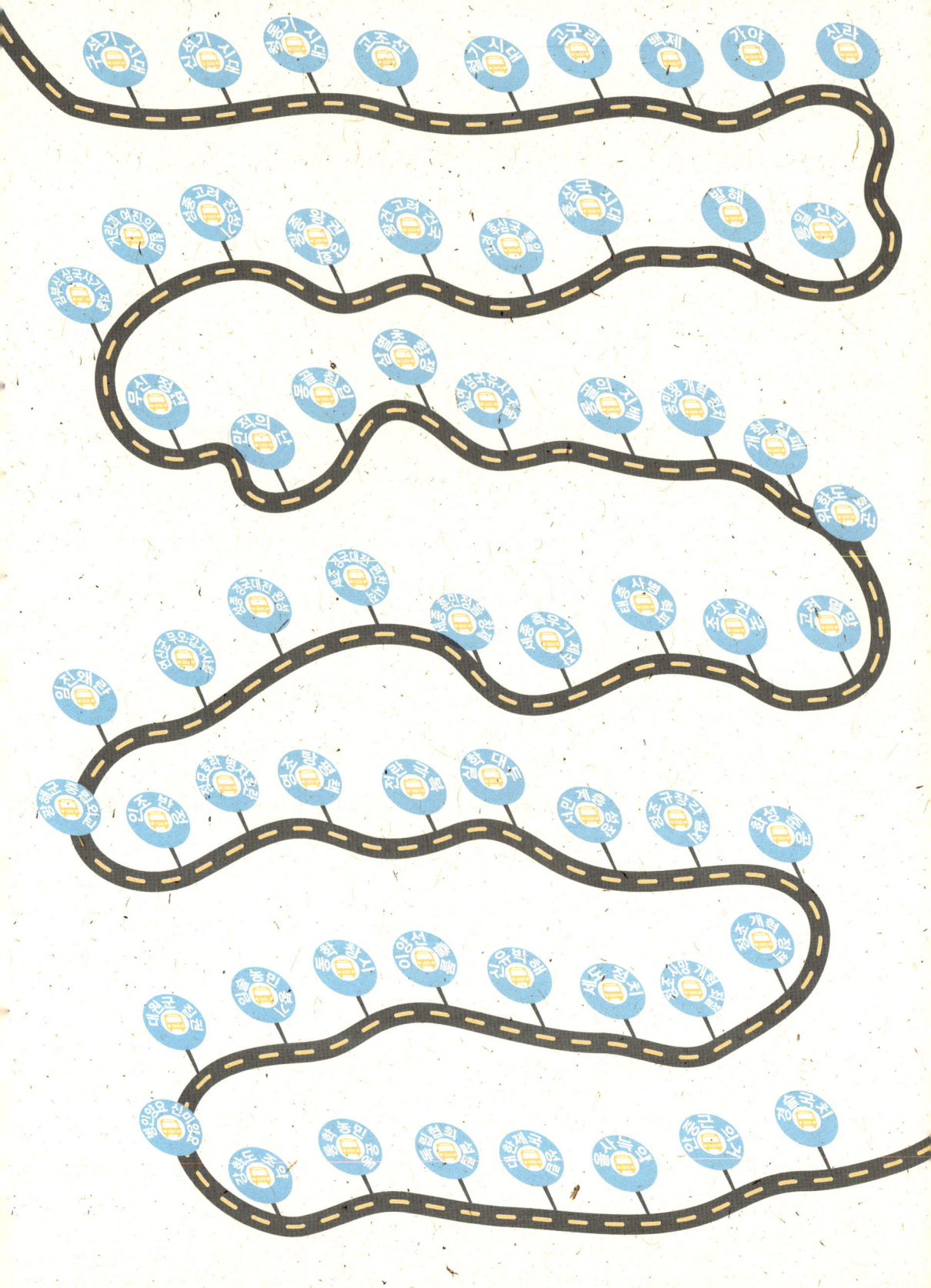

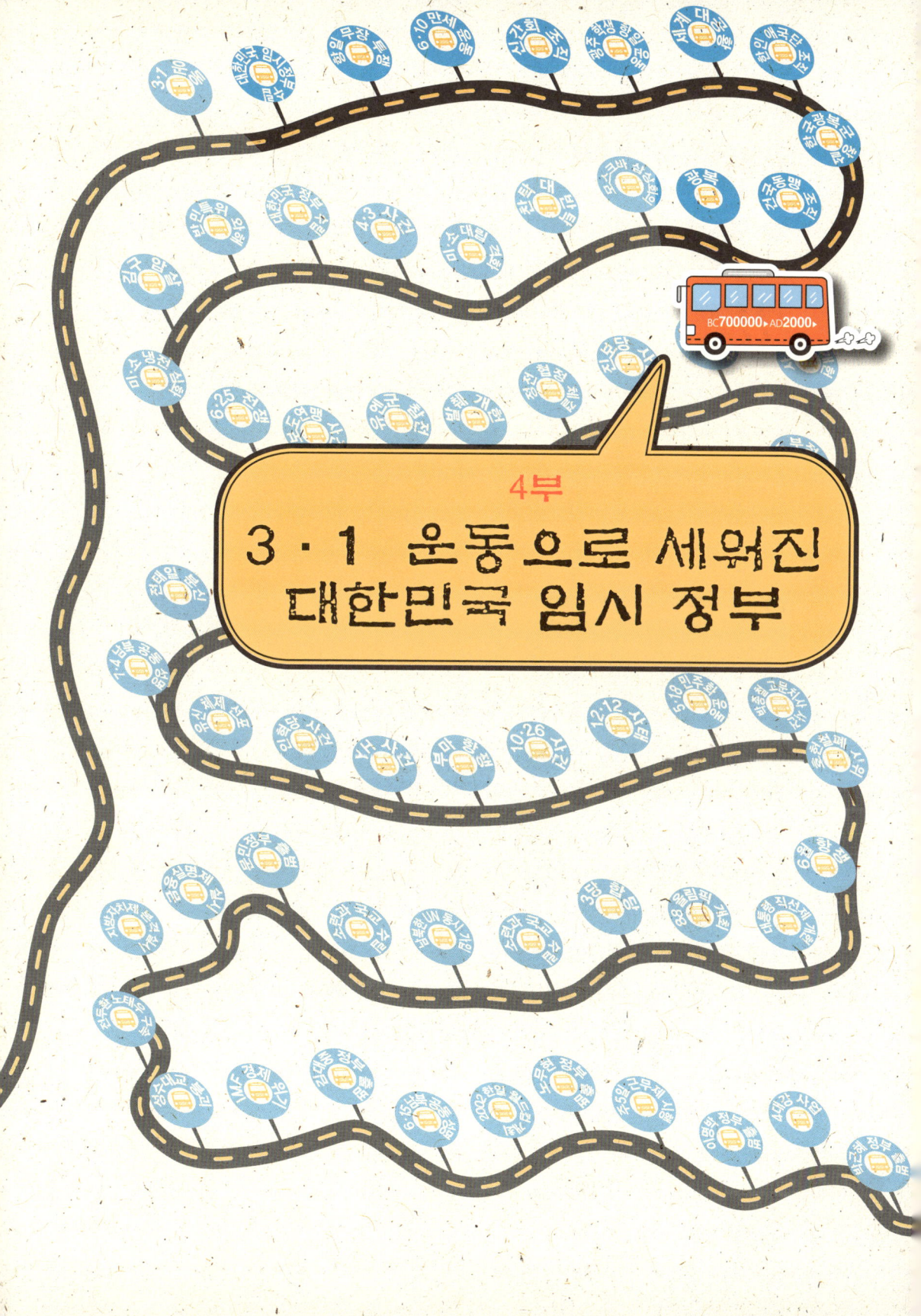

"대한 독립 만세!"

빡쌤이 문을 열자 만세 소리와 태극기의 물결이 꿈틀 안을 엄청난 속도로 날아다니고 있었다.

지난 시간 탑골 공원에서 3·1 운동을 공부한 뒤로 아이들은 틈만 나면 만세를 불렀다. 특히 신이 나면 무조건 만세를 부르곤 하는 파래는 오늘도 맨 앞에서 태극기를 흔들며 달렸다.

"잠깐만, 근데 마토 너 혹시 일제의 밀정 아냐?"

파래가 갑자기 달리기를 멈추고는 마토를 노려보았다.

"뭔 소리야? 내가 왜 밀정이야?"

"넌 태극기도 없잖아. 입으로만 만세를 외치고."

"그거야 지난 미술 시간에 그린 내 태극기는 집에 잘 보관해 놓았으니 그렇지."

"그걸 누가 알겠어. 또 너 국밥 먹을 욕심에 만세도 안 불렀다며?"

"그건 꿈에서 그랬단 거지."

"아무튼 여러모로 수상해. 너 간지럼 고문을 당해야 사실대로 말할 거야?"

파래는 마토의 가장 큰 약점인 간지럼을 태우러 마토에게 다가갔다. 그러자 마토는 파래의 손이 닿지도 않았는데 지레 놀라 진저리를 치며 달아났다.

"아, 안 돼. 간지럼 태우면 나 죽어!"

그러자 파래는 짓궂은 얼굴로 달아나는 마토를 쫓아갔다.

"친일파 잡아라!"

파래와 마토의 쫓고 쫓기는 추격전이 벌어졌다. 그러나 시루, 은지, 마리는 두 사람의 어이없는 설정극에 흥미를 느끼지 못하고 앉은뱅이 탁자 옆에 털썩 주저앉았다.

아까부터 소동을 지켜보던 빡쌤을 여자아이들이 발견한 건 한참이 지나서 였다.

"쌤, 언제 오셨어요?"

"아이고, 일찍도 발견한다. 내 존재감이 고작 이 정도밖에 안 되는 거니?"

빡쌤이 짐짓 서운한 얼굴을 하자 은지와 시루가 바싹 다가앉으며 헤헤 웃었다.

"존재감이 이 정도라뇨? 쌤의 3·1 운동 수업을 얼마나 가슴에 깊이 새겼으면 탑골 공원 체험 학습이 일주일이나 지난 오늘까지 이렇게 만세를 외치고 있겠어요, 헤헤."

"내가 너희 말재간에 못산다. 그리고 너희들도 이제 그만하고 이리 오지?"

빡쌤이 픽 웃으며 꿈틀 구석에서 뒹굴고 있는 남자아이들을 불렀다. 독립군과 밀정의 추격전에 흠뻑 빠진 파래와 마토는 빡쌤이 온지도 모르고 뒤엉켜 레슬링을 하고 있었다.

탁자 옆에 앉은 파래와 마토는 얼마나 드잡이질로 난리굿을 했는지 헐떡이는 숨을 가라앉히는 데 한참이 걸렸다.

"마토가 밀정이라니 뭔 소리야?"

"이 녀석 국밥 먹을 욕심에 만세도 안 불렀대요."

"그건 또 뭔 소리지?"

언제나처럼 전후 사정을 알리려 은지가 나섰.

"마토가 꿈에 만세 운동이 벌어지는 아우내 장터에 있었대요."

"오호, 그래? 그런데?"

"다음 이야기는 당사자인 마토가 직접 말씀드리는 게 좋을 것 같은데."

은지가 마토에게 이야기할 기회를 넘겼다. 마토는 머리를 긁적이며 입을

열었다.

"장터에 온 김에 장터 국밥을 시켰어요. 배가 고파서요. 전 배고프면 아무 것도 못하는 거 아시잖아요?"

"그렇지. 건전지 빠진 장난감 로봇처럼 되지."

"그래서 밥을 먹는데 아무리 먹어도 줄지 않는 거예요. 얼른 먹고 만세를 부르러 가야 하는데 한 숟가락 먹으면 도로 한 숟가락만큼 생겼어요."

"오호, 마토 너에겐 참 신나는 일이었겠구나!"

"물론 좋긴 했어요. 하지만 사람들이 만세를 부르며 달려가는 것을 보고 편히 앉아 먹고 있을 수만은 없었죠. 저도 빨리 함께하고 싶었거든요. 그런데 아무리 먹어도 국밥이 줄지 않았어요."

"그럼 배가 부를 만큼만 먹고 일어나면 되지 않니?"

"그런데 그게 좀 어려운 문제예요."

"왜?"

"엄마가 먹을 걸 남기면 절대 안 된다고 하셨거든요. 또 당시는 일제가 우리 농민들이 생산한 쌀을 모두 빼앗아 가서 밥이 아주 귀할 때잖아요. 그럴수록 더더욱 먹을 걸 남기면 안 되는 거죠."

아이들은 아까도 들은 이야기지만 너무 재미있어 웃음을 참지 못하고 킥킥거렸다.

"음, 꿈답게 어이없는 상황이지만 이해는 할 수 있겠다. 그럼 결국 국밥 때문에 자리에서 일어나지 못했다는 거야?"

"아니요, 전 만세를 부르려는 일념으로 필사적으로 국밥을 다 먹고 벌떡 일어났죠."

"오, 대단하구나! 그래서 만세를 불렀니?"

"못 불렀대요. 결국 자기 배 채우기에만 급급했던 거죠."

파래가 마토의 말을 가로채며 나서자 빡쌤이 눈을 찔끔거려 제지했다.

"파래 말대로야?"

"아뇨, 전 자리를 박차고 일어나 만세 행렬을 향해 달려갔어요."

"그런데 뭐가 문제야?"

"만세를 부르려던 찰나에 그만 잠에서 깨 버렸어요."

마토는 분한 얼굴로 꿈 이야기를 마쳤다. 빡쌤은 잠시 할 말을 잊었다.

"내가 들은 이야기 중 가장 허무하고 안타까운 결말이구나. 그래도 꿈에서라도 감격스러운 장면을 보았으니 너무 속상해하지는 말고."

빡쌤은 고개를 푹 숙인 마토의 머리를 쓰다듬어 주었다. 이번에는 시루와 마리에게 눈이 갔다. 시루는 발에, 마리는 팔에 붕대를 감고 있었다.

"너희는 왜 그래? 다쳤어?"

"저도 차라리 시루와 마리처럼 다쳤더라면 좋았을 뻔했어요. 부러워 죽겠어요!"

마토가 울상이 되어 시루와 마리를 보았다. 빡쌤은 두 여자아이에게 빠른 답변을 요구하는 눈빛을 보냈다. 먼저 입을 연 건 마리였다.

"저도 꿈을 꿨는데요, 전 종로의 어느 골목에 있었어요. 사람들이 만세를 부르며 거리를 몰려다니고 있었죠. 사람들 맞은편에는 일본군이 총칼을 겨누고 있었고요. 저도 태극기를 들고 있었는데 사람들 속으로 섞이지는 못했어요. 일본군이 너무 무서웠거든요. 그런데 갑자기 일본군이 총을 쏘기 시작하는 거예요. 사람들이 하나둘 쓰러지자 분노한 사람들은 무섭지도 않은지 총을 쏘는 일본군을 향해 몰려갔어요. 총소리와 만세 소리가 뒤엉켰지요.

그런데 제 또래 아이가 쓰러지는 것을 보았어요. 그때 나도 모르게 쓰러진

아이를 일으키려고 골목에서 거리로 나섰어요. 그러자 갑자기 온 세상이 허허벌판처럼 아무 데도 숨을 곳 없이 뻥 뚫린 것 같았어요. 다행히 아이는 다치지 않았는지 벌떡 일어나 만세를 부르며 달려갔어요.

저는 가슴이 마구 쿵쾅거리며 뛰고 얼굴이 타오를 듯이 뜨거워졌어요. 뭔가 소리를 지르고 싶은데 목구멍이 뭔가 막힌 것처럼 답답했어요.

그런데 어느 순간 막힌 배수로가 뚫리듯 소리가 터져 나왔어요. '대한 독립 만세!' 하고 말이죠. 저는 마구 소리를 지르며 사람들과 거리를 달렸어요. 그동안 가슴에 쌓인 억눌린 감정이 더운 여름날 흔들어 놓은 콜라처럼 터져 나왔어요. 온몸이 부들부들 떨리고 잠시도 멈출 수가 없었어요.

그렇게 있는 힘껏 소리치며 달리다가 갑자기 맨홀 구멍에 빠져 쿵 하고 떨어지면서 잠에서 깼어요."

마리는 꿈이 현실처럼 느껴지는지 마치 100미터를 전력으로 달린 듯 얼굴이 붉게 달아올라 숨을 헐떡였다. 빡쌤은 마리의 흥분을 가라앉히려 가만히 안아 주었다. 마리의 작은 심장에서 쿵쿵거리는 박동이 빡쌤의 가슴에도 전해졌다.

"아이고, 얘야. 무슨 꿈을 요란하게 꾸니? 또 어쩜 그걸 다 기억하고."

빡쌤은 겨우 진정된 마리의 볼을 어루만져 주었다.

"얘가 엄청 예민하잖아요. 꿈에서 깨니 침대에서 떨어져 있더래요. 팔은 그래서 다친 거고요."

시루가 마리의 어깨를 쓰다듬으며 말했다.

"시루 너도 꿈꾸다가 침대에서 떨어진 거니?"

"비슷한데 제 꿈은 좀 단순해요. 일본군들이 몰려와서 앞차기, 돌려차기, 이단옆차기로 때려눕혔죠. 그러다 벽을 차서, 헤헤."

시루가 유단자답게 직접 태권도 발차기 기술을 선보이며 말하다 다친 데가 아픈지 살짝 얼굴을 찌푸렸다.

"괜찮아?"

"별거 아녜요. 도장에서 훈련하다 보면 이 정도는 아무것도 아니에요."

시루가 붕대 감은 다리를 툭툭 두드리며 웃었다.

"마리는?"

"저도요. 아까 흥분해서 말하다 보니 아드레날린이 솟았는지 하나도 안 아파요."

"은지와 파래는 어때? 너희도 꿈을 꿨니?"

"전 꿈은 꾸지 않았어요. 그게 좀 아쉬워요. 꿈에서라도 3·1 운동의 열기를 느껴보았으면 얼마나 좋았을까 하고요."

은지가 차분한 표정으로 말하자 파래는 장난스러운 얼굴로 말을 이었다.

"전 꿈을 잘 안 꿔요. 뭐, 꿔도 금방 다 잊어버리죠. 그래서 꿈꾼 애들이 부러워요. 국밥에 정신 팔린 마토는 빼고요."

파래가 다시 마토를 들먹이자 마토는 주먹을 불끈 쥐어 보였다.

"아무튼 우리 역사를 생생하게 느끼는 기회가 되었으니 기쁘구나. 오늘은 3·1 운동 이후의 이야기를 공부하기 위해 체험 학습을 가기로 했지?"

"네!"

아이들은 체험 학습에 대한 기대에 목청을 높여 대답했다. 빡쌤은 웃으며 귀를 막는 시늉을 했다.

"하하하, 그렇게 만세를 부르고도 힘이 남아도는 거야? 출발하기 전에 몇 가지만 이야기하고 가자."

아이들은 반쯤 든 엉덩이를 내리고 움켜쥔 가방끈을 내려놓았다.

3·1 운동 이후의 민족 대애

우리나라의 주권을 강제로 빼앗은 일제는 우리나라 사람들을 총칼로 억누르며 우리나라 사람들이 애써 생산한 물자를 빼앗아 갔어. 자유도 없고 오직 복종만을 강요당하던 우리 민족은 독립을 위해 사회 각계각층의 사람들이 들고일어나 일제에 맞섰지. 바로 3·1 운동이야.

3·1 운동을 통해 우리 민족의 독립 운동에 대한 열망을 재확인한 독립운동 세력들은 서둘러 무기를 들고 본격적으로 일제에

1917년 러시아, 세계 최초 사회주의 혁명 발발

1921년, 중국 공산당 설립

1922년 12월 30일, 소련 결성

1921년 6월, 자유시 사건, 러시아, 독립군 부대 무장 해제 시도

1924년 중국, 제1차 국공합작

1922년, 사회주의 확산

1928년 소련, 국가 주도 공업화 정책 5개년 계획 도입, 소련 공업 비약적 발전, 초강대국 성장의 토대 마련

1931년 중국공산당 중화소비에트 정부 수립

1919년 3·1만세 운동

1922년 5월 1일, 한국 최초 노동절 기념행사 개최

1925년 조선공산당 설립

1926년 6·10만세운동

1930년 평양고무공장 노동자 파업

1932년 윤봉길 의거

1933년 한혈연합 작전

1919년 대한민국 임시정부 수립

1924년 조선청년총동맹과 조선노농총동맹 결성

1925년 임시정부, 대통령 이승만 탄핵

1927년 신간회 조직

1929년 원산총파업

1932년 이봉창 의거

1933년 조선 한글맞춤법통

1920년 청산리 대첩

1922년 5월 1일, 어린이날 선포

일제강점기

1918년 1차 대전 종전

1922년 이탈리아, 파시즘 운동의 창시자 무솔리니 집권

1929년 10월, 미국 주식 시장 폭락을 기점으로 **세계 대공황** 시작

1931년 일본, 만주사변 일으킴

1933년 3월, 국제연맹 탈

1919년 6월 28일, 베르사유조약 체결, 독일 막대한 경제적 타격

1923년, 히틀러 맥주홀 폭동, 파시스트 정권 수립 시도

1928년 영국 플레밍, 항생제 페니실린 개발

1930년 인도 간디, 소금행진

1933년 대공황, 전 세계 확산

1924년 미국 허블, 여러 은하계 존재 밝힘

1926년 미국, 세계 최초 액체 연료 로켓 발사

1929년 제1회 아카데미상 시상식 개최

1933년 히틀러 독일 총리 취임 파시즘 체제

1927년 미국 린드버그, 대서양 횡단 비행

1932년 독일 나치당 제1당 등극

1933 국제연

맞서기 시작했어. 이것을 항일 무장 투쟁이라고 해.

3·1 운동은 또한 노동자와 농민 들이 일제에 맞서는 계기가 되었어. 조선 시대에 이어 일제에 지배당하면서 노예처럼 사는 것을 운명으로 여겼던 노동자와 농민은 3·1 운동에 참여하면서 자신들을 억압하던 대상에 맞설 수 있다는 생각을 갖게 되었어. 또한 자신들이 사회와 역사의 들러리가 아니라 주인이 될 수도 있다고 인식하게 되었지. 농민들은 농지에서, 노동자들은 공장에서 자신들의 권리를 지키기 위해 지주·자본가와 맞서 싸웠어. 그러면서 자연스럽게 그들을 비호하는 일제와 맞섰지.

3·1 운동은 독립운동가들의 항일 무장 투쟁, 노동자와 농민의 생산 현장에서 투쟁을 이끌어 낸 거야. 그리고 이 둘과 함께 3·1 운동을 통해 일어난 중요한 사건이 있었어. 바로 대한민국이란 이름을 건 정부가 생긴 거지. 최초의 대한민국 정부 이야기는 다음 장에서 해 줄게.

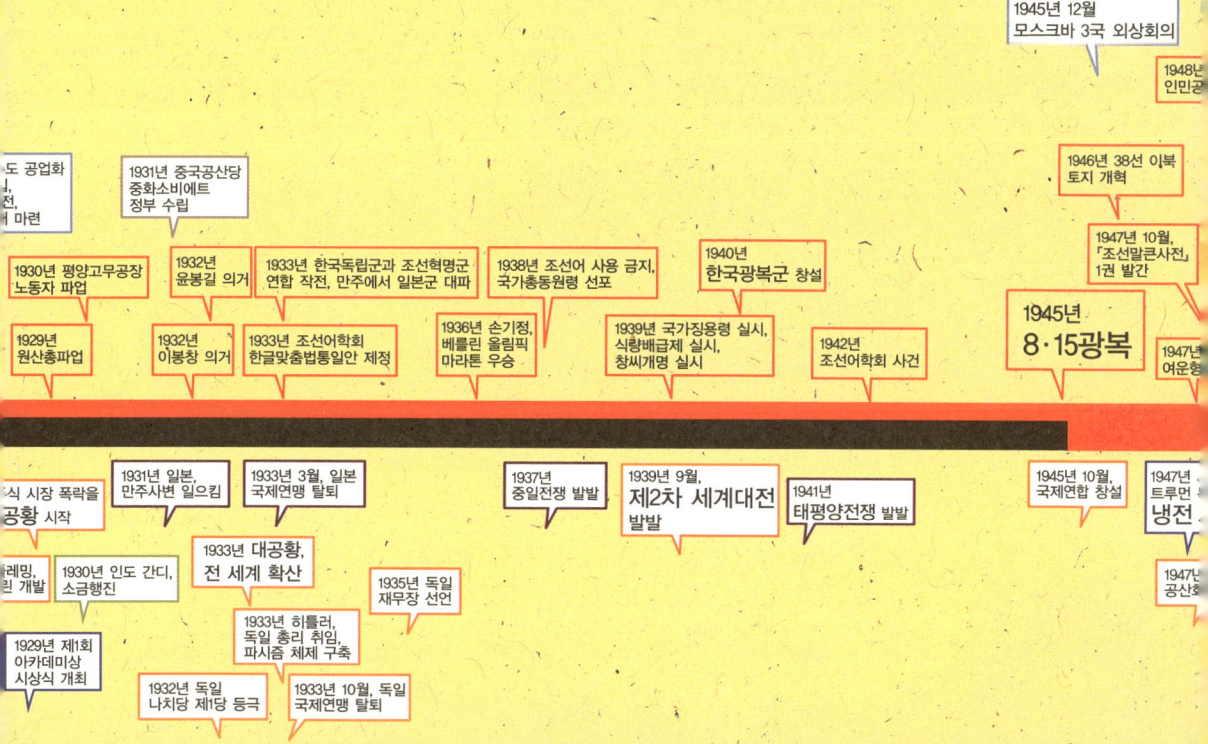

4부 3·1 운동으로 세워진 대한민국 임시정부

한·일 병합 뒤 일제가 저지른 탄압과 수탈

"지난 시간에 탑골 공원에서 공부한 3·1 운동을 다시 한번 정리해 볼까? 1910년 일제에 주권을 빼앗긴 뒤 우리 민족은 많은 고통을 당했어. 구체적으로 일제는 우리 민족에게 어떤 짓을 했지?"

"토지 조사 사업을 통해 농민의 땅을 빼앗아 일본인에게 헐값에 넘겼어요. 우리 농민은 일본인 지주와 일본을 등에 업은 조선인 지주에게 거둬들인 수확물 중 절반이 넘는, 아주 높은 소작료를 내야 했고요."

"절반이 뭐야? 수확물의 70퍼센트나 소작료로 가져간 경우도 있었지."

"그렇게 가져간 쌀을 철도와 도로를 통해 일본으로 가져갔어요."

"철도와 도로도 조선 백성을 강제로 데려다가 부려서 만든 거잖아."

"그러면서 조선을 발전시키기 위해 철도와 도로를 만들어 준 거라고 우기지. 사실은 우리의 물자를 빼앗아 일본으로 가져가기 쉽게 하려는 목적이었으면서 말이야. 트럭과 열차로 쌀을 가져가 버려 정작 죽어라 농사지은 농민들은 먹을 게 없었지, 아휴."

"그래, 맞아. 그래서 굶주림에 시달렸고 견디지 못한 사람들은 고향을 떠나 깊은 산으로 들어가 화전을 일구며 어렵게 살았다고 해요. 일부는 도시로 갔고요."

"도시로 온 사람들은 구걸을 하거나 날품을 팔며 마치 석기 시대처럼 땅을 파고 가마니를 얹어 만든 허름한 토막집에서 살았어요. 운이 좋아 공장에 노동자로 들어가더라도 형편없는 임금을 받으며 겨우겨우 먹고살았어요."

"그래도 견디지 못한 사람들은 먹고살기 위해 조선 땅을 떠나 만주나 일본으로 떠나야 했지요. 조상 대대로 일궈 온 좋은 농지를 일본에게 빼앗기고 만

주로 간 사람들은 거친 황무지에서 모든 걸 다시 시작해야 했어요. 일본으로 간 사람들은 더 힘들었는데, 일본인에게 온갖 차별과 멸시를 받으며 고통스러운 삶을 이어 가야 했으니까요."

"일본이 우리 민족을 지배하기 위해 세운 조선 총독부는 군인을 경찰로 삼아 총칼로 우리 민족을 억눌렀어요. 심지어 학교에서도 교사에게 칼을 차게 해서 어린 학생들을 두려움에 떨게 만들었죠."

"태형이라는 말도 안 되는 법도 있었잖아."

"맞아. 눈에 거슬리는 조선 사람이 있으면 재판도 거치지 않고 몽둥이로 마구 때려도 된다는 법도 아닌 법. 그래서 일본 헌병에게 맞아 불구가 되거나 죽은 사람도 많았지. 나쁜 놈들!"

"아, 정말 생각할수록 분해 죽겠네!"

아이들은 일본이 우리 민족에게 저지른 온갖 악행이 떠오르자 분통을 터트렸다.

"워워! 그렇게 흥분하다가는 한국사 수업이 다 끝나기도 전에 녹초가 되어 버릴 거야."

빡쌤은 아이들이 분을 가라앉히길 기다렸다가 질문을 던졌다.

"일제의 강압에 우리 민족은 가만히 당하고만 있었을까?"

"아니요."

"그럼 어떤 일을 했을까?"

1910년대, 일제의 탄압에 맞선 우리 민족의 투쟁

"학교를 세워 민족의 미래를 짊어질 어린이와 청소년을 가르쳤어요. 청년과 지식인은 야학을 통해 배움이 부족한 사람들에게 공부를 가르치면서 민족의식도 함께 가질 수 있도록 노력했어요. 역사학자 신채호는 고구려의 역사 등 우리 민족의 자랑스러운 고대사를 알려 민족의 자긍심을 높였어요."

"신채호가 우리 민족의 긍지를 높였다면 우리의 한글이 민족의 자랑스러운 글자라는 걸 사람들에게 알린 사람도 있어요."

"맞아, 주보따리 주시경. 사람들에게 한글을 가르치기 위해 교본을 보따리에 싸고 다녀서 주보따리라고 했대요, 하하."

"그래, 역사와 말과 글이 없다면 민족은 없는 것과 같아. 주시경의 노력은 많은 사람에게 우리 한글에 대한 사랑을 일깨웠고, 그의 제자들은 나중에 조선어학회를 만들어 『우리말 사전』을 만들어. 다들 기억하지?"

"이런 분이 젊은 나이에 세상을 떠난 건 너무 안타까운 일이에요. 더 오래 살았더라면 신채호나 박은식 같은 분들과 더 큰 일을 해내셨을 텐데."

"그러게 말이다. 그래도 그분의 노력 덕분에 우리의 말과 글을 없애려는 일제의 간교한 술책에도 한글이 살아남아 지금 우리가 이렇게 말하고 쓰고 읽는 것이니 깊이 감사할 일이지."

"의병 출신들은 한반도 내에서 비밀리에 조직을 만들어 일제와 친일파를 처단하기 위해 싸웠어요. 일제의 감시가 심해지자 만주 등으로 가서 일제와의 싸움을 계속 이어 갔죠. 또 독립운동 단체를 만들어 일제에 대항한 사람들도 있었어요. 그들은 일제에 무력으로 싸울 독립군을 양성하기 위해 학교를 세우죠. 그 가운데 신흥 무관 학교가 있는데 많은 독립군을 배출했어요."

우당 이회영
우리나라에서 손꼽히는 부자였지만 독립운동을 위해 전 재산을 바쳤어. 이씨 형제의 희생으로 독립운동가들은 활동을 지속해 나갈 수 있었지.

"신흥 무관 학교 하면 잊지 말아야 할 사람이 있는데 누구지?"

"이시영, 이회영 등 이씨 여섯 형제예요. 돈과 권력이 있는 사람들은 일제에 빌붙어 제 살 길만 궁리하던 때에 모든 재산을 독립운동에 바치죠. 그들의 지원으로 신흥 무관 학교가 세워진 것이고요."

"맞아. 당시 이씨 여섯 형제가 가진 재산은 지금 돈으로 600억 원이 넘는 어마어마한 돈이었어. 대대로 잘 먹고 잘살 만큼 큰돈이었지. 이씨 여섯 형제는 그 재산을 민족의 독립을 위해 한 푼도 남김없이 바쳤고, 나중엔 끼니를

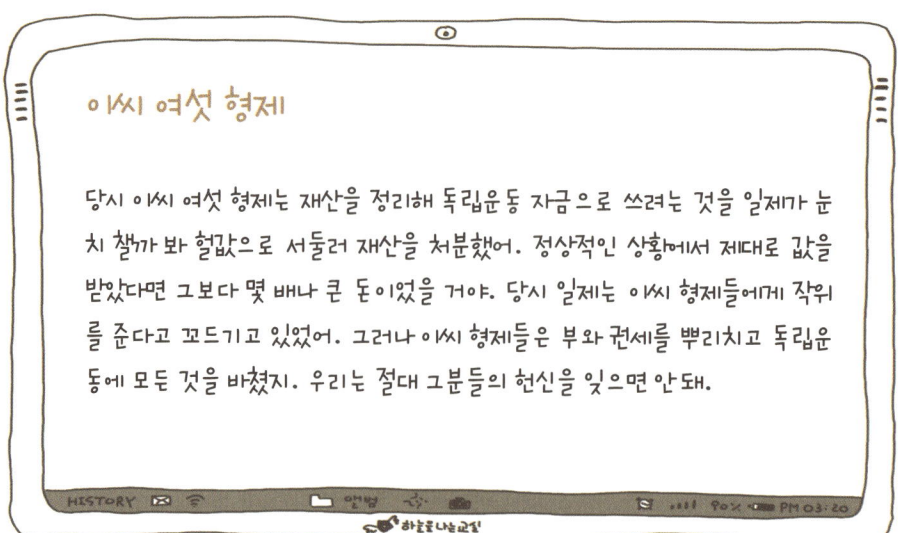

이씨 여섯 형제

당시 이씨 여섯 형제는 재산을 정리해 독립운동 자금으로 쓰려는 것을 일제가 눈치 챌까 봐 헐값으로 서둘러 재산을 처분했어. 정상적인 상황에서 제대로 값을 받았다면 그보다 몇 배나 큰 돈이었을 거야. 당시 일제는 이씨 형제들에게 작위를 준다고 꼬드기고 있었어. 그러나 이씨 형제들은 부와 권세를 뿌리치고 독립운동에 모든 것을 바쳤지. 우리는 절대 그분들의 헌신을 잊으면 안돼.

걱정할 정도로 어렵게 살았어. 하지만 그들은 독립운동에 뛰어들어 목숨까지 조국에 바쳤어. 해방 이후까지 살아남은 사람은 다섯째인 이시영 혼자였지."

"이런 분들을 생각하면 일제에 빌붙어 조선 민중의 피와 땀을 팔아 잘 먹고 잘산 자들을 혼내 주어야겠어요. 그렇지 않다면 그분들의 희생이 무의미해지니까요."

"그렇지. 그 이야기는 나중에 해방된 후를 다룰 때 하자꾸나. 일제의 강압에 고통 받던 우리 민족은 좌절하지 않고 이렇듯 나라를 되찾기 위해 목숨을 걸고 싸웠지. 그리고 마침내 그 힘이 한꺼번에 터져 나오는 엄청난 사건이 벌어져. 다들 알지?"

"네, 3·1 운동이요!"

아이들은 신이 나서 큰 소리로 대답했다. 흥이 많은 파래는 벌떡 일어나 '대한 독립 만세'를 외쳤다. 그러자 아이들은 아까 흔들던 태극기를 집어 들고 파래와 함께 만세를 불렀다.

이회영과 그의 형제들이 만주로 간 까닭은 무엇이죠?

　조선 시대 명문가 자손이자 당시 어마어마한 부자였던 이회영은 뜻을 같이하는 사람들과 만주를 돌아보고 나서 독립운동 기지를 세워야겠다고 생각했어. 마음만 먹으면 대대로 떵떵거리고 살 만했지만 그에게는 제 한 몸의 부귀영화보다 나라와 민족이 더 중요했지.

　나라가 일제의 손에 넘어가자 그는 형제들에게 만주로 가서 나라를 되찾을 기지를 세우자고 했어. 이회영의 형제들도 일제에 빌붙어 잘 먹고 잘사는 것은 옳지 않다고 여겼던 거야. 그래서 모든 재산을 처분해 독립 운동을 하러 만주로 갔단다.

　이회영과 형제들은 독립을 위해서는 일제에 맞서 싸울 인재가 필요하다고 판단하고 신흥 무관 학교를 세워 독립군을 양성했어. 이들이 키워낸 독립군들이 이후 일본군을 공격해 일제의 심장을 서늘하게 만들었고 우리 민족의 독립 의지가 얼마나 강렬한지 보여주었지.

　그러나 안타깝게도 이회영은 일본 경찰에 붙잡혀 모진 고문을 받다 숨을 거두었어. 이회영뿐만 아니라 가족들도 독립운동에 온몸을 바치다 죽거나 모진 시련을 당해야 했지. 오늘날 우리가 독립된 나라에서 살게 된 건 재산뿐만 아니라 목숨까지 바친 이회영과 그의 가족들의 헌신적인 노력 덕분이라고 할 수 있단다.

이회영과 그의 형제들이 만주로 떠날 계획을 하는 모습

빡쌤은 아이들을 빙그레 웃으며 바라보았다. 아이들의 만세 운동은 꿈틀을 몇 바퀴 돌고 이마에 땀이 맺히고서야 멈췄다.

"이 녀석들 만세 부르다가 하루 다 가겠네. 지치지도 않니?"

"전혀요. 일본 놈들 생각하면 일 년 내내 만세를 부를 수 있을 것 같아요."

"그래. 실제로 3·1 운동은 3월 1일 하루만 일어난 게 아니고 그 뒤로 3개월 동안이나 지속되었어. 처음에는 학생과 지식인 들로부터 시작되었다가 나중에는 농민과 노동자, 상인 등 모든 계층이 태극기를 들었고, 노인부터 아이까지 남자 여자 구분 없이 독립을 외쳤지."

"그런데 결국 일제의 탄압으로 3·1 운동의 불씨가 꺼진 거잖아요. 얼마나 많은 사람이 죽거나 다쳤을까요. 많은 사람이 간절히 바라던 독립을 이루지 못해 속상해요."

마리가 눈물까지 글썽이자 아이들도 표정이 어두워졌다.

"불씨가 꺼졌다니. 오히려 3·1 운동이 피워 올린 불꽃은 여러 군데서 다시 타올랐어."

"정말요?"

"물론이지. 그렇지 않다면 우리가 지금처럼 독립된 나라에서 살 수 없었을 거야. 3·1 운동 이후 독립 투쟁의 불꽃이 어떻게 번져 나갔는지 알아볼까? 우선 3·1 운동이 미친 영향부터 알아야겠지."

3·1 운동이 미친 영향

"3·1 운동이라는 거대한 파도가 한반도를 크게 덮치자 여러 군데서 변화가

일어났어. 먼저 일제의 통치 방식에 변화가 생겼지. 전에는 총칼로 억누르는 식으로 지배했는데 그것만으로는 우리 민족을 완전히 제압할 수 없다는 한계를 느낀 거야. 그래서 힘으로 무조건 조이던 올가미를 조금은 느슨하게 풀어 주는 쪽으로 통치 방식을 바꿨어."

"그럼 이제 좀 숨통이 트였겠네요?"

"이 땅에 강도질을 하러 들어온 일제가 그럴 리 있겠어? 더욱 교묘한 방법을 궁리했지. 일제의 바뀐 통치 방식을 이른바 '문화 통치'라고 하는데 어떤 것이었는지는 팁으로 빼놓을 테니까 읽어 보도록 해. 아무튼 3·1 운동을 통

더욱 교묘해진 일본의 탄압, 문화 통치

일제는 3·1 운동을 통해 독립에 대한 우리 민족의 의지를 강제로 억누르는 것만으로는 안 된다는 것을 깨달았어. 그래서 군인이 치안을 담당하던 헌병 경찰제를 폐지했지. 그리고 신문과 잡지를 펴내는 것을 허용했어.

그러나 신문을 내기 전에 일제의 식민 지배를 비판하는 내용은 실을 수 없게 했어. 자기들 입맛에 맞는 것만 쓸 수 있게 한 거야. 이 과정에서 일제의 편을 드는 지식인들이 목소리를 낼 수 있도록 지원해 일제에 반대하는 지식인들과 대립하도록 했어. 우리 스스로 갈등하며 서로 힘을 합치지 못하게 한 거야.

이렇게 겉으로는 문화적인 부분을 허용하는 것처럼 하지만 실제로는 교묘한 방법으로 자신들에게 유리한 여론이 형성되도록 조장하는 통치를 문화 통치라고 해. 그리고 헌병 경찰제를 폐지했다지만 경찰의 수는 더 늘려서 우리 민족에 대한 감시와 탄압을 강화했단다.

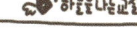

해 일제는 우리 민족의 저력을 실감했어. 3·1 운동은 강도 일제의 간담을 서늘하게 만들 정도로 대단한 운동이었지."

항일 무장 투쟁의 위대한 서막이 오르다

"1910년대 만주나 연해주로 가서 독립군 부대를 조직해 힘을 키우던 독립운동 세력은 3·1 운동을 통해 조선 민중의 독립에 대한 의지와 열망이 얼마나 강렬한지 다시 한번 확인하는 계기가 되었어. 이제 조선 민중의 독립 의지에 부응할 때가 된 거야. 그래서 그동안 벼리어 둔 총과 칼을 들고 일제의 심장을 겨누는 항일 무장 투쟁이 본격적으로 벌어져. 독립군은 두만강과 압록강을 건너서 한반도로 들어와 일본의 경찰서와 군대를 공격했지."

"야, 꿈에서처럼 드디어 일본군을 때려눕히게 되었군요. 얍, 얍!"

시루가 신이 나서 앞차기를 했다.

"그래, 조선 민중의 독립에 대한 의지와 기대를 등에 업은 독립군의 기세는 대단했지. 일제는 동에 번쩍 서에 번쩍 하는 독립군의 공격에 크게 당황했어. 독립군에게 당하는 것도 문제지만 독립군의 활약에 고무된 조선 민중이 제2, 제3의 3·1 운동을 벌일지도 모른다는 위기감이 더 큰 문제였지. 그래서 일제는 대규모 부대를 동원해 독립군을 토벌하러 나섰어."

"어, 큰일이네요. 일제는 엄청난 화력의 신식 무기로 무장하고 있잖아요."

"그래. 당시 일본군은 아시아 최강의 군대를 보유하고 있었어. 그에 비해 독립군은 머릿수도 적고 무기 성능도 좋지 않았지. 게다가 식량도 풍부하지 않아 체력적으로도 어려움이 많았어. 그러나 독립에 대한 열망과 강한 정신

력이 있었단다.

여기서 잠깐! 당시 만주 등에는 어떤 독립군 부대가 있었는지 알아볼까? 만주와 연해주에는 여러 독립운동 단체가 있었고 그들의 지원으로 독립군 부대가 조직되어 있었어. 국내에서도 독립군 부대가 평안도와 황해도에서 일본군에 타격을 입히고 있었지. 하지만 일본의 반격이 거세지자 국내에 있던 독립군은 만주로 옮겨 가서 그 지역의 독립군에 합류하게 돼. 그렇게 해서 조직이 정리된 부대로는 만주 서간도 지역에 서로 군정서*가 있었고, 북간도 지역에는 북로 군정서*와 대한 독립군*이 있었어.

독립군을 토벌하려는 일본군과 독립군의 첫 번째 격전지는 봉오동*이었지. 이 봉오동 전투에서 일본군과 맞선 독립군 부대는 홍범도의 대한 독립군을 중심으로 여러 독립군이 연합한 부대였어. 이들은 두만강을 넘어 공격하는 일본군 1개 중대를 삼둔자*에서 격파했어. 그러자 일본군은 1개 대대를 동원해 다시 공격해 왔지. 독립군 연합 부대는 봉오동에서 일본군을 다시 격파해 큰 승리를 거뒀어. 당시 독립군에 의해 사살된 일본군은 157명이나 돼. 독립군 전사자는 4명이었는데 말이야."

"와, 독립군 만세!"

> *서로 군정서
> 만주 서간도 지역 무장 항일 운동 단체가 조직한 독립군 부대로 이씨 여섯 형제의 지원을 받아 신흥 무관 학교 출신들이 만들었어.
>
> *북로 군정서
> 만주 북간도 지역 무장 항일 운동 단체가 조직한 독립군 부대로 김약연 등의 지원으로 만들어졌어.
>
> *대한 독립군
> 의병 출신들이 중심이 되어 만들어진 독립군 부대로 홍범도가 이끌었어. 대한독립군은 만주와 한반도 북쪽 지역을 오르내리며 일본군을 습격해 타격을 입혔지.

> *봉오동
> 중국 길림성 연변조선족자치주에 있는 지역으로 두만강 중류 유역에 위치해 있어. 지금은 거대한 저수지로 변해 있지.
>
> *삼둔자
> 중국 길림성 도문시 월청향에 있는 두만강 유역의 지역이야.

홍범도
홍범도가 이끄는 독립군은 봉오동 전투에서 일본군에 맞서 큰 승리를 거뒀어.

　아이들은 벌떡 일어나 기쁨의 만세를 불렀다.
　"굉장하지? 그런데 약이 바짝 오른 일제가 가만히 있었을까?"
　"아, 왠지 불안해요."
　"1만여 명이나 되는 최정예 일본군이 무서운 기세로 독립군을 향해 몰려왔어. 이에 김좌진이 이끄는 북로 군정서와 홍범도의 대한 독립군 등이 연합해 일본군과 전투를 시작하지. 독립군은 소규모로 게릴라전을 펼치면서 일본군을 공격했어.
　산에 독립군이 있다는 거짓 정보를 흘려 숲이 우거지고 계곡이 깊은 청산리 산악 지대로 일본군을 유인해. 일본군은 바로 산으로 오르지. 이때 자욱하게 안개가 끼기 시작했어. 안개가 잘 끼는 지역으로 일본군을 유인한 거야.
　당황한 일본군을 향해 독립군의 총알이 날아들었어. 일본군은 안개 속에서 독립군이 어디 있는지도 모른 채 아무 데나 총을 쏘아 댔어. 반면 지형의 특징을 잘 알고 준비한 독립군의 총알은 일본군의 몸통으로 정확히 날아갔지.
　중국 만주 지린성 청산리에서 6일 동안 10여 차례의 전투 끝에 일본군은 크게 패해 물러났지. 이때 죽거나 다친 일본군의 수는 1,200명에 달해. 독립

군 사상자 60여 명에 비하면 엄청난 숫자였단다.

수적으로나 무기의 질로 보아 크게 열세였던 독립군이 뛰어난 전술과 정신력으로, 신식 무기로 무장한 일본 육군 1만여 명을 격퇴한 이 전투가 바로 청산리 대첩이야."

"독립군 만세, 만만세!"

아이들은 속이 뻥 뚫리는 기분을 느끼며 만세를 불렀다.

"이렇게 통쾌한 승리가 있었는가 하면 안타까운 일도 있었어. 두 전투에서 독립군에게 크게 패한 일본군은 분풀이로 조선인 마

김좌진
김좌진이 이끄는 독립군은 중국 만주 지린성 청산리에서 일본군을 크게 물리쳤어.

청산리 전투
1920년 10월 청산리에서 6일 동안 10여 차례 전투 끝에 일본군은 김좌진이 이끄는 독립군에 크게 패해 물러났어.

을을 불사르고 민간인들을 마구 죽였지."

"으으, 비겁한 놈들!"

아이들의 표정이 분노로 일그러졌다.

"나라를 되찾기 위한 일제와의 싸움은 끝없는 고통과 슬픔을 견디며 이어 가야 하는 기나긴 가시밭길이었어. 일제의 탄압으로 독립군의 항일 무장 투쟁은 큰 어려움을 겪었지만, 그럼에도 전열을 정비하고 다음 싸움을 준비하지. 항일 무장 투쟁의 본격적인 시작이 3·1 운동이었다는 걸 기억하면서 3·1 운동이 영향을 미친 또 다른 독립운동을 알아보도록 하자."

의열단

독립군이 만주에서 우리나라를 넘나들며 일본군과 싸웠다면, 우리나라 내부에서 일제를 공격한 사람들이 있어. 바로 의열단이야. 의열단은 한자로 쓰면 의로울 의(義), 맹렬할 열(烈), 조직 단(團)인데, '정의로운 일을 맹렬하게 실행하는 조직'이란 뜻이지.

의열단은 3·1 운동이 일어난 해인 1919년 11월 중국 만주 지린 성에서 김원봉이 조직했어. 의열단은 조선의 독립과 세계의 평등을 위해 목숨을 바치기로 결의하고 조선인을 억압하고 수탈하는 총독부와 일본 경찰, 회사, 기관을 공격했지.

의열단원 김상옥은 애국지사들을 붙잡아 모질게 고문한 종로 경찰서에 폭탄을 던졌어. 그리고 김익상은 조선 총독부에 폭탄을 던졌지. 나석주는 조선인을 착취하고 수탈하기 위해 만든 식산 은행과 동양 척식 주식회사에 폭탄을 던졌어.

동에 번쩍 서에 번쩍 하는 의열단의 활동으로 일제는 두려움에 떨었단다.

농민과 노동자의 반일 운동

"항일 무장 투쟁 다음으로 3·1 운동이 영향을 미친 것은 농민과 노동자의 의식 변화야. 3·1 운동은 처음에는 학생들을 중심으로 일어났다가 나중에는 농민과 노동자로 번져 가면서 투쟁의 힘이 극대화되었어.

사실 농민과 노동자는 만세 운동에 참여하면서 자신이 미천한 존재라는 패배 의식에서 벗어나 역사의 주인공으로 당당히 설 수 있다는 사실을 깨달았어. 신분에 귀천이 있다는 의식에서 모든 사람은 평등하다는 의식으로 극적으로 변화된 거야.

이제 농민과 노동자는 피땀 어린 노동으로 일궈 낸 결과물을 무력하게 지주나 자본가에게 빼앗기고만 있지 않아야 한다는 걸 깨달았어. 농민과 노동자가 지주와 자본가의 착취에 맞서 벌이는 싸움을 쟁의라고 해. 농민이 벌인 싸움은 소작 쟁의였고, 노동자가 벌인 쟁의는 노동 쟁의였어. 지주들은 생산량의 70퍼센트에 가까운 살인적인 소작료를 농민들에게서 착취했어. 이에 농민들은 소작인회나 농민 조합 등을 만들어 단체로 소작료 납부를 거부하기도 했고 아예 곡식 추수를 거부하기도 했지.

대표적인 소작 쟁의로 1923년 암태도 소작 쟁의가 있어. 당시 암태도 지주는 소작료를 80퍼센트 가까이 올려서 거두려고 했지. 분노한 농민들은 소작료가 정당하게 조정되지 않으면 차라리 굶어 죽겠다며 단식 투쟁을 벌였어. 그러자 지주를 통해 쌀을 수탈해 온 일제가 나서서 농민들을 탄압하지. 그러나 암태도 농민들은 목숨을 걸고 일제에 맞섰어. 결국 농민들은 소작료를 40퍼센트로 내리는 데 합의함으로써 지주와 일제에 맞서 승리를 거두게 돼. 암태도뿐만 아니라 전국 곳곳에서 지주와 일제의 수탈에 저항하는 소작 쟁의가

원산 노동자 총파업
1929년 함경도 원산에서는 노동자들이 자본가와 총독부에 맞서 80여 일간 총파업에 들어갔어.

1920년대 내내 이어졌고, 1930년대에는 일제에 대한 독립 투쟁으로 발전하게 되지.

  일본인이 대부분인 공장의 자본가들은 일본 경찰을 등에 업고 조선인 노동자들을 쥐꼬리 만한 임금으로 부려 먹었어. 쉬는 시간도 거의 주지 않고 아주 오랜 시간 일을 시켰지. 공장의 환경도 엉망이어서 노동자들은 각종 질병에 시달렸고 크게 다치는 경우도 많았어. 이에 노동자들은 노동조합을 만들어 정당한 임금 지급과 노동 시간 단축, 노동 환경 개선을 요구했어. 그러나 이윤 획득이 목적인 자본가들이 요구를 들어줄 리 없었지. 게다가 나라도 없는 식민지 조선인 노동자들이 죽든 살든 상관도 하지 않았고.

  마침내 노동자들은 파업을 벌이게 된단다. 여러 파업 가운데 1929년 함경

도 원산에서는 도시 전체가 파업에 들어가 80여 일 동안 자본가와 총독부에 맞섰어. 일본 경찰은 총검을 들고 돌아다니며 노동자들을 잡아들였지. 결국 파업은 실패로 끝났지만 노동 쟁의는 이제 생활 현장에서 벌이는 반일 투쟁으로 확대되었어."

"3·1 운동이 미친 영향은 정말 대단했군요!"

아이들은 1919년에 벌인 만세 운동 정도로만 알고 있던 3·1 운동이 이토록 우리 민족에게 큰 영향을 미쳤다는 사실에 깜짝 놀랐다.

"자, 그런데 3·1 운동이 미친 가장 큰 영향은 내가 보여 줄 동작에 힌트가 있어."

빡쌤은 잠시 말을 멈추더니 갑자기 국가 대표 축구팀을 응원할 때 시작하는 박수를 쳤다.

"짝짝짝 짝짝!"

박수 소리에 아이들도 무심코 두 팔을 번쩍 들고 구호를 외쳤다.

"대한민국!"

뜬금없이 응원 구호를 외친 아이들은 모두 어리둥절한 얼굴로 빡쌤을 쳐다보았다.

"그럼 이번에 체험 학습은 상암동 월드컵 경기장에서 해요?"

"3·1 운동을 공부하다 말고 웬 축구지?"

아이들은 말없이 웃고 있는 빡쌤을 보며 투덜거렸다.

"축구가 아니고 '대한민국'이라는 구호야. 대한민국은 우리나라 이름이지. 그런데 이 이름은 누가 짓고 언제부터 쓰였는지 아니?"

"고종이 국호를 조선에서 대한제국으로 바꾼 건 아는데, 대한민국은……."

"우리나라 이름이 쓰였다면 일본의 식민지에서 벗어난 다음일 테니까 해방

이후인가?"

아이들은 서로 얼굴만 쳐다볼 뿐 딱히 대답을 하지 못했다.

"아니, 우리나라 이름을 대한민국으로 정한 때는 3·1 운동이 일어난 해인 1919년이야."

"네? 그때는 일제가 우리 민족을 강제로 지배하던 시기인데 어떻게 나라 이름을 지었어요?"

"바로 그 이야기를 하러 체험 학습을 갈 거야. 자, 이제 가자."

"네!"

체험 학습을 간다는 말에 아이들은 재빨리 가방을 둘러매고 꿈틀 밖으로 뛰쳐나갔다.

"얘들아, 어딜 가는지는 알고 가야지!"

빡쌤은 부랴부랴 학습 자료를 챙겨 아이들의 뒤를 따라 나갔다.

밑줄 쫙!  은지의 한국사 노트

1. 조선 시대 명문가 자손이자 당시 어마어마한 부자였던 □□□은 형제들과 만주로 가서 일제에 맞서 싸울 인재를 키우기 위해 신흥 무관 학교를 세워 독립군을 양성했다.

   이회영

2. □□ 운동은 1919년 3월 1일 우리 민족의 모든 계층들이 나라를 되찾기 위해 들고 일어난 독립 운동이다.

   3·1

3. 홍범도를 중심으로 한 독립군은 □□□에서 일본군을 격파하고 큰 승리를 거두었다.

   봉오동

4. 김좌진이 이끄는 북로 군정서와 홍범도의 대한 독립군 등이 연합해 1만여 명이나 되는 최정예 일본군을 격파한 전투를 □□□ □□이라고 한다.

   청산리 대첩

5. □□□은 "정의로운 일을 맹렬하게 실행하는 조직"이란 뜻으로 조선인을 억압하고 수탈하는 총독부와 일본 경찰, 회사, 기관을 공격하였다.

   의열단

6. 3·1 운동을 통해 □□과 □□□는 자신이 미천한 존재라는 패배 의식에서 벗어나 역사의 주인공으로 당당히 설 수 있다는 사실을 깨달았다.

   여성, 어린이

대한민국 임시 정부가 서다

3·1 운동 이후 독립운동가들은 민족의 힘을 하나로 모으기 위해 임시 정부를 세우고 국호를 대한민국으로 정했어. 그리고 대한민국은 민주 공화국이라고 선언했지. 민주 공화국이란 이전 시대에 왕이 백성 위에 군림하는 체제가 아니라 국민이 주인이 되어 나랏일을 이끌어가는

- 1917년 러시아, 세계 최초 **사회주의 혁명 발발**
- 1921년, 중국 공산당 설립
- 1922년 12월 30일, 소련 결성
- 1921년 6월, 자유시 사건, 러시아, 독립군 부대 무장 해제 시도
- 1924년 중국, 제1차 국공합작
- 1922년, 사회주의 확산
- 1925년 조선공산당 설립
- 1928년 소련, 국가 주도 공업화 정책 5개년 계획 도입, 소련 공업 비약적 발전, 초강대국 성장의 토대 마련
- 1931년 중국공산당 중화소비에트 정부 수립
- **1919년 3·1만세 운동**
- 1919년 대한민국 임시정부 수립
- 1922년 5월 1일, 한국 최초 노동절 기념행사 개최
- 1924년, 조선청년총동맹과 조선노농총동맹 결성
- 1926년 6·10만세운동
- 1930년 평양고무공장 노동자 파업
- 1932년 윤봉길 의거
- 1933년 한중 연합 작전
- 1920년 청산리 대첩
- 1922년 5월 1일, 어린이날 선포
- 1925년 임시정부, 대통령 이승만 탄핵
- 1927년 신간회 조직
- 1929년 원산총파업
- 1932년 이봉창 의거
- 1933년 조선어 한글맞춤법통

일제강점기

- 1918년 1차 대전 종전
- 1922년 이탈리아, 파시즘 운동의 창시자 무솔리니 집권
- 1929년 10월, 미국 주식 시장 폭락을 기점으로 **세계 대공황** 시작
- 1931년 일본, 만주사변 일으킴
- 1933년 3월, 국제연맹 탈퇴
- 1919년 6월 28일, 베르사유조약 체결, 독일 막대한 경제적 타격
- 1923년, 히틀러 맥주홀 폭동, 파시스트 정권 수립 시도
- 1928년 영국 플레밍, 항생제 페니실린 개발
- 1930년 인도 간디, 소금행진
- **1933년 대공황, 전 세계 확산**
- 1924년 미국 허블, 여러 은하계 존재 밝힘
- 1926년 미국, 세계 최초 액체 연료 로켓 발사
- 1929년 제1회 아카데미상 시상식 개최
- 1933년 히틀러 독일 총리 취임, 파시즘 체제
- 1927년 미국 린드버그, 대서양 횡단 비행
- 1932년 독일 나치당 제1당 등극
- 1933 국제연

국가를 말해. 지금의 우리나라 이름과 체제는 임시 정부로부터 비롯되었어. 독립운동가들은 임시 정부를 중심으로 힘을 모아 독립을 위해 싸워 나갔단다.

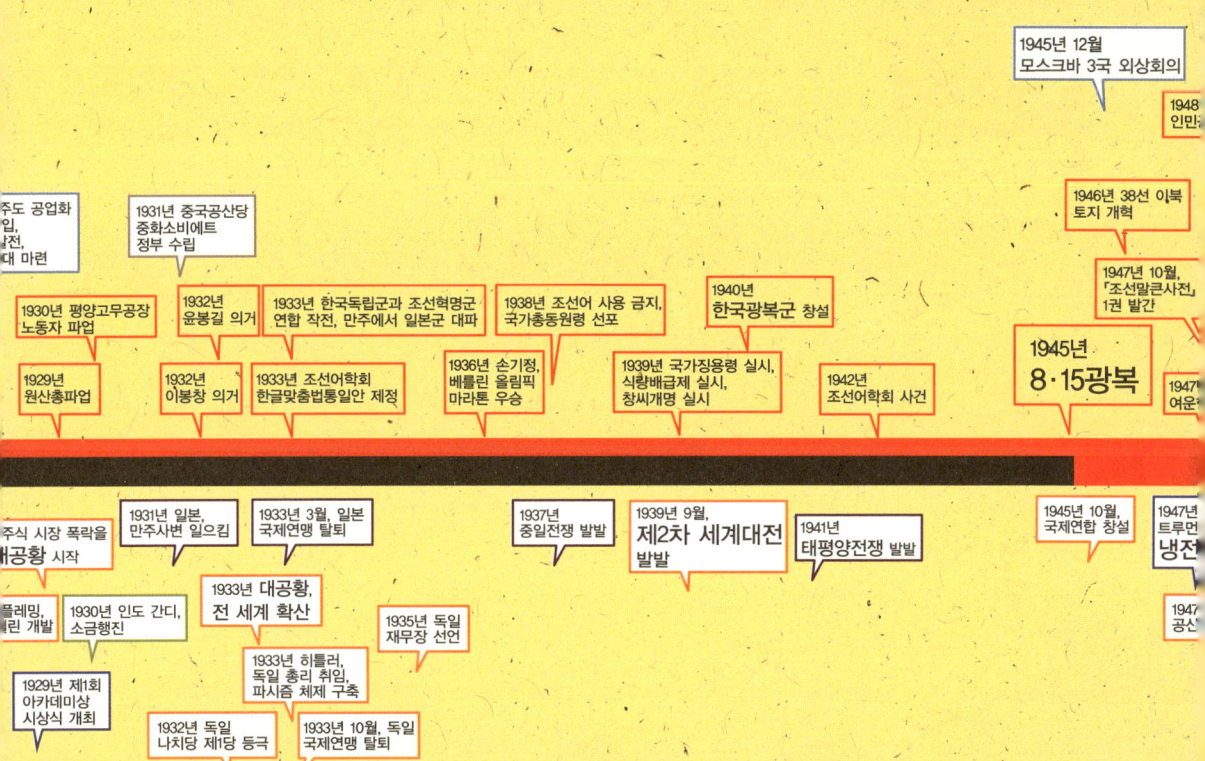

우리 민족 최초의 민주 정부, 대한민국 임시 정부

빡쌤과 아이들은 서울 지하철 4호선을 타고 가다가 6호선으로 갈아탔다. 그리고 효창공원앞역*에서 내려 1번 출구로 나왔다. 벽화가 그려진 초등학교 담벼락을 따라 걸었다. 700미터 정도를 걷자 백범 김구 기념관 안내 표지판이 나왔다. 거기서 300미터쯤 더 걸어 올라가니 좌우로 나무들이 늘어서 있는 길이 나왔다.

"이 길 이름은 '임정길'이야. 임정이란 대한민국 임시 정부의 줄인 말이지. 아까 꿈틀에서 3·1 운동이 미친 영향으로 첫째, 본격적인 항일 무장 투쟁이 시작되었다는 것과, 둘째, 농민과 노동자의 의식이 깨어나 노동 쟁의와 소작 쟁의를 통해 반일 운동을 하게 되었다는 것을 이야기했어.

그리고 세 번째로 3·1 운동이 우리 역사에 미친 영향은 바로 대한민국 임시 정부를 세우게 된 거야. 임시 정부가 나라 이름을 대한민국으로 정함으로써 대한민국이 시작된 거지. 김구는 임시 정부를 대표하는 독립운동가야. 이곳에는 백범 김구를 기리는 기념관뿐만 아니라 김구의 묘도 있단다."

"아, 그래서 백범 김구 기념관으로 체험 학습을 온 거군요."

아이들은 고개를 끄덕였다. 빡쌤은 아이들을 데리고 걸으며 이야기를 계속했다.

"그래. 3·1 운동을 하면서 독립운동가들은 독립운동을 이끌 중심이 필요하다고 절실히 느꼈어. 그래서 여러 임시 정부가 국내외에 생겼고 곧 민족의

* 서울 지하철 효창공원앞역에서 걸어서 백범 김구 기념관까지 가려면 멀어서 힘들 수도 있어. 좀 편하게 가려면 6호선 공덕역에서 내려 17번 버스를 이용하면 돼.

힘을 하나로 모으기 위해 하나의 임시 정부로 합쳐졌지. 이것이 바로 중국 상하이에 세워진 대한민국 임시 정부야. 임시 정부는 국호를 대한민국으로 정했어.

그리고 대한민국 임시 헌장, 즉 헌법을 반포했어. 대한민국 헌법 제1조에서는 '대한민국은 민주 공화제로 한다.'고 밝히며 이제 우리나라는 예전처럼 왕이 지배하던 체제가 아니라 국민이 주인이 되어 나라를 다스리는 국가임을 분명히 했지. 또 제3조에서는 '대한민국의 인민은 남녀의 귀천 및 빈부의 계급이 없고 일체 평등하다.'고 하며 불평등했던 지난 시대를 청산하고 평등한 세상을 만들겠다는 의지를 밝혔어.

임시 헌장은 일제의 식민 지배를 받던 100년 전에 만들어진 것이지만 1948년 제헌 의회에서 만들어진 헌법이나 현재의 헌법에 기반을 두고 있어. 즉, 현재 대한민국은 임시 정부에서 비롯되었다는 거지. 실제로 해방 후 수립된 대한민국 정부의 모든 문서를 보면 1948년을 '대한민국 30년'이라고 기록하고 있어."

"그 말은 대한민국이라는 나라는 해방되기 전 1919년에 세워졌다는 거네요?"

"맞아. 3·1 운동의 정신이 대한민국

대한민국 임시 정부 청사
중국 상하이에 있는 대한민국 임시 정부 청사 입구 모습이야.

대한민국 임시 정부 설립 국무원 기념사진
국무원은 오늘날의 행정부와 같은 일을 하는 정치 기구야. 사진 속 인물들은 앞줄 왼쪽부터 신익희, 안창호, 현순이고, 뒷줄 왼쪽부터 김철, 윤현진, 최창식, 이춘숙인데, 국무원에서 일하던 사람들이지. 사진 위쪽에 한자로 '대한민국 임시 정부 국무원 대한민국 원년 10월 11일'이라고 쓰여 있구나. 원년은 무언가가 시작된 해이니 대한민국 임시 정부가 세워진 1919년에 찍은 사진임을 알 수 있어.

을 만들었고 그 나라에 우리가 살고 있는 거지. 3·1 운동이 우리 역사에서 얼마나 중요한 의미를 갖는지 알겠지?"

"네에!"

아이들은 입을 크게 벌리고 대답했다. 그러나 소리는 아주 작게 냈다. 역사 유물과 유적이 있는 곳에서는 몸과 마음가짐을 단정히 해야 한다는 것을 알기 때문이었다.

"이 계단을 따라 올라가면 대한민국 임시 정부를 만들고 이끈 분들을 만날

수 있어."

조금 걸어가자 돌로 된 문이 나왔고 언덕으로 이어진 계단이 보였다.

"이곳은 임시 정부를 세워 독립운동을 이끈 세 분의 묘가 있어. 그래서 이곳을 임정 요인 묘역이라고 해. 올라가 보자."

계단을 따라 낮은 언덕을 오르자 활엽수가 둘러싼 아늑한 묘역이 보였다. 묘역에는 세 개의 봉분이 있었다.

"왼쪽 묘는 조성환 선생님의 묘, 가운데는 이동녕 선생님의 묘, 오른쪽은 차리석 선생님의 묘야. 임시 정부를 이끌며 독립을 위해 애쓴 분들이지. 인사드리자."

아이들과 빡쌤은 고개를 숙여 공손하게 인사를 했다.

"저는 효창공원에 김구 선생님만 모셔져 있는 줄 알았는데 다른 분들도 계셨군요."

"해방 이후 김구 선생님이 이분들을 이곳으로 모셔 왔어. 조금 이따가 다른 분들의 묘도 갈 거야. 임시 정부에서 일한 분들이지만 누구인지는 잘 모르겠지?

우선 조성환 선생님은 3·1 운동 이후 대한민국 임시 정부에서 군무차장으로 활동한 군사 전문가야. 청산리 대첩을 이끈 북로 군정서 생각나지? 바로 북로 군정서에서 군무부장을 맡아 독립군을 훈련시켜 청산리에서 승리를 이끈 분이기도 하지. 임시 정부에서 국무위원으로도 활동했고 한국 광복군을 만드는 데도 큰 역할을 하셨어."

"와, 우리가 사는 서울에서 청산리 대첩의 독립군을 만나다니……!"

아이들은 조금 전 청산리 대첩 때의 감격이 되살아나 말을 잇지 못했다.

"오른쪽 묘의 주인인 차리석 선생님은 대성 학교 교사로 교육을 통해 민족

의 미래를 책임질 인재를 키우는 데 애썼지. 3·1 운동에 앞장섰고 이후 상하이로 가서 대한민국 임시 정부의 기관지인 독립신문을 창간하는 데 참여했어. 기자와 편집국장으로 언론을 통한 항일 운동을 펼쳤단다. 하지만 1945년 해방되어 조국으로 돌아오기 위한 준비를 하던 중 9월에 병으로 돌아가셨어. 해방된 조국 땅을 밟지 못하고 이역만리 중국 땅에서 생을 마감하는 것을 생명이 다하는 순간까지 아쉬워하셨다고 해."

"아, 쌤 너무 슬퍼요. 조금만 더 사셨으면 얼마나 좋았을까요."

마리의 눈에 눈물이 그렁그렁 고였다.

"그러게 말이야. 차리석 선생님 말고도 조국을 위해 모든 것을 바친 많은 독립운동가들이 조국의 땅을 밟지 못했어. 그분들을 생각하면 우리가 밟고 서 있는 이 땅이 얼마나 소중한지 잊지 말아야겠지."

아이들은 모두 진지하게 고개를 끄덕였다.

임시 정부, 삼권 분립을 실시하다

"다음으로 가운데 있는 이동녕 선생님은 신문 논설을 통해 우리 민족이 나아갈 길을 널리 알리는 언론 운동과 계몽 운동을 펼쳤어. 1906년 북간도로 망명해 서전의숙을 설립하고 독립운동을 위한 인재를 양성했지. 국내로 들어와 활동하던 선생님은 1910년 다시 서간도로 망명해 경학사와 신흥 무관 학교 등을 세웠어. 신흥 무관 학교 기억나지?"

"네, 기억나요. 이씨 여섯 형제의 지원으로 세워져 많은 독립군을 배출한 학교잖아요."

"맞아. 이동녕 선생님은 3·1 운동 후 대한민국 임시 정부의 수립에 참여해 임시 헌법을 만드는 데 주도적인 역할을 했어. 이후 임시 정부의 입법부인 의정원 의장으로도 활동했지."

"그럼 임시 정부도 지금처럼 입법부, 사법부, 행정부로 삼권 분립이 되었다는 거네요?"

똑똑이 은지가 얼마 전 책에서 읽은 국가의 구성에 관한 내용을 떠올리며 말했다. 아이들은 처음 듣는 말이어서 빡쌤의 얼굴을 쳐다보았다.

"일단 은지가 삼권 분립이 무엇인지 친구들에게 설명해 주겠니?"

"국가는 국민으로부터 부여받은 권력으로 나라를 운영하는데, 권력이 한쪽에 집중되는 것을 막기 위해 세 곳으로 나눈 걸 뜻해. 입법부는 국회를, 사법부는 법원을, 행정부는 정부를 말하지. 이 세 기관이 서로를 견제하면서 어느

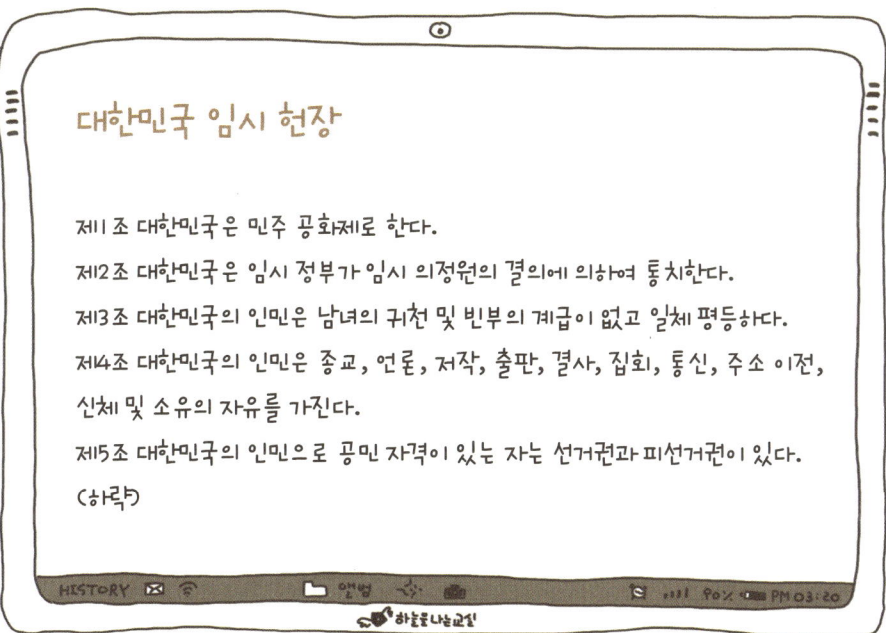

대한민국 임시 헌장

제1조 대한민국은 민주 공화제로 한다.
제2조 대한민국은 임시 정부가 임시 의정원의 결의에 의하여 통치한다.
제3조 대한민국의 인민은 남녀의 귀천 및 빈부의 계급이 없고 일체 평등하다.
제4조 대한민국의 인민은 종교, 언론, 저작, 출판, 결사, 집회, 통신, 주소 이전, 신체 및 소유의 자유를 가진다.
제5조 대한민국의 인민으로 공민 자격이 있는 자는 선거권과 피선거권이 있다.
〈하략〉

한 기관이 권력을 함부로 사용해 국민의 자유와 권리를 침해하는 일이 없도록 하는 거야. 삼권 분립은 민주주의 국가를 유지하는 가장 중요한 장치 가운데 하나지."

은지의 설명에 아이들은 엄지를 척 들어 보였다.

"그럼 100년 전 임시 정부도 지금과 같은 체제를 갖췄다는 거군요?"

시루가 신기하다는 표정으로 물었다.

"물론이야. 임시 정부는 우리 민족이 독립하면 어떻게 나라를 이끌어 가야 할지 철저히 검토해 임시 헌법을 만들었어. 임시라는 말 때문에 운동회 때 하루 쓸 요량으로 세우는 임시 천막 같은 데 사용하는 단어가 아닌가 오해할 수도 있는데 절대 아니었던 거지. 간절한 독립 의지로 태어난 임시 정부인 만큼 민족의 미래에 대한 치열한 고민과 치밀한 계획이 바탕이 되었어. 이동녕 선생님은 바로 그 일을 하신 분이야. 선생님은 국무령과 주석으로도 활동했고, 대통령이 자리를 비우거나 내부 다툼으로 나랏일에 문제가 생기면 앞장서서 임시 정부를 이끌었어. 임시 정부의 주역들을 만난 기분이 어떠니?"

"100년 전의 일 같지가 않아요. 바로 어제 일 같아요."

"임시 정부는 옛날에 있었던 과거의 독립운동 조직이 아니야. 오늘날까지 대한민국을 지탱하는 힘이지. 나중에 배우겠지만 나라가 어지러워지고 민주주의가 무너질 때마다 3·1 운동의 정신이 되살아나 위기에 빠진 대한민국을 구해 왔어. 그것은 임시 정부가 어려움 속에서도 3·1 운동의 정신을 지켜 냈기에 가능하다고 할 수 있지. 그럼 이제 임시 정부가 어떻게 고난의 식민 지배 상황을 헤쳐 나갔는지 보러 가자."

임시 정부의 살아 있는 역사, 백범 김구

아이들이 백범 기념관의 전시실로 들어서는 순간 탄성이 터져 나왔다.

아이들 앞에는 하얀 돌로 만들어진 김구 좌상*이 의자에 당당하게 앉아 있었다.

"김구 선생님이야. 어때?"

빡쌤의 말에 아이들은 입이 쩍 벌어졌다. 파래가 거대한 좌상에 키를 견주려는 듯 발돋움을 하며 말했다.

"우아, 포스가 장난이 아닌데요?"

한자를 제법 아는 은지가 말했다.

"마치 흰 호랑이가 도사리고 있는 것 같아요."

시루가 경복궁 체험 학습을 갔던 때를 떠올리며 말했다.

"서울의 수호신 해치 같기도 하고."

"하하, 은지는 백범의 백(白) 자가 흰 백이라는 걸 알아서 흰 호랑이로 생각했나 보구나. 백은 흰 백 자가 맞고 범은 호랑이가 아니라 평범하다고 할 때의 범이란다. 김구는 백정(白丁)과 범부(凡夫), 즉 신분이 아주 낮거나 평범한 모든 사람도 애국심을 갖길 바란다는 의미에서 호를 백범이라 한 거야. 모든 한국인이 애국심으로 똘똘 뭉쳐 나라를 되찾길 바란 거지."

"아하, 그렇구나!"

아이들은 고개를 끄덕였고, 은지는 쑥스러운 듯 머리를 긁적였다.

"그러나 은지의 말도 틀린 건 아니야. 김구라는 존재는 일제와 친일파들에겐 큰 두려움의 대상이었거든. 실제로 김구는 일본 육군 장교를 맨손으로 처단한 일도 있었어. 호랑이라는 표현도 지나친 말은 아니지."

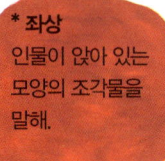

*좌상
인물이 앉아 있는 모양의 조각물을 말해.

"와, 대단하다!"

일행은 김구 좌상이 있는 중앙 홀 왼쪽 문으로 들어갔다. 그러자 벽을 따라 김구의 일생이 사진과 함께 쭉 전시되어 있었다.

"구한말 태어난 김구는 '모든 사람은 평등하다'는 동학의 정신에 감동해 동학의 길에 들어섰고 동학 농민 전쟁 때는 선봉장으로 나섰어. 이후 간도 지역에서 의병에 가담하기도 했지. 하지만 의병 활동이 실패해 조선으로 귀국하게 되었어. 그러다가 아주 큰 사건이 터졌지."

영상실에서 김구 관련 영상을 시청한 뒤 일행은 동학 의병 활동에 관한 자료를 전시한 방을 둘러보았다. 그다음 들어간 방은 치하포에서 벌어진 사건을 전시한 곳이었다.

"고향으로 돌아가던 김구는 주막에서 조선인으로 변장한 일본군 중위 스치다를 발견하고 명성황후 시해와 일제가 조선에서 벌인 갖가지 악행을 응징하는 차원에서 맨손으로 그를 죽여 버려. 결국 구속되어 사형을 언도받지만 탈옥한단다. 김구는 백성들이 어리석음에서 깨어나야 일제를 물리칠 수 있다는 생각에 교육 활동에 뛰어들었지. 이런 활동을 계몽 운동이라고 해. 당시 많은 학생과 지식인이 교육을 통해 나라의 자주적 권리를 되찾고자 했지."

"와, 김구 선생님이 살아오신 길을 보면서

백범 김구
김구는 백정과 범부, 즉 신분이 낮고 평범한 사람도 모두 애국심을 갖길 바란다는 의미에서 호를 백범이라고 했어.

걷다 보니 우리 근현대사의 모든 장면이 펼쳐지네요."

"맞아. 김구는 험한 파도 같은 시대를 온몸으로 싸워 왔지. 그런데 진짜 중요한 일은 2층에서 볼 수 있어."

일행은 2층으로 향하는 계단을 올랐다. 계단 벽은 김구가 1946년 이후 조국의 동포들을 만나기 위해 전국을 다닌 지명과 김구의 글씨 등이 부조로 꾸며져 있었다. 2층에 올라가 처음 들어선 방은 1919년부터 1932년까지 대한민국 임시 정부의 활동 내용이 전시되어 있었다.

정부의 구조를 갖추어 나간 임시 정부

"3·1 운동의 영향으로 가장 큰 의미를 지니는 것은 대한민국 임시 정부가 수립된 일이라고 아까 이야기했지? 임시 정부를 세우고 우리나라 각 지역을 대표하는 사람들이 대통령에 이승만, 국무총리에 이동휘를 선출했어."

"대통령도 뽑고 국회도 만들었으니 '임시'라는 말을 빼고 그냥 정부라고 해도 되었겠어요."

"그래. 비록 일제가 장악한 한반도를 떠나 외국에 세운 정부지만 임시 정부는 아주 중요한 의미를 가지고 있었어. 우리 역사에서 최초로 세워진 민주 공화국이라는 것이지. 이전엔 왕이 모든 권력을 쥐고 나라의 주인 노릇을 했잖아? 그런데 조선이 망하고 세워진 나라는 국민이 주인인 나라였지. 국민이 나라의 주인인 지금의 대한민국도 임시 정부로부터 비롯된 거야."

"쌤, 근데 우리나라 최초로 대통령이 된 이승만은 어떤 사람이에요?"

"이승만은 젊었을 때 외국 선교사로부터 신학문을 배웠는데 영어에 탁월한

재능을 보였어. 기독교도가 된 이승만은 선교사들의 지원으로 미국 하버드 대학에서 석사 학위를 받고 프린스턴 대학에서 박사 학위를 받아. 이후에는 하와이로 가서 하와이 한인 사회의 주도권을 잡았어. 당시 하와이는 미주 한인의 절반가량이 살고 있어서 이승만의 영향력은 대단히 커졌지.

미국 명문대 박사 출신이라는 학벌과 하와이 등지에서 획득한 주도권, 그리고 국내외 기독교 세력의 전폭적인 지지로 이승만의 인지도는 아주 높았어. 그것이 이승만이 대통령이 된 배경이지."

"쌤, 그럼 김구 선생님은 임시 정부에서 어떤 일을 맡았나요?"

"아까 시루가 김구 석상을 보고 수호신 해치 같다고 했잖아. 그 말에 힌트가 있어."

"임시 정부 지킴이?"

파래가 뭔가 알아챘다는 듯 말했다.

"오! 거의 비슷해. 김구는 3·1 운동이 일어나자 상하이로 가서 임시 정부의 문지기가 되겠다고 했어. 국내 활동을 익히 알고 있었던 임시 정부는 김구에게 경무국장을 맡겼지. 경무국장은 임시 정부 사람들을 보호하고 일제의 밀정을 찾아내 처단하는 일을 했어. 파래 말처럼 임시 정부의 지킴이 역할을 한 거야."

위기에 처한 임시 정부

"이후 김구는 내무총장과 임시 정부의 대표인 국무령*, 주석 등의 자리를 연이어 맡아 임시 정부가 존폐 위기에 처했을 때도 온 힘을 다해 임시 정부를

지켜 냈지."

"임시 정부의 위기는 왜 온 거예요?"

"내부 요인과 외부 요인이 있었어. 내부 요인 가운데 가장 큰 것은 이승만 대통령이 아무에게도 말하지 않고 자기 멋대로 국제 연맹에 한국을 대신 다스려 달라고 부탁한 사건이야. 민족사학자이자 독립운동가인 신채호는, '이완용은 있는 나라를 팔아먹었지만 이승만은 나라를 되찾기도 전에 팔아먹었다.'며 강력히 비판했어. 그러나 이승만은 어떤 사과도 하지 않았지. 또 대통령이 된 이승만은 정작 임시 정부가 있는 상하이에서 대통령직을 수행하지 않고 미국에만 머물러서 많은 사람이 불만을 터뜨렸어.

국무령

대한민국 임시 정부가 1926년 대통령제를 폐지하고 택한 지도 체제를 말해. 임시 정부는 처음에는 국무총리제로 시작해 아래 표처럼 여러 가지 정치 체제로 바뀌었어.

임시 정부 정치 체제	기간
국무총리제	1919년 4월~9월
대통령제	1919년 9월~1925년 4월
국무령제	1925년 3월~1927년 4월
국무위원제	1927년 3월~1940년 10월
주석제	1940년 10월~1944년 10월
주석·부주석제	1944년 10월~1945년 8월

대통령제에서 국무령제로 바뀐 것은 이승만의 독선적 행동으로 임시 정부의 갈등이 심해지자 대통령의 권력 남용을 막기 위한 체제가 필요했기 때문이야.

결국 이승만은 상하이로 오긴 했는데 독선적인 행동으로 임시 정부 사람들과 끊임없이 갈등을 일으켰어. 더군다나 재미 동포로부터 거둔 독립 자금의 대부분을 활동비로 써 버리고 임시 정부에는 조금만 보냈지. 여러 좋지 않은 일들이 벌어지자 임시 정부 의정원은 1925년 이승만을 탄핵하기로 했어.

이 과정에서 외교적인 노력으로 독립을 얻자고 주장하는 이승만은 일제와 직접 싸워서 독립을 얻어야 한다는 무장 투쟁 세력과도 갈등을 빚었어. 이처럼 이승만으로부터 비롯된 갈등과 분열은 일파만파로 퍼져, 민족 독립을 위해 뒤로 미루어 놓았던 각자의 사상과 입장이 불만과 함께 터져 나왔지.

이승만처럼 외교적 독립 방법을 지지하는 세력과 일제와의 직접 투쟁을 주장하는 세력이 갈등하더니 일이 점점 꼬이면서 민족주의 독립운동가들과 사회주의 독립운동가들로 분열하는 사태로까지 번졌어."

"민족주의는 알겠는데 사회주의는 뭔가요?"

"사회주의는 생산에 필요한 중요한 수단을 개인이 아닌 국가가 직접 관리하고 거기서 생산된 이익은 일한 사람들에게 골고루 나눠 주자는 주장이야. 반대로 자본주의 사회에서는 생산 수단을 소유한 개인, 즉 자본가가 노동자를 고용해 임금을 주고 일을 시킨 뒤에 얻은 이익을 자본가가 가지지.

자본가는 더 많은 이익을 얻기 위해 노동자에게 최대한 많은 일을 시키고 최소한 적은 임금을 주려 하지. 그래서 자본가는 점점 더 많은 돈을 벌고 노동자는 점점 더 가난해지는 문제가 발생해. 사회주의는 바로 자본주의의 문제가 사적 소유에 있다고 지적하며 등장한 사상이야.

민족주의 독립운동가들은 자본주의를 받아들이는 쪽이었고 사회주의 독립운동가들은 자본주의를 부정하는 쪽이었지."

"그럼 원산 파업처럼 자본가들과 맞선 노동자들은 사회주의 쪽과 가까웠겠

군요?"

"맞아. 아까 3·1 운동의 영향으로 노동자와 농민이 조합을 만들어 일제의 자본가와 지주의 횡포에 맞섰다고 했잖아. 그래서 노동자와 농민의 조직에는 사회주의적 입장을 가진 사람들이 많았단다."

"쌤, 그런데 당시 노동자와 농민은 결국 우리 민족의 자유를 빼앗고 탄압한 일제에 맞선 것이니 민족주의라고 할 수 있지 않아요?"

"아주 정확한 질문이야. 일제를 몰아낸 다음 자본주의 체제를 택할 것이냐 사회주의를 택할 것이냐 하는 문제는 일단 독립을 하고 난 다음 이야기지. 그래서 서로 사상은 달라도 힘을 합치기도 했어.

외부적인 어려움으로는 일제의 집요한 탄압이 있었어. 일제는 만주를 지배하는 권력자를 꼬드겨 독립군을 잡는 데 힘을 보태게 했지. 그리고 국내외 독립운동을 총지휘하는 임시 정부의 비밀 조직인 연통제와 임시 정부를 운영할 자금을 모집하고 비밀 교신 등을 담당하던 교통국의 요원들을 모두 잡아들여 조직을 완전히 붕괴시켰어. 임시 정부의 손발을 끊어 버린 거야. 또 한국인이 중국인을 해코지한다는 소문을 퍼뜨려 한국인에 대한 인식을 나쁘게 만들었지. 그러다 보니 중국 쪽의 지원도 기대하기 어려웠어. 대한민국 임시 정부에 위기가 찾아오자 많은 사람이 임시 정부를 떠났어. 그러나 김구는 끝까지 임시 정부를 지키기 위해 노력했지."

"독립운동을 이끌어야 할 임시 정부가 그런 상황이었다면 국내 독립운동의 상황은 더욱 좋지 않았을 것 같아요."

"단지 문화 통치라는 가면만 바꾸어 썼을 뿐 오히려 교묘하게 우리 민족을 통제하고 탄압하는 일제 때문에 국내도 아주 힘든 상황이었지. 그런데 식민지 민중의 등골을 빼먹자고 달려드는 제국주의 일본이 통치하는 세상에서 벗

어나려는 노력은 한 번도 쉬운 적이 없었어. 그러나 어려움 속에서도 독립과 자유를 향한 열망은 식을 줄 몰랐지."

밑줄 쫙! 은지의 한국사 노트

1. 대한민국이라는 우리나라 이름은 □□운동의 영향으로 세워진 □□ □□에서 처음 사용하였다.
   - 3·1 운동, 임시 정부

2. 민족의 힘을 하나로 모으기 위해 세워진 임시 정부는 국호를 □□□□으로 정했다.
   - 대한민국

3. 임시 정부는 헌법에서 '대한민국은 □□ □□□로 한다.'고 밝혔다. 여기서 □□ □□□란 국민이 주인이 되어 나라를 다스리는 정치 제도를 말한다.
   - 민주 공화국, 민주 공화국

4. 임시 정부는 국가 기관들이 권력을 함부로 사용해 국민의 자유와 권리를 침해하는 일이 없도록 입법부, 사법부, 행정부로 권력을 나누고 서로 견제하게 했다. 이것을 □□ □□이라고 한다.
   - 삼권 분립

5. 임시 정부는 독립의 방법을 놓고 두 가지 견해로 나뉘었다. 하나는 □□를 통해 외국의 도움을 받자는 쪽이었고, 다른 하나는 □□ □□을 통해 일제를 몰아내자는 쪽이었다.
   - 외교, 무장 투쟁

식민지의 어둠을 뚫고 독립을 향해 나아가다

일제의 분열 정책과 탄압에도 우리 민족의 독립을 향한 투쟁은 멈추지 않았어. 대립하던 민족주의자와 사회주의자 독립운동 세력이 손을 잡고 만세 운동을 이끌었고 부당한 대우에 학생들도 참지 않고 일제에 맞섰어. 그리고 목숨을 걸고 일제의 심장부에 폭탄을 던졌지.. 일제의 탄압은 나날이 심해졌지만 우리 민족도 저항을 굽히지

1917년 러시아, 세계 최초 **사회주의 혁명 발발**

1921년, 중국 공산당 설립

1922년 12월 30일, 소련 결성

1921년 6월, 자유시 사건, 러시아, 독립군 부대 무장 해제 시도

1924년 중국, 제1차 국공합작

1922년, 사회주의 확산

1928년 소련, 국가 주도 공업화 정책 5개년 계획 도입, 소련 공업 비약적 발전, 초강대국 성장의 토대 마련

1931년 중국공산당 중화소비에트 정부 수립

1919년 **3·1만세 운동**

1922년 5월 1일, 한국 최초 노동절 기념행사 개최

1925년 조선공산당 설립

1926년 6·10만세운동

1930년 평양고무공장 노동자 파업

1932년 윤봉길 의거

1933년 한중 연합 작전

1919년 대한민국 임시정부 수립

1924년, 조선청년총동맹과 조선노농총동맹 결성

1920년 청산리 대첩

1922년 5월 1일, 어린이날 선포

1925년 임시정부, 대통령 이승만 탄핵

1927년 신간회 조직

1929년 원산총파업

1932년 이봉창 의거

1933년 조선어 한글맞춤법통

일제강점기

1918년 1차 대전 종전

1922년 이탈리아, 파시즘 운동의 창시자 무솔리니 집권

1929년 10월, 미국 주식 시장 폭락을 기점으로 **세계 대공황** 시작

1931년 일본, 만주사변 일으킴

1933년 3월, 국제연맹 탈퇴

1919년 6월 28일, 베르사유조약 체결, 독일 막대한 경제적 타격

1923년, 히틀러 맥주홀 폭동, 파시스트 정권 수립 시도

1928년 영국 플레밍, 항생제 페니실린 개발

1930년 인도 간디, 소금행진

1933년 대공황, **전 세계 확산**

1924년 미국 허블, 여러 은하계 존재 밝힘

1926년 미국, 세계 최초 액체 연료 로켓 발사

1929년 제1회 아카데미상 시상식 개최

1933년 히틀러 독일 총리 취임, 파시즘 체제

1927년 미국 린드버그, 대서양 횡단 비행

1932년 독일 나치당 제1당 등극

1933년 국제연

않았어. 그러던 중 일제는 심각한 경제 문제에 봉착하고 문제 해결을 바깥에서 찾기 위해 중국과 동남아시아 등지에서 전쟁을 벌였어. 전쟁에 필요한 물자는 모두 우리 땅에서 빼앗아 갔지. 가뜩이나 일제의 수탈로 고통받던 우리 민족의 삶은 더욱 어려워졌어.

일제는 경제적 착취에 그치지 않고 친일파를 앞세워 아예 우리 민족의 정신마저 빼앗으려 했어. 그러나 우리 민족은 우리 역사와 우리 말을 지키며 독립을 향해 나아갔단다.

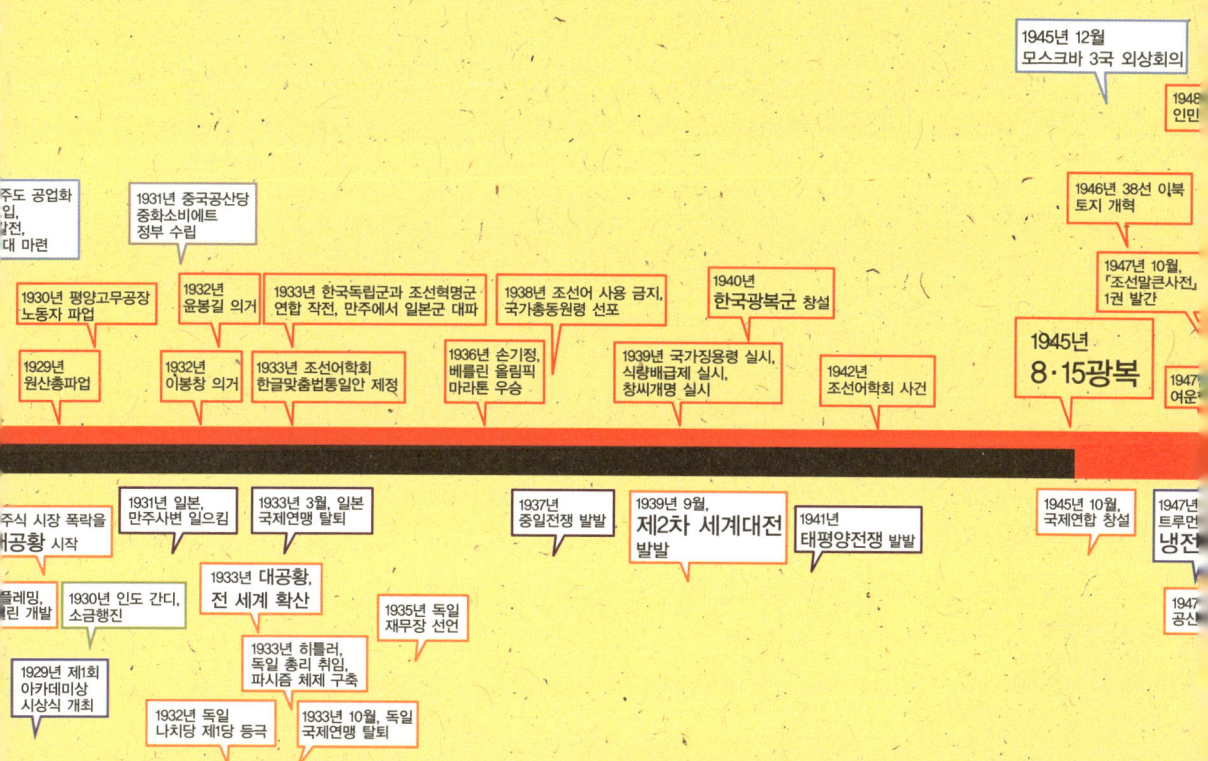

탄압에도 꺾이지 않는 우리 민족의 독립 의지

6·10 만세 운동

"고종의 장례식에 맞춰 3·1 운동이 일어난 것처럼 그의 아들이자 마지막 황제 순종이 죽자 우리는 다시 만세 운동을 준비했어. 아까 독립운동 세력 중 민족주의자와 사회주의자가 대립했다고 했잖아? 그런데 다시 만세 운동을 준비할 때는 두 세력이 힘을 모았어. 3·1 운동 때 크게 당한 적이 있던 총독부는 독립운동 세력을 철저히 감시했고 많은 사람이 독립운동을 준비하는 단계에서 잡혀 갔어. 미리 준비한 선언문도 모두 빼앗겼고 말이야.

드디어 6월 10일 순종의 장례식 날, 일제의 삼엄한 경계 속에서 아무도 나

순종의 장례식 행렬
1926년 6월 10일 순종의 장례식 날 학생들과 시민들이 만세 운동을 벌였어.

설 엄두를 내지 못했어. 이때 학생들이 갑자기 만세를 부르면서 뛰쳐나왔지. 그러자 장례 행렬을 구경하러 나왔던 사람들도 만세 운동에 동참했어. 순식간에 거리는 만세 소리와 태극기의 물결로 가득 찼지.

대비하고 있던 일본 경찰과 군인에게 마구 짓밟혔지만 시위는 여덟 차례나 이어졌단다. 다만 3·1 운동처럼 널리 퍼져 나가지는 못했어. 6·10 만세 운동은 '대한 독립 만세'라는 구호뿐만 아니라 '일본 제국주의 타도'라는 구호를 내세웠어. 공장 총파업과 소작료 거부 운동 등의 투쟁 대상이 일본 제국주의라는 것을 분명히 했고 구체적인 행동 강령까지 내놓았어. 3·1 운동은 나라를 빼앗긴 울분이 밑바탕이었다면 6·10 만세 운동은 적을 분명히 설정하고 싸움의 계획을 세우는 등 한 단계 더 높은 투쟁으로 발전한 거야.

뿐만 아니라 일제에 회유되거나 패배적인 생각을 가진 사람들을 중심으로 일어난 자치론을 거부하고 오직 독립만이 우리 민족의 살 길임을 분명히 했지. 그러면서 민족주의 독립운동가들과 사회주의 독립운동가들은 사상과 이념을 뛰어넘어 독립을 위해 단결해야 한다는 생각을 공유하게 되었어.

민족주의자와 사회주의자, 신간회로 뭉치다

"1927년 겨울 추위가 채 가시지 않았지만 땅

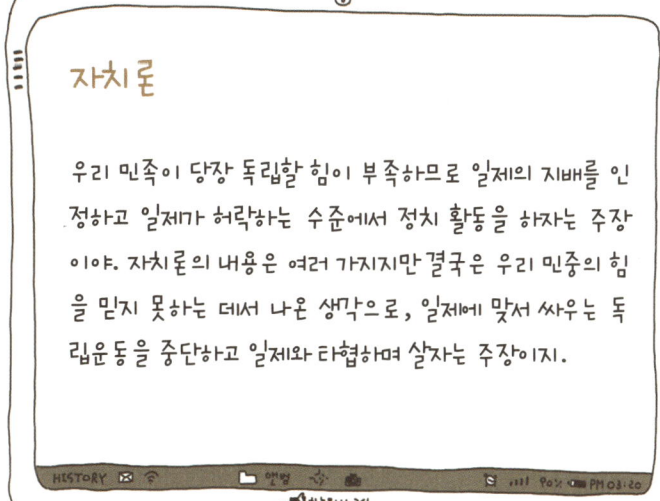

자치론

우리 민족이 당장 독립할 힘이 부족하므로 일제의 지배를 인정하고 일제가 허락하는 수준에서 정치 활동을 하자는 주장이야. 자치론의 내용은 여러 가지지만 결국은 우리 민중의 힘을 믿지 못하는 데서 나온 생각으로, 일제에 맞서 싸우는 독립운동을 중단하고 일제와 타협하며 살자는 주장이지.

속에선 봄을 준비하는 생명들이 꿈틀거리기 시작하는 2월이었어. 6·10 만세 운동으로 단결의 중요성을 새삼 깨달은 민족주의자와 사회주의자가 힘을 합쳐 신간회를 조직했지.

신간회는 우리 민족을 착취할 대상으로만 여기는 일제의 통치 정책을 비판했어. 그리고 민족의 권리와 마땅히 보장되어야 할 이익을 지키기 위해 노력했지. 일제 강점기에 합법적으로 활동한 사회단체는 신간회가 유일해."

"합법이라면 일제가 신간회를 인정했다는 말씀인가요?"

"천만에. 겉으로는 사회단체를 인정하는 듯이 행동했지만, 사회주의자들을 잡아들이고 집회와 시위를 가로막아 신간회의 활동을 방해했지.

그러나 신간회를 향한 조선 사람들의 기대는 대단했어. 신간회가 세워진 지 얼마 지나지 않아 신간회의 지방 조직은 전국적으로 140여 개나 되었고 회원은 최대 4만여 명에 달했어. 그야말로 일제 강점기 최대의 민족 운동 단체가 신간회였지. 이렇게 많은 사람의 참여로 이루어진 단체인 만큼 하는 일도 다양했어.

노동자들의 노동 쟁의나 농민들의 소작 쟁의에 적극적으로 힘을 보탰고, 가난이나 천재지변으로 고통 받는 사람들을 돕기 위해 팔을 걷어붙이고 나섰지. 야학이나 강연회를 통해 사람들을 깨우치는 데도 앞장섰어. 사회의 각종 차별을 없애려 노력했고 독립군에 군자금을 모아 보내주었지. 그리고 누구보다 앞장서서 항일 독립운동에 나섰던 학생들을 뒷받침하는 것도 신간회가 한 중요한 일이었단다."

광주 학생 항일 운동

"1929년 10월 30일 오후, 광주에서 출발한 통학 열차가 나주역에 도착했어. 일본인 남학생들이 열차에서 내려 걸어가던 조선인 여학생들의 댕기 머리를 잡아당기며 희롱했어. 그러자 한 여학생의 사촌 동생인 광주 고등 보통학교 2학년 박준채가 항의하면서 조선인 학생들과 일본인 학생들 사이에 싸움이 벌어졌지. 그런데 경찰과 학교는 일본인 학생들 편을 들며 우리나라 학생들을 처벌했어. 일제의 이런 불공평한 태도에 그동안 참아왔던 학생들의 불만이 한꺼번에 터져 나왔어.

분노한 광주 지역 학생들은 11월 3일 일제히 들고일어났어. 일본 경찰은 학생들을 무자비하게 잡아 가뒀지. 학교 문을 닫아 학생들이 서로 만나지 못하게도 했어. 그러나 학생들은 경찰의 감시를 피해 본격적인 시위 준비를 했어. 신간회를 비롯한 사회단체들은 학생들을 지원하기 위해 발 벗고 나섰지.

박기옥과 이광춘
광주 고등 보통학교 3학년 학생인 박기옥과 이광춘은 광주 학생 항일 운동의 도화선이 되었어.

11월 12일 학생들의 시위는 다시 시작되었고, 민족 차별과 식민지 교육의 철폐를 주장하며 순식간에 전국으로 퍼져 나갔어. 이때 시위와 동맹 휴학으로 일제에 맞선 학교는 전국에서 194개에 달했고, 참여한 학생 수는 5만 4,000여 명에 이르렀어. 투쟁 과정에서 퇴학이나 정학을 당한 학생은 3,000여 명이 넘었고, 경찰에 잡혀 들어간 학생은 1,600여 명에 달할 정도로 광주 학생 항일 운동은 3·1 운동 이후 최대의 항일 운동이었지. 해방 이후 정부는 광주 지역 학생들이 시위를 시작한 11월 3일을 '학생 독립운동 기념일'로 정해 그 뜻을 기리고 있어.

학생들이 들고일어나자 신간회는 대규모 민중 대회를 열어 항일 투쟁의 분위기를 이어 가려 했어. 총독부는 학생들의 투쟁에 더해 노동자와 농민까지 일어난다면 사태가 걷잡을 수 없을 거라 직감했어. 그래서 신간회 측에 민중 대회를 열지 말라고 촉구해. 그렇다고 학생들이 지핀 소중한 항일 투쟁의 불씨를 꺼뜨릴 순 없잖아? 신간회는 총독부의 요구를 받아들이지 않고 민중 대회 준비에 박차를 가하지. 결국 일본 경찰들은 신간회를 포위하고 지도자들을 모조리 잡아들였어. 민중 대회를 이끌 지도자들이 잡히면서 자연히 민중 대회는 무산되었지.

새로 지도부가 된 민족주의 계열 사람들 가운데는 아까 말했던 일제에 타협하자는 쪽 사람들이 있었어. 그들은 일제가 인정하는 한에서 합법적인 활동만 하자고 주장했지. 이에 사회주의자들은 일본 제국주의의 목적이 우리나라를 영원히 식민지로 착취하는 것인데, 그들이 원하는 대로 따르면 독립이 어떻게 가능하냐며 그럴 바에는 차라리 신간회를 해체하는 게 낫다고 주장했어. 결국 5년여 동안 다양한 활동으로 독립의 길을 찾아나가던 최대의 항일 민족 운동 단체 신간회는 문을 닫게 되지."

일제가 우리나라를 발판으로 침략 전쟁을 벌이다

"1930년대에 대공황이 전 세계로 번졌단다. 공황이란 경제가 매우 나빠져 마비 상태에 이르는 걸 말해. 공장은 문을 닫고 일하던 사람들은 실업자가 되었어. 물가가 급격히 뛰어올라 먹고살기가 무척 어려워졌지.

일제는 경제가 어려워지자 우리나라를 더욱 못살게 굴었단다. 노동자의 임금을 깎고, 항의하는 노동자는 총칼로 짓밟고, 더욱 많은 쌀을 빼앗아 갔지. 일제의 만행은 만주를 침략하고(1931), 중국을 침략하고(1937), 미국과 전쟁을 벌이면서(1941) 더욱 심해졌단다. '신성한 대동아 전쟁을 수행하는 천황 폐하의 군대를 후원하기 위해 우리는 모든 것을 바쳐야 한다.'면서 말이지. 일제는 자신들이 일으킨 전쟁은 서양에 맞서는 대동아 전쟁이라고 불렀어. 우리나라의 젊은이를 강제로 일본으로 끌고 가서 무기 공장이나 탄광에서 부려먹었고 전쟁터에 총알받이로 몰아넣었지. 또 젊은 처녀들을 속여서 위안부로 이용했단다.

1930년대에는 전 세계적으로 큰 사건이 벌어졌어. 1929년에 일어난 경제 위기인 대공황이 1930년대에 전 세계로 번져 갔지."

"공항이요? 비행기가 뜨고 내리는 곳이요?"

파래는 경제 위기가 닥쳤는데 큰 공항이 번져 갔다는 말이 도저히 이해가 되지 않아 고개를 갸웃거렸다.

"공항이 아니라 공황! 쉽게 말해서 '스스로 감당하지 못할 수준의 어려움 때문에 이러지도 저러지도 못하는 상황'이라고 이해하면 돼. 경제적 의미에서 공황은 경제 상황이 손을 쓸 수 없을 정도로 나빠져 거의 마비 지경에 이르는 것을 말해."

"그럼 일본도 공황에 빠졌겠네요?"

"맞아. 사실 일본 경제는 공황 이전부터 삐걱거리고 있었어. 일본은 제1차 세계 대전 때 전쟁 피해를 복구하려는 유럽 국가들에 필요한 물자를 팔아 큰 이익을 보았지. 이때 물자를 생산하기 위해 공장을 잔뜩 지었는데, 시간이 지나 유럽 국가들이 복구가 끝나자 더 이상 일본으로부터 물자를 사 가지 않은 거야. 그러니 공장들은 문을 닫을 수밖에 없었고 실업자가 늘어나면서 경제는 큰 타격을 받지 않을 수 없었지. 이런 상태에서 세계적인 공황이 덮치자 회사들은 줄줄이 망하고 은행도 문을 닫으면서 큰 혼란에 빠져들었어. 경제 혼란은 정치 혼란으로 이어져 난리가 아니었단다."

"쌤통이다, 나쁜 놈들!"

아이들은 일본에 좋지 않은 일이 터지자 속이 다 시원했다.

"그럼 일제가 힘이 약해져서 우리가 독립할 기회가 왔겠군요?"

"공황은 결과적으로 우리의 독립에 영향을 미쳤지만, 그건 아주 나중 일이고, 당장은 우리 민족에게 더 큰 고통이 찾아왔지."

"그렇지 않아도 힘든데 더 큰 고통이라니요. 무슨 일이 벌어진 거죠?"

"제국주의와 식민지를 생각해 보면 알 수 있어. 제국주의가 다른 나라를 식민지로 삼는 이유는 크게 두 가지야. 자기 나라 물건을 팔 시장을 확보하는 것이 하나고, 식민지로 만든 나라에서 자원을 수탈하는 게 다른 하나지. 일제가 우리나라를 식민지로 만들어 자기들 물건을 팔아먹고, 쌀과 같은 각종 자원을 착취하는 걸 보면 알 수 있지.

일제는 자기 나라 내부의 문제를 더 넓은 식민지를 만들어서 해결하려고 해. 그런데 다른 나라가 순순히 자기 주권을 내놓았을까? 그렇지는 않았겠지. 그래서 일제는 전쟁을 시작했어. 우리나라 사람들을 쥐어짜서 전쟁에 필

경제 공황이 뭐예요?

　경제 공황은 자본주의 체제가 가진 모순 때문에 발생하는 현상이야. 자본주의 체제에서는 끊임없이 이윤을 얻기 위해 물자를 생산하고 생산 과정에서 일한 노동자에게는 최소한의 임금을 지불하려 하지. 그래야 이윤이 극대화되니까.
　그런데 노동자는 단순히 노동자에 그치는 것이 아니고 소비자이기도 해. 즉, 생산된 물자를 소비해 자본가에게 이윤을 안기는 것도 역시 노동자인 거야. 그런데 노동자에게 임금을 적게 주면 결국 소비를 많이 못 하게 되겠지. 그러면 물건을 아무리 많이 만들어도 살 사람이 없으니 만든 물건은 쌓여만 가고 자본가는 이윤은커녕 본전도 못 챙기는 상황에 처하게 돼.
　이에 자본가는 임금이 차지하는 비용을 줄이기 위해 노동자의 임금을 극단적으로 깎거나 아예 노동자를 해고하지. 그럼 노동자는 물건을 소비할 수 없어 자본가가 아무리 물건을 많이 생산해도 소비가 이루어지지 못하므로 자본가는 결국 파산할 수밖에 없어.
　이런 악순환이 기업 단위로 일어나다가 나라 단위로 그 범위가 넓어지고 세계적인 범위로까지 확대돼 손을 쓸 수 없는 지경이 되는 것이 바로 경제 대공황이야. 소비할 수 있는 한계를 넘어 물자가 너무 많이 생산되어 벌어지는 공황이라고 해서 '과잉 생산 공황'이라고도 한단다.

요한 물자를 모두 조달했지. 가뜩이나 적은 노동자의 임금을 더 줄이고, 저항하는 노동자를 총칼로 짓밟고, 이전보다 훨씬 더 많은 쌀을 빼앗아 갔단다."

"아, 정말 해도 해도 너무 한다."

"이건 시작에 불과해. 전쟁이 확대되면서 일제가 벌인 짓은 상상을 초월할 정도였어. 이건 나중에 이야기하고.

일제의 첫 번째 표적은 만주였어. 사실 일제는 1930년 이전에도 만주 지역에서 상당한 영향력을 행사하고 있었어. 러·일 전쟁에서 이긴 일제는 남만주에 철도를 놓을 권리를 얻었는데 이를 지켜야 한다며 군대도 보냈지. 군대가 주둔한다면 그 지역에서 당연히 힘을 쓸 수 있다는 거잖아. 그런데 일제는 그 정도가 아니라 만주 전체를 몽땅 차지해야겠다고 생각했지.

그래서 자신들이 설치한 철도를 아주 조금 폭파시켜 놓고는 중국군이 저지른 거라고 뒤집어씌웠어. 1931년 9월 중국군을 공격해 순식간에 만주 전 지역을 수중에 넣는 데 성공했지(만주 사변). 청나라의 마지막 황제였던 푸이를 황제로 앉히고 만주국이라는 일제의 꼭두각시 나라를 세웠어. 만주는 일제의 또 다른 식민지가 된 거야.

그러나 일제는 여기서 그치지 않고 중국을 몰아세웠고, 동남아시아 국가들까지 식민지로 만들기 위해 전선을 넓혀 나갔단다. 동아시아 전체를 식민지로 만들겠다는 속셈이었어."

일제의 심장에 폭탄을 던져라!

백범 기념관 2층에 있는, 1919년~1932년의 임시 정부 활동을 전시한 방에서 만주 사변까지 이야기한 빡쌤과 아이들은 김구와 그의 가족을 설명하는 전시실을 지나, 한인 애국단의 활동을 보여 주는 전시실로 들어섰다.

"일제의 탄압과 내부의 갈등으로 어려움을 겪으면서도 대한민국 임시 정부는 꿋꿋이 버텨 냈어. 그러나 형편은 말이 아니었지. 독립군들은 일제에 의해 근거지를 파괴당해 여기저기 옮겨 다녀야 했어. 일제의 잔혹한 보복 때문에 한인들도 이전처럼 독립군을 지원하기 어려웠어. 일본의 공격을 피해 러시아로 갔던 독립군은 러시아군에 의해 학살당하고 무장해제당하는 일까지 있었지. 독립군은 다시 간도로 돌아와 아주 어려운 싸움을 해야만 했어.

그러던 중 1931년 임시 정부 국무령 김구는 한인 애국단이라는 비밀 조직을 만들었어. 이 조직은 친일 활동을 하는 한국인과 중국인, 그리고 일제의 지도부를 처단하려는 목적으로 만들어졌지.

천황에게 폭탄을 던진 이봉창

한인 애국단 전시실 벽에는 가슴에 선언서를 붙이고 양손에는 수류탄을 들고 밝게 웃고 있는 한 남자의 사진이 걸려 있었다.

"이 사진의 주인공은 이봉창이야. 한인 애국단이 만들어진 이듬해인 1932년, 상하이에 있던 김구에게 한 청년이 찾아왔어. 그가 바로 이봉창이야. 이봉창은 천황을 죽일 테니 폭탄을 달라고 한 거야. 김구는 청년의 말에 처음에는 의심을 했지. 스파이가 아닌가 하고 말이야. 당시는 일제의 밀정들이 독립운동을 하는 사람을 감시하고 이간질하고 암살하는 일이 잦았거든. 더군다나 그는 일본어를 일본 사람만큼이나 유창하게 구사했어.

그런데 이봉창이 일본어를 잘하는 이유가 있었어. 그는 일본으로 건너가

일본인처럼 대우를 받으며 살려고 했지. 그래서 일본어도 열심히 익혔고 행동도 일본인처럼 했어. 그런데 아무리 일본어를 잘하고 일본인처럼 행동해도 결국 조선인인 그에게 돌아오는 건 차별과 멸시뿐이었지. 이봉창은 나라 잃은 사람이 제대로 대우 받고 살려면 나라를 되찾는 것밖에 방법이 없다는 걸 깨달았어.

이봉창의 진심을 알게 된 김구는 그를 한인 애국단의 단원으로 받아들이고 수류탄을 구해 줬어. 이봉창은 일본으로 건너가서 수류탄을 몸에 품고 천황의 행렬이 지나가는 곳에서 기다렸어. 그리고 천황의 마차가 지나가자 수류탄을 던졌어. 그런데 안타깝게도 수류탄을 던진 마차는 천황이 아닌 일본인 대신이 탄 마차였어. 천황은 난리를 틈타 재빨리 달아났고 이봉창은 태극기를 꺼내 '대한 독립 만세!'를 힘차게 외쳤지. 결국 일본 경찰에 잡혀가 사형을 당하고 말았어.

이봉창의 의거는 성공하지 못했지만 그의 영향력은 아주 컸어. 일본인들은 자기네 수도에서 그것도 벌건 대낮에 천황을 향해 폭탄이 날아들었다는 사실에 큰 충격을 받았어. 한편 일본에 대한 반감이 커질 대로 커진 중국인들에게도 다른 의미의 충격으로 다가왔지. 일본인들이 느낀 두려움이 아닌 통쾌함이었어. 그래서 중국 신문들은 이봉창의 의거를 보도하

이봉창
한인 애국단 단원인 이봉창은 수류탄을 던져 일본 천황을 제거하려 했지만 아쉽게도 실패했어.

며 '불행히도 폭탄이 빗나갔다.'고 표현했어."

"그 마음을 알 것 같아요. 그리고 너무 자랑스러워요."

"그렇지. 그 무렵 일제는 만주 사변으로 악화된 국제 여론의 시선을 다른 데로 돌리고, 서양 여러 나라의 조계지*가 있는 상하이를 차지함으로써 서양에 영향력을 행사하기 위해 음모를 꾸몄어. 일제는 상하이에서 중국인들을 돈으로 사서 일본인 승려를 죽이게 만들지. 그리고 이 사건을 핑계로 상하이를 공격했어. 중국군은 대항했지만 일제의 또 다른 음모에 속아 결국 상하이에 대한 영향력을 잃게 되었어. 이 사건을 '상하이 사변'이라고 해. 상하이 사변에서 승리한 일제는 홍커우 공원에서 승전 기념식을 열었어. 승리의 잔치를 벌인 거야."

*조계지
제국주의 국가는 약한 나라 땅에 자기들이 마음대로 행동할 수 있는 지역을 얻어 내는데, 이 지역을 조계지라고 해.

"그렇게 큰 땅덩어리와 어마어마한 인구를 가진 중국이 무력하다니……."

"일제는 일찌감치 산업화를 이루고 경제력을 키웠잖아. 또 그것을 바탕으로 전투기, 탱크 등 최신식 무기로 군대를 무장시켰고. 제아무리 사람이 많아도 최신식 무기를 갖춘 군대를 이기긴 어려웠겠지."

"아, 분하다!"

"당시 중국인들의 심정도 너희와 같았을 거야. 중국을 이기고 나서 전승 축하 기념식을 자기네 땅에서 개최하니 화병이 나서 죽고 싶을 지경이었을 거야.

그런데 일제의 축제장인 바로 그 홍커우 공원에서 어마어마한 일이 벌어졌어. 자, 여기를 한번 보렴."

일본 장군들을 휩쓸어 버린 윤봉길

빡쌤은 전시실 벽에 다른 사진을 가리켰다. 사진 속에는 머리를 단정히 빗어 올리고 왼손에는 폭탄을 오른손에는 권총을 든 남자가 서 있었다.

"이분은 윤봉길 의사야."

아이들은 사진 속 인물이 어떤 일을 했을지 짐작이 갔다. 그의 비장한 표정에 아이들도 긴장했다.

"윤봉길은 한학과 국사, 신학문을 두루 공부한 사람이었어. 일제의 수탈에 신음하는 농민들을 깨우치기 위해 야학당을 만들어 한글과 산수를 비롯해 역사와 과학, 농사 지식 등을 가르쳤지. 민족의식을 심어 주고 노동자와 농민이 제대로 대접받는 세상을 만들기 위해 어떻게 해야 하는지 알리고자 책을 쓰기도 했어.

그러다가 일제의 가혹한 수탈 때문에 죽음과 같은 고통에서 벗어나지 못하는 민중의 현실을 더 이상 보고 있을 수 없었지. 결국 만주로 건너가 독립운동의 현실을 직접 목격했어. 이어서 상하이로 간 윤봉길은 김구를 만나 조국의 독립을 위해 몸과 마음을 다 바치기로 하고 한인 애국단에 입단했단다.

1932년 4월 29일 일제가 전승 축하 기념식에 일본인 지도부들이 모인다는 사실을 알고

윤봉길
윤봉길도 한인 애국단 단원이었어. 윤봉길은 중국 훙커우 공원에서 폭탄을 던져 일본군 지도부에 큰 피해를 입혔지.

물통과 도시락으로 위장한 폭탄을 메고 훙커우 공원으로 갔어. 일본인 지도부가 있는 단상에 최대한 가까이 접근했지. 절대 실패하지 않으려고 말이야.

기념식이 무르익고 일본인들이 일본 국가를 부르기 시작하자 윤봉길은 물통 폭탄을 꺼내 단상 위로 힘차게 던졌어. 꽝! 폭탄은 일본인 지도부의 코앞에서 엄청난 폭음과 함께 폭발했어.

폭발로 일본군 사령관, 육군 대장, 해군 대장을 비롯해 침략에 앞장선 관리들이 그 자리에서 죽거나 중상을 입었어. 윤봉길은 거사를 치른 직후 현장에서 체포되었고 일본으로 호송되어 그해 겨울 순국했지."

아이들은 일본군 우두머리들이 죽었다는 말에 가슴이 뻥 뚫리듯 통쾌했지만, 자신의 목숨을 조국의 독립을 위해 바친 윤봉길 의사를 생각하며 조용히 사진을 바라보았다.

"윤봉길의 의거는 수많은 중국인에게 큰 감동을 주었어. 만보산 사건이라는 일제의 음모로 한국인에게 품고 있던 오해도 풀렸지. 특히 중국 국민당 정부의 총통 장제스는 '중국의 백만 대군도 해내지 못한 일을 한 한국 청년이 해냈다.'며 칭찬을 아끼지 않았어.

윤봉길 의거로 중국인들은 한국인이 함께 일제와 싸워야 할 동료임을 깨달았어. 이런 분위기에서 국민당 정부는 대한민국 임시 정부와 독립군에게 경제적 지원도 아끼지 않았지.

또 독립군이 중국 영토 내에서 항일 무장 투쟁을 하는 것을 허락했어. 일본군이 판을 치는 상하이와 만주에서 어렵게 싸워 오던 임시 정부와 독립군에게는 그야말로 천군만마를 얻는 것과 같았단다.

뿐만 아니라 국민당 정부는 중국 군사 학교에서 한국인들이 군사 교육을 받을 수 있도록 했는데 이 학교를 통해 배출된 군인들은 일제로부터 나라를

되찾기 위한 싸움에서 큰 역할을 담당했단다."

"나라 밖에서 이런 일들이 일어나고 있을 때 국내 상황은 어땠나요?"

일제가 식민지를 넓혀 가려고 전쟁을 일으키며 우리나라 사람들로부터 수탈을 강화하던 것이 걱정된 은지가 물었다.

"그럼 대한민국 임시 정부 이야기는 나중에 이어 가기로 하고 다시 한반도로 돌아가 볼까?"

조선인의 정신을 빼앗아라!

"일제는 나라를 강제로 빼앗은 뒤 우리나라 사람들에게 일본어와 일본 역사를 가르쳤어. 또 식민 지배의 정당성을 확보하기 위해 조선인은 어리석고 게으르며 만났다 하면 싸움부터 한다는 역사관을 만들어 가르쳤지. 이것을 '식민 사관' 이라고 해. 우리 민족이 대대로 못났으니까 일제가 지배해서 우리 민족을 어리석음에서 벗어나게 해야 한다는 말도 안 되는 주장이야.

일제는 이렇게 우리나라 사람들의 머리에 조선인은 못났고 일본인은 위대하다는 생각을 심어 놓았어. 그러고는 위대한 일본 왕의 조상에게 절을 하라고 강요했어. 이것을 '신사 참배' 라고 해. 신사는 원래 일본 고유의 신을 모시고 제사지내는 토속 종교 시설이었어. 그런데 일제는 천황을 최고의 신으로 높임으로써 천황의 지배를 합리화하는 정치적 시설로 변모시켰어. 신사를 참배한다는 것은 곧 천황의 뜻에 복종한다는 의미였지. 일제는 전국 곳곳에 수많은 신사를 세우고 조선인에게 참배를 강요했단다.

또 모든 공식적인 자리에서 '황국 신민의 서사' 라는 글을 외우도록 강요했

신사 참배를 하는 조선 학생들
조선 학생들은 강제로 황국 신민의 서사를 외우고 신사를 향해 참배를 해야만 했단다.

어. 황국 신민의 서사는 모든 한국인은 일본 왕의 백성이므로 일본 왕에게 충성을 다하겠다고 맹세하는 글이지. 이 글을 다 외우고는 일본 왕궁이 있는 쪽을 바라보며 절을 하게 했어. 그런 다음 '천황 폐하 만세!'라고 외쳐야 했단다. 이것을 따르지 않으면 벌을 받아야 했어.

아울러 한국과 일본이 하나이고 모두 일본 왕의 백성이니 일본의 일에는 두 팔 걷어붙이고 따라야 한다고 강요했어. 이 모두 우리나라 사람을 자기네 전쟁에 이용해 먹으려는 속셈이었지.

일제는 또 학교에서 우리말을 하지 못하게 하고 한글도 쓰지 못하게 했어. 그걸 어겼다가는 심하게 혼을 내고 때리기까지 했어. 신문도 일본 말로 기사를 내게 했어. 한발 더 나아가 강제로 우리식의 성과 이름을 일본식으로 고치도록 했어. 안 그러면 학교도 갈 수 없고 직장도 구할 수 없고 편지도 전해주

지 않았지. 심지어 식량을 받을 배급표도 주지 않았어.

일제는 우리의 말과 역사를 모두 빼앗아 우리 민족의 정신을 완전히 없애 버리려 했단다."

일제의 앞잡이들

"그런데 우리 민족의 정신을 없애려는 일제의 정책을 앞장서서 선전하고 부추긴 사람들이 있었어. 일본 왕의 백성으로서 죽어라 일하고 전쟁터도 나가고 심지어 일본 군인들의 성노예도 되라고 했지."

"사악한 일본 놈들!"

시루가 주먹을 쥐고 부르르 떨었다.

"그런데 민족 말살 정책에 앞장선 사람들은 일본인이 아니라 한국인이었어. 우리가 친일파라고 하는 사람들 말이야. 지금 우리는 1930년대 이야기를 하고 있는데, 친일파는 훨씬 오래전인 1920년에 등장했어.

1919년 3·1 운동으로 일제가 총칼로 위협하는 무단 통치에서 문화 통치로 통치 방식을 바꿨다고 했잖아? 바로 이때 일제는 조선인 가운데 유명한 집안의 사람, 부자, 종교인, 교육자 등을 돈과 명예로 꾀어 친일파로 만들어 나갔지. 또 일제에 우호적인 사람들을 교육시켜 친일 지식인을 키웠어.

대표적인 사람이 임시 정부에서 일하기도 한 유명한 소설가 이광수야. 그는 우리 민족이 겁쟁이이고 게으름뱅이이며 어리석기 때문에 일제의 지배를 받는 게 당연하다고 떠들어댔어. 게다가 3·1 운동 당시 민족 대표 33인 가운데 한 사람인 최린, 독립 선언서 초안을 작성한 최남선도 일제의 식민 정책을 옹호하고 친일을 부추겼지. 우리 현대 시의 선구자로 알려진 주요한도 일제를 찬양하는 시를 썼어. 그가 쓴 시를 보면 친일파들의 생각을 알 수 있지.

> 천황 폐하께 한 가지 바치옵는
> 정성이련만 총을 잡는 어깨는
> 보람이 차는 것을.

한마디로 일왕의 충성스러운 백성으로서 일제가 벌인 전쟁에 나가 싸우는 것을 큰 보람으로 여기라는 소리야. 이들은 일제가 쥐어준 돈과 명예에 취해 우리나라 젊은이들을 죽음의 전쟁터로 내몬 거지."

이들뿐 아니라 경찰이 되어 독립운동가들을 잡아들이고 악랄하게 고문한 자들, 일본군이 되어 독립군 사냥에 나선 자들, 우리나라 사람들의 피땀 어린 수확물을 가로채는 데 앞장선 기업인들과 공무원들, 온갖 간악한 꾀를 내어 일제에 협력한 관리들, 무엇보다 어린 학생들에게 잘못된 역사를 가르친 교사들과 식민 지배를 정당하게 꾸며낸 친일 역사가들, 이 모든 친일파는 자신의 영달을 위해 아무런 가책 없이 자기 민족을 일제에 팔아넘겼단다.

그러나 친일파와 달리 일제의 온갖 회유와 탄압에도 우리말과 우리글, 우리 역사를 지키려 한 사람들이 있었어."

민족의 정신을 지키려 노력한 사람들

우리말과 우리글을 지킨 사람들

　주시경과 그의 제자들을 중심으로 만들어진 조선어 학회는 우리 민족 문화를 지키기 위해 우리글을 지키는 것이 중요하다고 생각했어. 그래서 한글을 연구하고 강습회를 열어 사람들이 한글을 잊지 않고 사용하도록 노력했지. 일제가 한글을 쓰는 사람들을 탄압했지만 이들의 노력으로 한글이 사람들의 말과 글에서 살아남을 수 있었어.

　한글이 한민족의 정신을 없애려는 일제의 계획에 방해가 되자 일제는 조선어 학회를 독립운동 단체라고 규정하고 학자들을 붙잡아 악랄하게 고문했어.

조선어 학회 회원들
조선어 학회 회원들은 한글을 연구하고 강습회를 열어 한글을 널리 알리고 많은 사람이 사용하도록 했어.

이 과정에서 많은 학자가 감옥에서 목숨을 잃었지. 게다가 편찬 중이던 국어사전 원고를 빼앗아 갔어. 그러나 다행히도 광복 이후에 빼앗겼던 원고의 일부를 되찾았어. 그리고 이것을 바탕으로 우리나라 최초의 국어 대사전인 『우리말 큰사전』을 만들었단다.

식민 사관에 맞서 우리 역사를 지킨 사람들

"일제는 우리 민족의 독립 의지를 꺾고 자신들의 지배를 정당화하기 위해 역사를 왜곡했어. 우리 민족의 역사를 보면 늘 다른 민족의 지배 아래 있었다는 거야. 그래서 스스로 무엇인가를 이루고 발전시킬 능력이 없으니 일제의 지배를 받는 게 당연하다고 우리나라 사람들의 머리를 세뇌시키려 했어.

이에 독립운동가이자 역사학자인 신채호는 우리 민족의 자랑스러운 역사를 사람들에게 알려려 외적의 침입에서 나라를 구한 을지문덕, 강감찬, 이순신 등 위인들의 전기문을 만들어 사람들에게 알렸어. 또한 독립운동을 하면서 너무 오래돼서 사람들이 잘 모르는 고조선과 고구려 등 우리 고대사를 연구해 우리 민족의 역사 범위가 한반도뿐만 아니라 드넓은 중국 대륙까지 뻗어 있었다는 것을 사람들에게 알렸지.

단재 신채호
독립운동가이자 역사학자로 활동하며 잊혀진 우리 역사의 뿌리를 밝혀 일제의 역사 왜곡에 맞섰어.

이로써 우리가 무능하고 허약한 민족이라는 일제의 역사 왜곡을 무너뜨리는 바탕을 만들었단다.

꿈틀 일행은 1932년부터 1939년까지의 임시 정부 전시실을 지나 그 옆 추모의 공간으로 갔다.

"이곳은 효창공원 안에 안장되어 있는 일곱 분을 기리는 곳이야."

"일곱 분이라면 누구죠?"

"아까 백범 기념관에 들어오기 전에 들른 임정 요인의 묘에 모셔진 이동녕, 차리석, 조성환 그리고 저기 창밖을 보렴."

아이들은 추모의 공간에 난 창을 통해 밖을 내다보았다.

"저기는 백범 김구 선생이 잠들어 있지. 일제의 간담을 서늘하게 한 윤봉길, 이봉창, 백정기 열사의 묘도 있단다."

아이들은 항일 독립운동의 큰 물줄기를 만든 역사적 인물들이 서울 한복판에 있다는 게 믿기지 않았다.

"자, 그럼 열사 일곱 분에게 인사하러 가자꾸나."

일행은 기념관을 나왔다. 그때 파래가 어딘가를 가리키며 물었다.

"쌤, 아까 기념관에 들어오면서 보았는데 저기 있는 동상이 혹시 윤봉길 의사예요?"

파래의 손끝을 따라가 보니 폭탄을 던지려는 모습의 동상이 있었다.

"맞아, 나도 저 동상의 주인공이 누군지 궁금했어."

아이들도 모두 한마음으로 맞장구를 치며 빡쌤을 쳐다보았다.

"저분은 윤봉길 의사가 아니라 이봉창 의사란다."

그러자 '일본 놈들아, 내 폭탄을 받아라!' 하며 파래도 동상과 똑같은 포즈를 취했다. 모두들 동상 밑으로 달려가 윤봉길 의사를 우러러보았다.

삼의사 묘역

"여기서 조금만 더 가면 그분들이 잠들어 계신 곳이 나와."

빡쌤은 아이들을 이끌고 삼의사 묘역으로 갔다. 그리고 '삼의사묘'라 새겨진 문기둥을 지나 계단을 올랐다. 계단을 다 오르자 소나무가 병풍처럼 둘러선 곳에 묘가 있었다.

"쌤, 삼의사라고 했는데 묘가 넷이에요."

은지가 고개를 갸웃거렸다.

"맨 오른쪽 묘가 백정기 의사, 그다음 묘는 윤봉길 의사, 그다음은 이봉창 의사의 묘야. 그런데 맨 왼쪽 묘에는 묘비가 없지?"

"네, 그냥 무덤 옆에 작은 돌만 있어요."

"가서 뭐라고 쓰여 있는지 읽어 보렴."

아이들은 맨 왼쪽 묘로 가서 돌에 새겨진 글자를 소리 내어 읽었다.

"이곳은 안중근 의사의 유해가 봉환되면 모셔질 자리로 1946년에 조성된 가묘입니다."

"'봉환'이란 모시고 돌아온다는 뜻이고, '가묘'란 시신을 묻기 전에 임시로 만들어 놓은 묘를 말해. 김구 선생은 윤봉길, 이봉창, 백정기 의사의 유해를 이곳에 모시고 나서, 안중근 의사의 유해를 찾으면 모셔 오려고 이렇게 가묘를 만들어 놓았단다.

안중근 의사는 이토 히로부미를 저격한 뒤 잡혀 뤼순 감옥에서 사형을 당하셨는데, 일본인들은 안중근 의사의 묘가 생길 경우 독립운동의 성지처럼 될까 봐, 유족에게 넘기지 않고 수인들이 묻히는 묘지 어딘가에 아무도 모르게 묻어 버렸단다."

4부 3·1 운동으로 세워진 대한민국 임시 정부

"아, 정말 치사하기 짝이 없는 놈들이네!"

시루는 분해서 주먹을 꽉 움켜쥐었다.

"너무 슬퍼. 무덤마저 찾을 수 없다니."

마리가 가묘 옆 돌을 보며 눈물을 글썽였다.

"대한민국 정부를 비롯해 많은 사람이 유해를 찾으려 노력하고 있으니 곧 좋은 소식이 있을 거야. 그럼 네 분에게 인사를 올려야지?"

빡쌤과 아이들은 네 개의 묘 앞에서 고개를 숙이고 묵념을 올렸다. 그러고는 계단을 내려와 벤치에 앉았다. 빡쌤은 말을 이었다.

"윤봉길 의거의 영향으로 중국 국민당은 임시 정부와 독립군에 전폭적인 지원을 시작했다고 했지? 윤봉길을 통해 임시 정부는 숨 막힐 듯한 어려움에서 숨통이 트이게 되었어. 김구는 한인 청년들을 군사 간부로 키워야겠다고 생각했지. 그래서 1933년 난징에서 장제스를 만나 중국 육군군관학교에서 우리나라 청년들이 군사 교육을 받을 수 있게 했고, 이들은 나중에 독립을 위한 군대를 만들 때 중요한 인재가 되었어.

한편 중국 국민당의 지원을 통해 활동할 공간을 확보한 독립군은 일제와의 항일 투쟁을 이어 갔는데, 이때 중국군과도 힘을 합쳐서 싸웠지.

그러던 1937년 일제는 만주뿐만 아니라 중국 본토도 식민지를 만들겠다며 전쟁을 터뜨렸어. 이전까지 중국과 일제는 국지전, 즉 여기저기서 작은 싸움을 벌여 왔어. 그런데 이제는 전면전, 즉 두 나라 전체가 본격적으로 전쟁을 시작한 거야. 이 전쟁을 중·일 전쟁이라고 해.

일제는 상하이를 점령하고 곧이어 수도인 난징을 함락시켰어. 그리고 민간인에게도 잔혹한 살상을 저질렀지. 공식적으로 15만 명 정도가 학살당했다고 하지만, 실제로는 30만 명 가까이 학살되었다고 해. 일제가 저지른 이 끔

난징 대학살
1937년 난징 대학살이 벌어질 당시 중국 난징에 입성하는 일본군의 모습이야.

찍한 학살이 바로 난징 대학살이야."

"어우, 무서워!"

"3·1 운동 때 제암리를 비롯해 우리나라에서 저지른 짓을 봐. 이런 잔인한 상대와 맞서 독립의 의지를 꺾지 않았던 우리 선조들이 얼마나 대단했는지 알겠지?"

바로 그때 비명이 터져 나왔고 아이들의 시선이 바닥에 넘어진 파래에게 쏠렸다. 시루가 머리를 긁적거리며 자기가 걷어찬 파래의 팔을 붙잡았다.

"어우, 미안! 일본 놈들 생각에 나도 모르게……."

시루는 일제의 잔혹한 만행에 분노해 자기도 모르게 태권도 앞차기를 하고 말았다. 그 발길의 끝에 파래가 있었던 것이다. 파래도 일제의 만행에 분노하고 있었던 터라 주먹을 불끈 쥐어 보이는 선에서 상황을 정리했다. 빡쌤의 말

이 이어졌다.

"처음에 일제에 밀리던 중국은 국민당과 공산당이 힘을 합쳐(국공 합작) 끈질기게 맞섰어. 우리 독립군도 여러 지역에서 게릴라전을 펼치며 일본군을 괴롭혔지. 일제가 세력을 넓히는 것을 못마땅하게 여긴 미국과 영국도 일제를 견제하기 시작했어. 일제의 승리로 쉽게 끝날 줄 알았던 전쟁은 장기전으로 돌입했지. 이에 일제는 눈을 돌려서 동남아시아를 차지하려고 전선을 확대했어.

일제의 공세가 거세지자 임시 정부도 한군데에 머물러 있을 수 없어서 여러 차례 정부 청사를 옮겨 다녔어. 그러다가 1940년 충칭(중경)에 정착했지. 대한민국 임시 정부는 그동안 혼란스러웠던 내부 조직을 정돈했어. 흩어졌던 독립운동 단체를 하나로 모으려 애썼지. 그리고 무엇보다 중요한 일을 시작

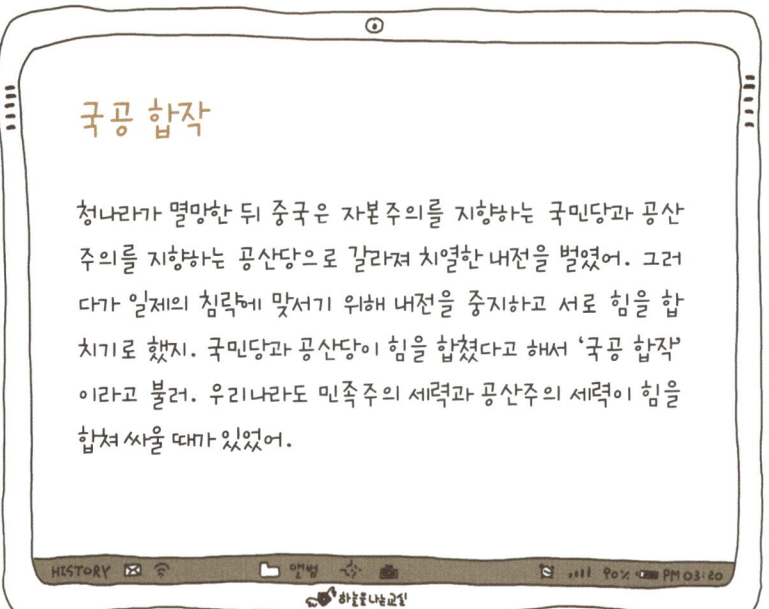

국공 합작

청나라가 멸망한 뒤 중국은 자본주의를 지향하는 국민당과 공산주의를 지향하는 공산당으로 갈라져 치열한 내전을 벌였어. 그러다가 일제의 침략에 맞서기 위해 내전을 중지하고 서로 힘을 합치기로 했지. 국민당과 공산당이 힘을 합쳤다고 해서 '국공 합작'이라고 불러. 우리나라도 민족주의 세력과 공산주의 세력이 힘을 합쳐 싸울 때가 있었어.

한국 광복군 창설
1940년에 대한민국 임시 정부는 정식 군대인 한국 광복군을 창설했어. 그리고 일제에 당당히 나라 대 나라로 선전 포고를 했지.

했어."

아이들은 그 중요한 일이 무엇인지 궁금해 귀를 쫑긋 세웠다.

"한 나라의 주권을 세우고 지키기 위해 가장 중요한 게 뭘까?"

"힘이죠. 그게 없어서 일제에게 당한 거니까요."

"맞아. 대한민국 임시 정부는 정식 군대인 한국 광복군을 창설해. 한국 광복군에는 여러 지역에서 활동하던 독립군들과 중국 군사 학교에서 교육받은 청년들, 그리고 강제로 일본군이 되어 끌려온 우리나라 청년들이 합쳐지면서 한 나라를 지키는 군대로서 틀을 갖추게 되지."

"야, 그럼 드디어 일제와 본격적으로 싸우게 된 건가요?"

"그래. 대한민국 임시 정부는 일제에 선전 포고를 했어. 당당히 나라 대 나라의 전쟁을 선언한 거야. 그리고 '대한민국 건국 강령'을 발표해. 건국 강령이란 나라를 세우는 데 필요한 원칙과 방향을 말해."

"나라를 세운다는 말은 독립을 한다는 건데. 일제가 기세등등한 상황에서 어떻게?"

"독립운동가들은 일제의 패망이 멀지 않았다고 생각했어. 일제는 중국과 전쟁을 벌이고 동남아시아를 침략하면서 그동안 일제의 침략 행위를 묵인하던 나라들이 등을 돌리기 시작했거든. 실제로 미국은 일제에 석유 수출을 금지하고 일본으로 돈이 흘러드는 걸 막는 등 경제적으로 일제를 압박했어. 미국은 동남아시아 나라들에서 많은 자원을 수입하고 있었으니 일제가 동남아시아를 차지하는 것을 지켜보고만 있을 수는 없었지. 이에 맞서 일제는 1941년 12월 미국 하와이의 진주만을 공격했어. 그러면서 미국을 중심으로 한 연합군과 일제가 '태평양 전쟁'을 벌인 거야. 이 모든 상황을 지켜보며 일제의 패망을 예견한 거지. 전쟁에 미친 일제는 최후의 발악을 했고 불행하게도 모든 고통은 우리가 짊어져야 했어.

일제는 1938년 중·일 전쟁을 시작하면서 '국가 총동원령'이라는 걸 발표했어. 전쟁에 필요한 모든 물자를 조달하기 위해 우리나라의 자원과 인력을 모두 끌어다 쓰겠다는 것이었지.

일제는 당장 돈이 되는 금부터 철, 석탄 등을 모조리 캐 갔어. 그것도 모자라 금비녀, 금반지는 물론이고 놋대야, 놋그릇, 숟가락, 젓가락까지 무기를 만들 수 있는 재료는 모두 빼앗아 갔단다."

"그럼 밥은 어떻게 먹으라고!"

마토가 다급한 목소리로 말했다.

"먹을 밥이나 있어야 말이지. 일제는 식량 배급제를 실시해 먹고 죽지 않을 정도만 나눠 주고 대부분의 식량은 털어 갔거든. 소나 돼지 등 가축도 예외가 아니었지. 게다가 강제로 저축을 하게 해서 전쟁에 필요한 돈으로 썼단다."

"깡패가 따로 없네요. 그럼 우리나라 사람들은 대체 어떻게 살라는 거죠?"

"살지 말고 죽으란 거지. 일제에게는 우리나라 사람의 목숨 같은 건 안중에도 없었어. 일제는 전쟁터에서 싸울 병사로 쓰려고 우리 젊은이들을 끌고 갔어. 또 탄광, 공사장, 공장 등으로 데려가 죽도록 일을 시켰지. 전쟁터에서 총에 맞아 죽거나, 공장에서 일을 하다가 죽거나, 굶어 죽거나……. 우리 민족이 선택할 수 있는 것은 죽음밖에 없었단다.

여자들도 예외가 아니었어. 정신대라는 이름으로 끌고 가 마구 부려 먹었어. 무엇보다 용서할 수 없는 건 열 살 갓 넘은 어린 소녀부터 스물이 채 되지 않은 처녀까지 일본군의 성적인 노예로 삼았다는 거야. 심지어 병이 나거나 아이를 가지면 무참히 살해했어."

아이들은 순식간에 표정이 일그러졌다. 시루는 화가 나서 주먹을 꽉 움켜쥐었다.

"더욱 화가 나는 건 우리나라 사람들이 일본의 전쟁 놀음에 끌려가 참혹하게 죽어 가는 것을 부추긴 사람들이 있었다는 거야. 아까 말한 이광수, 최남선, 모윤숙, 서정주, 김활란 등 친일파들이지. 이들은 일본을 위해 죽는 것이 영광스러운 일이라면서 어서 그 죽음의 자리로 갈 것을 부추겼지."

"일본 놈보다 친일파가 더 나빠. 자기 혼자 잘 먹고 잘살겠다고 같은 민족을 팔아먹다니. 내가 그 시대에 있었다면 이것들을 그냥!"

시루가 자기도 모르게 허공에 발길질을 했다.

"어둠이 깊으면 새벽이 멀지 않다는 말이 있잖아. 조금만 참고 기다려 보자."

해방을 준비하다

"일제에 선전 포고를 한 대한민국 임시 정부는 한국 광복군이 연합군의 일원으로 일본군과 맞서 싸우도록 했어. 인도·미얀마 전선까지 군대를 파견해 영국군과 함께 일본군과 전투를 벌였지. 또 지금의 미국 전략 첩보 기구 CIA의 전신인 OSS와 국내로 진입해 일제를 몰아낼 작전을 준비하면서, 비밀리에 뛰어난 군인들을 선발해 특수 훈련을 시켰단다. 이렇게 한 이유는 우리 힘으로 일제를 몰아내야만 떳떳하게 자주적인 나라를 세울 수 있어서야.

임시 정부가 국외에서 해방을 준비했다면, 국내에서는 1944년 8월 여운형

한국 광복군의 훈련 모습
한국 광복군은 일제를 무너뜨리고 자주적인 독립을 하기 위해 열심히 훈련에 임했단다.

이 건국 동맹을 만들어 해방된 뒤 나라를 세울 준비를 했어. 건국 동맹을 주도한 여운형은 사회주의자였는데 민족주의자들도 참여해 새날을 함께 준비했어. 건국 동맹의 중심인 노동자와 농민은 일제 강점기에 조합을 만들어 활동한 덕분에 일찌감치 잘 조직되어 있었어. 여기에 언제나 독립운동의 현장에서 앞장섰던 학생들, 징용이나 징병을 피해 숨어 있던 사람들도 함께했단다.

"그런데 건국 동맹이 뭐죠?"

"응, 일제가 패망한 뒤 국민이 주인인 나라를 준비한 비밀 조직이야. 세울 건(建), 나라 국(國), 같이할 동(同), 맹세할 맹(盟), 즉 나라를 세우는 일을 같이하기로 맹세한 모임이란 뜻이지. 중국에서 대한민국 임시 정부가 독립 이후를 준비했다면 국내에서는 건국 동맹이 준비를 하고 있었던 거야."

"쌤, 여운형이라는 인물에 관해서도 알려 주세요."

"사실 여운형은 우리 독립운동의 역사에서 아주 중요한 역할을 한 사람이야. 아까는 다른 독립운동가들을 이야기하느라 잠시 뒤로 미뤄 두었지만.

여운형은 명문가에서 태어나 한학을 배우다가 배재학당 등에서 신학문을 익

미군과 특수 훈련을 받은 한국 광복군 대원
한국 광복군은 국내로 진입해 일제를 몰아내기 위해 미군과 특수 훈련을 받았어.

했어. 중국의 대학에서는 영문학을 전공했지. 영어에 능통한 여운형은 외국의 주요 인사들과 많은 교류를 통해 세계정세를 정확히 꿰뚫고 있었어.

제1차 세계 대전이 끝나고 연합국이 패전국에 대한 문제를 논의하던 파리 강화 회의가 우리의 독립 의지와 당위성을 주장할 좋은 기회임을 알고 김규식을 파리에 특사로 보냈지. 자신은 러시아로 가고, 장덕수는 일본으로 보내 김규식의 파리 강화 회의 참가와 이를 통해 우리의 독립 의지를 보이자는 메시지를 전했어.

덕분에 일본에 있던 조선인 유학생들은 1919년 2월 8일 2·8 독립 선언을 하게 돼. 이것이 3·1 만세 운동의 촉매제 역할을 했고, 3·1 운동을 일으킨 많은 사람 가운데 여운형의 역할이 아주 중요했다고 할 수 있지.

3·1 운동 이후 상하이에서 임시 정부 의정원의 의원이 되었고, 이후 임시 정부 수립에 참여하면서 외교 위원을 맡기도 했어.

그는 뛰어난 영어 실력과 웅변 실력을 바탕으로 중국, 러시아, 일본 등의 주요 인사들과 교류하면서 우리 민족의 독립의 당위성을 알리려 노력했단다. 일본 한복판에서 일본을 비판하고 독립의 정당성을 주장하는 연설을 하기도 했지.

여운형의 넓은 인맥과 높은 인기를 잘 알고 있던 일제는 여러 차례 그를 친일파로 만들려고 했지만 번번이 거절당했어.

수차례 감옥에 갇혔지만 여운형은 국내에서 독립을 위한 활동을 이어 갔어. 조선중앙일보 사장 시절에는 베를린 올림픽에서 마라톤 금메달을 딴 손기정 선수의 옷에 인쇄된 일장기를 지우고 신문에 사진을 싣기도 했어. 이 사건으로 여운형은 사장직에서 물러났고 조선중앙일보도 결국 폐간되고 말아. 일제의 서슬 퍼런 칼날 앞에서도 반대의 뜻을 펼치는 데 거침없었다는 것을

알 수 있지.

여운형은 중국 전국 대표 대회에서 영어로 연설할 만큼 아주 뛰어난 연설가였어. 또 굉장히 활동적이어서 다양한 스포츠를 즐기기도 했고 축구팀을 만들어 동남아 원정을 가기도 했지. 그는 청년들이 운동을 통해 몸과 마음을 단련하는 것이 민족 독립에 큰 힘이 될 수 있다고 말했어.

아무리 바쁜 일이 있어도 노동자들의 결혼에 주례를 설 정도로 다정다감한 사람이기도 했어. 이런 그의 인간미를 느낄 수 있는 일이 있었어. 21세 때 아버지가 세상을 떠나고 집안의 모든 것을 물려받자 빚 문서와 노비 문서를 모두 불태워 노비들을 자유롭게 풀어 주었을 뿐만 아니라 스스로 살아갈 수 있도록 여러모로 도와주었지. 심지어 풀어 준 노비 가운데 결혼을 하지 못한 사람들을 짝 지워 주기도 했어. 아주 젊어서부터 노동자나 농민 등 가진 것 없는 사람들의 편에서 세상을 바라보았던 거야.

이렇게 활동적이며 다정하고 말도 잘하는 데다, 무엇보다 일제의 회유와 협박에 흔들리지 않고 민족의 독립을 위해 뛰어다닌 여운형은 인기가 대단했지. 실제로 해방 이후 1945년 11월 선구회에서 벌인 여론 조사에 따르면, '조선을 이끌어 갈 양심적 지도자' 항목에 여운형은 33퍼센트로 이승만, 김구 등 쟁쟁한 정치인보다 높은 지지를 받기도 했단다.

이렇게 독립을 위해 동분서주하던 여운형은 태평양 전쟁*이 벌이지자 일제의 패망이 멀지 않았음을 예견하고 패망 이후를 준비한 거야."

*태평양 전쟁
제2차 세계 대전 때 일본과 연합국 (미국, 영국 등) 사이에 벌어진 전쟁 (1941~1945)을 가리켜.

일제의 패망

"일제는 기를 쓰며 버텼지만 전세는 연합국에 점점 유리하게 전개돼. 1943년 미국, 영국, 중국의 지도자들이 이집트 카이로에서 만나 일제를 굴복시킨 다음의 문제를 논의해. 전쟁의 끝이 보이기 시작한 거야. 이 자리에서 세 나라 지도자는 적당한 시기에 한국을 자유 독립 국가로 만들기로 합의하지. 이것을 '카이로 선언'이라고 해."

"해방이 되면 그 순간부터 독립 국가지 적당한 시기는 또 뭐예요?"

"바로 그 대목에서 또 다른 비극을 불러오게 돼. 그 이야기는 해방 이후에 하기로 하고. 일제의 무작정 버티기도 점점 한계가 다가오고 있었어. 중국과 동남아시아 전선에서 일제는 밀리기 시작했고, 미국의 대규모 폭격이 일본 본토를 강타했던 거야. 1945년 8월 미국은 전쟁을 끝낼 작정으로 히로시마와 나가사키에 각각 원자 폭탄을 떨어뜨렸어. 두 도시는 그야말로 쑥대밭이 되었지. 그리고 마침 소련이 참전을 선언했어. 이에 일제는 더 이상 버티지 못하고 1945년 8월 15일 연합국에 무조건 항복을 선언했단다."

"와, 통쾌하다!"

"대한 독립 만세!"

아이들은 좋아서 껑충껑충 뛰었다. 빡쌤은 서둘러 아이들을 진정시켰다.

"쉿! 아무리 좋아도 여기서 이러면 안 되지."

아이들은 일제히 입을 막고 주위를 둘러보았다. 멀리 기념관 직원이 검지를 입에 대며 눈을 찡긋했다. 아이들도 머리를 긁적이며 고개를 끄덕였다.

"35년이라는 기나긴 고통과 암흑의 시간이 지나고 우리 민족에게 희망의 빛이 들어왔어. 광복이 온 거야. 사람들은 광복의 기쁨에 어쩔 줄 모르고 거

리로 뛰어나와 대한 독립 만세를 외쳤지.

 그러나 이 순간을 기쁜 마음으로만 맞을 수 없는 사람이 있었어. 바로 임시 정부의 지도자 김구였지. 한국 광복군은 원래 그해 9월 국내로 진격해 일본군을 공격할 계획이었거든. 그런데 바로 그 직전에 일제가 항복해 버린 거야. 김구는 스스로의 힘으로 독립을 얻지 못할 경우 생길 문제를 잘 알고 있었거든. 김구는 일본이 항복한다는 소리를 듣고 하늘이 무너지는 것 같다며 안타까워했어.

 그런데 여기서 한 가지 잊지 말아야 할 게 있단다. 우리가 광복을 맞이할 수 있었던 것이 일본의 항복 때문만일까?"

 "아니죠. 우리 민족이 얼마나 치열하게 싸웠는데요."

 아이들이 손을 마구 휘저으며 말했다.

 "맞아. 3·1 운동에서 일제히 일어선 사람들, 임시 정부 요원을 포함한 독립운동가들, 뛰어난 전략 전술로 일본군의 간담을 서늘하게 한 독립군들, 쟁의로 맞선 노동자들과 농민들, 정의를 위해 싸운 학생들, 우리말과 우리 역사를 지키려고 노력한 사람들. 이 모든 저항이 없었다면 설령 일제가 항복했다 하더라도 한반도는 그저 일본의 한 부분으로만 남았을 거야. 말과 역사도 없고, 민족이라는 의식도 없고, 단지 본토 일본인보다 무능하고 덜떨어진 짝퉁 일본인으로 말이지."

 "일본이 패망하고 우리가 해방을 맞은 뒤 어떤 일이 벌어졌는지 백범 김구 묘역으로 가서 이야기를 이어 가도록 하자."

 빡쌤과 아이들은 벤치에서 일어나 백범 묘역으로 향했다.

 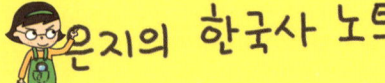

밑줄 쫙! 은지의 한국사 노트

대립하던 민족주의자와 사회주의자 독립운동 세력이 손을 잡고 순종의 장례식 날 일으킨 만세 운동을 □.□ 만세 운동이라고 한다.
6·10

1931년 임시 정부 국무령 김구는 친일을 하는 한국인과 중국인, 그리고 일제의 지도부를 처단하려는 목적으로 □□ □□□이라는 비밀 조직을 만들었다.
한인애국단

일본으로 건너가서 천황에게 수류탄을 던져 일제의 간담을 서늘하게 만든 독립운동가는 □□□ 의사이다.
이봉창

홍커우 공원 일본군 전승 축하 기념식에서 폭탄을 던진 독립운동가는 □□□ 의사이다.
윤봉길

주시경과 그의 제자들을 중심으로 만든 □□□□는 우리글을 지키기 위해 한글을 연구하고 강습회를 열었다.
조선어학회

대한민국 임시 정부는 우리 스스로 일제를 몰아내고 독립을 쟁취하기 위해 □□ □□□을 창설해 연합군의 일원으로 일본군과 싸웠다.
한국광복군